Black Earth
The Holocaust as History and Warning

ブラックアース 上

ホロコーストの歴史と警告

ティモシー・スナイダー　池田年穂＝訳

慶應義塾大学出版会

Black Earth: The Holocaust as History and Warning
by Timothy Snyder

Japanese translation rights arranged with Timothy Snyder
c/o William Morris Endeavor Entertainment LLC., New York
through Tuttle-Mori Agency, Inc., Tokyo

きみと世界との戦いでは、
世界を支持せよ

——フランツ・カフカ、一九一七年

彼こそが私の同国人。
彼こそが、人間

——アントニ・スウォニムスキ、一九四三年

早朝の黒いミルクを
我々は晩に飲む
昼に飲み、朝に飲み、夜に飲む
我々は飲み、そしてまた飲む

——パウル・ツェラン、一九四四年

全ての人には名前がある
運命が彼に与えた名前
隣人たちが彼に与えた名前が

——ゼルダ・ミシュコフスキ、一九七四年

ブラックアース（上）　◇目次

下巻目次

ブラックアース（上）　ホロコーストの歴史と警告

プロローグ

ウィーンでもファッショナブルな第六区では、ホロコーストの歴史が舗道の中にある。ユダヤ人が暮らし働いていた建物の前、ユダヤ人がかつて素手でこすらされていた舗道にそっと填め込まれているのは、名前、移送日、死んだ場所を記した小さな四角い真鍮の記念銘板だ。

大人の心には、現在と過去とをつなぐ言葉や数が浮かんでくる。子どもの見方は違ってくる。子どもは物から始める。

ウィーンの第六区に住む小さな坊やは、毎日通りの反対側を労働者たちが建物一つずつ進んでゆくのを観察している。パイプを修繕したりケーブルを埋め込んだりするためにやるように、舗道が掘り返されるのを観察している。ある朝幼稚園に行くバスを待ちながら、坊やは今はちょうど通りの向かいにやって来た労働者たちが湯気の立っている黒いアスファルトをシャベルですくって詰めてゆくのを眺めている。記念の銘板は、薄ら陽《び》を反射して、手袋をはめた手の中にある謎めいた代物だ。

「あの人たち何をやっているの、パパ?」父親は黙ったままだ。彼はバスが来ないかと通りを眺めやる。ためらった後に答え始める。「あの人たちは造っているのさ……」。そこで口ごもる。たやすいことではない。バスがやってきて、視界を遮り、オイルと空気のぜいぜいいう音を立てて自動ドアが開いて、普段の一日になる。

四分の三世紀も昔のこと、一九三八年三月にウィーン中の街路で、ユダヤ人は「オーストリア」(Österreich)という語を舗道からこすって消していた。ヒトラーとその軍隊が到着した時点で存在をやめた国家を表す文字を消すためだ。今日同じその舗道に、そのユダヤ人たちの名前が現れている。ヨーロッパそのものと同じで、過去については心許ないままの復活したオーストリアを咎めるものとして。

どうしてウィーンのユダヤ人は、オーストリアが地図から抹殺されたのと時を同じくして迫害されたのだろうか? オーストリアそのものでユダヤ人への憎悪が明らかだったときに、殺害されるためにそこから一〇〇〇キロも離れたベラルーシに移送されたのはなぜか? ある町に、(ある国に、ある大陸に)定着していた民族をして、どのようにしてその歴史を突如暴力的に終焉させることができたのか? どうして見も知らぬ者が見も知らぬ者を殺すのだろうか? どうして隣人が隣人を殺すのだろうか?

ウィーンでも、中欧、西欧の大都市と同じで、ユダヤ人は都市社会の目立った存在だった。ウィーンの北方でも南方でも、そして東方の東ヨーロッパでも、ユダヤ人たちは五世紀以上にわたってずっと、たくさんの数が居住してきた。それが、五年も経たぬうちに五〇〇万を超えるユダヤ人が殺害されたのだ。

我々の直感は役に立たない。我々は然るべくホロコーストをナチスのイデオロギーと結びつけるが、ユダヤ人を殺したのはナチス以外、それどころかドイツ人以外も多かったことを忘れている。我々はまずドイツのユダヤ人を頭に描くが、ホロコーストで殺害されたユダヤ人のほとんどすべてがドイツ国外に住んでいた。我々は強制収容所を思い描くが、殺戮されたユダヤ人のうち強制収容所を見たのはごく少数だった。我々は「国家」を非難するが、殺害は国家制度が破壊された地域でのみ可能であった。我々は「科学」を責めるが、そのことでヒトラーの世界観のある重要な要素を支持してしまっている。我々は「民族」を非難するが、ナチスそのものが使った単純化に身を委ねつつの非難である。

我々は犠牲者を思い出すが、記念を理解と混同しがちだ。ウィーンの第六区にある記念碑は「将来のために忘れまい」と呼ばれている。今やホロコーストの一つが過去のものになったからといって、はっきりとした未来が待ち受けていると確信を持てるものなのだろうか？　我々は、記念された犠牲者だけでなく、忘れられた加害者とも世界を共有している。ヒトラーの時代にはなじみ深いものだったし、彼がそれに応えてみせた恐怖を甦らせながら、世界は今も変わりつつある。ホロコーストの歴史は終わっていない。先例としてのホロコーストは永劫のものだし、それが与えた教訓はまだ学習されたとはいえない。

ヨーロッパのユダヤ人の大量殺戮の啓発的な説明は、地球規模で解釈されるべきである。というのも、ヒトラーの考え方は、ユダヤ人を自然の受けた痛手として扱うので、生態学的だからだ。そうした歴史は否応なく植民主義的になる。というのも、ヒトラーはユダヤ人の住む近隣の土地での絶滅戦争を欲していたからだ。そうした歴史は否応なく国際的になる。というのもドイツ人らがユダヤ人を殺害したのはドイツ国内においてではなく、他の国々においてだったからだ。そうした歴史は年代記的でなければならない。というのも、ヒトラーがドイツで権力の座に就いたのは物語の一部であって、オーストリア、チェコスロバキア、ポーランドの征服という、「最終的解決」という説を再度明確にした前進が続いたからだ。そうした歴史は特別な意味合いをもって政治的にとらえざるをえない。というのも、ドイツが近隣諸国を破壊したことが、とりわけ占領下ソ連においてだが、絶滅の技法が考案された地域を生み出したからだ。そうした歴史は、殺戮地帯の至る所でユダヤ人、非ユダヤ人を問わず、すべての集団から史料を得ているのだから、ナチス自体の観方を超えた観方を提供するような多焦点レンズで眺めなければならない。これは正義の問題であるだけではなく、理解の問題でもあるからだ。そうした考慮もまた人間的なものとなるはずである。殺害しようとする試みだけでなく生き延びようとする試みも記録し、生き延びようとするユダヤ人だけでなくわずかとはいえユダヤ人を救助しようとした非ユダヤ人も描き、個人個人や出逢いが本来的に持つ簡略化できない複雑さをも受け容れるのだから。

ホロコーストの歴史を辿ることは、我々の精神と生活にヒトラーの時代から残っているものを我々が経験するのを可能にするのだから、否応なく現代性を持つ。ヒトラーの世界観はそれだけでホロコーストをもたらしはしなかったが、その世界観に隠された首尾一貫性が、新種の破壊的な政策と、人間が大量殺戮をできるものだという新たな認識を生み出したのだ。一九四一年に現れたイデオロギーと環境の結合がそのままふたたび出現することはないだろうが、似通ったものの出現の可能性はある。過去を理解しようとする努力の一部は、よって、我々自身を理解するのに必要な努力なのだ。ホロコーストは歴史であるだけでなく、警告なのである。

序章　ヒトラーの世界

「きっちりと測られる空間である地表」という限界が我々の惑星にはあることを除けば、将来など何一つわかるはずがない、そうヒトラーは考えていた。生態学とは希少の謂いだし、生存は土地を求める闘いだ。生命の不易の構造は動物を種に分かつことであったし、「内なる隔離」と、死に至る果てしない争いを運命づけられているのだ。人種とは動物の種のようなものだとヒトラーは確信していた。最優等人種は劣等人種から離れて依然として進化をしているし、よって異人種間の交配はありうることだが罪深いことだ。人種は動物の種と同じような行動形態をとらねばならない。同種のみと性的に交わり、異種は殺そうとするのだ。ヒトラーにとってはこれこそ法であった。重力の法則と同じくらい確かな人種闘争の法であった。その闘争は果てることがないかもしれず、結果も定かでなかった。人種によって、凱歌をあげ繁栄もすれば、逆に飢えて消滅することもありうるのだ。[*1]

ヒトラーの世界では、ジャングルの法が唯一の法だった。人々は慈悲の念を持とうなどとかけらも思ってはならないし、あたうるかぎり他を捕食して生きねばならない。ヒトラーはかくして、人類は想像したり新たな形態の結合を生み出す能力において自然とは異なるものだと見なす、伝統的な政治思想と訣別したのであった。政治思想家たちは、その前提から出発して、可能なだけでなく最も公正である社会構造を描こうとしていたのだったが。けれど、ヒトラーにとって自然は、非凡で獣的で圧倒的なる真実であったし、他の考え方をしようとする歴史はまるごと幻想だった。ナチスのいちばんの法理論家であったカール・シュミットは、政治は歴史とか観念からでなく、我々が抱く敵意から生じるのだと説明した。我々の人種的な敵は生まれつき選ばれているのであり、我々の仕事は闘い、殺し合うことだと。[*2]

ヒトラーは記している。「自然界には政治的な境界などない。自然はこの地球に生命体を配し、しかる後権力を賭けて自由に戦わせるのだ」。政治が自然であり、自然が闘争であるならば、いかなる政治思想も成り立たなくなる。この結論は、人間の活動を生物学で理解できるとした、一九世紀にはありふれた観方のまさに極論であった。一八八〇年代と一八九〇年代に、チャールズ・ダーウィンの自然淘汰説に影響を受けた真摯な思想家も普及者も、古来からの政治思想の問題点は動物学におけるこのブレイクスルーによって解決を見たと主張したのだった。ヒトラーの青少年期に、競争こそ社会的な善であるというダーウィンの解釈の一つが、あらゆる主要な形相《けいそう》の政治学に影響を与えていた。イギリス人で資本主義の擁護者たるハーバート・スペンサーにとって、市場は生態圏《エコスフィア》に似ていて、そこでは最強最良の者が生き残った。妨げられることなき競争によってもたらされる効用が、当面の悪《イーブル》を正当化した。資本主義に反対する第二インターナショナルの社会主義者たちも、生物学的なアナロジーを採り入れた。彼らは階級闘争を「科学的」だと見なし、人間を、人間性として特定できるものを備えたとりわけて創造的な存在としてではなく、たくさんいる動物の中の一種と見なすに至った。当時の指導的なマルキストの理論家カール・カウツキーは、衒学的にだが、人間が動物であることを主張した。[*3]

もっとも、こうしたリベラルや社会主義者たちは、認識していたかどうかはさておき、習慣や制度への愛着によって制約を受けていた。社会的な経験から生じた精神的習慣からして、彼らはこれ以上なく急進的な結論などには達することはなかった。彼らは、経済成長とか社会正義のような善に倫理的に傾倒していて、自然界の競争がそうした善をもたらすと思い巡らすことを、魅力的だし都合も良いと思っていた。ヒトラーは自著を『わが闘争』(*Mein Kampf*)と題した。「わが」と「闘争」という二語を起点として、二巻からなる自著、そして二〇年にわたる政治生活を通じて、ヒトラーは第三者がそうではないところで、はてしなくナルシスティックであり、無慈悲なほど首尾一貫しており、狂的なほどニヒリスティックであった。止むことのない人種闘争は生活の一要素でなく真髄であった。そう言いきるのは、理論をうち立てることなど眼中になく、宇宙をありのままに観察するからであった。闘争は、何らかの目的に到達するための手段でなく、生活そのものだったのだ。闘争はそれによってもたらされると思われる繁栄(これは資本主義の場合)や正義(これは社会主義の場合)によって正当化されはしなかった。ヒトラーにとっての要点は、「望ましい目的が血塗られた手段を正当化する」といったことではまるでなかった。目的などなく、醜悪さがあるだけだった。人種が現実であり、それに反して、個人も階級も束の間の誤った存在だった。闘争はメタファーとかアナロジーとかでなく、有形にして完《まった》き真実であった。知っておくべきこと、信ずべきことは、それだけで十分だったのだ。「世界は怯懦な諸民族のためにあるのではない」から、弱者は強者に支配されるべきであった。[*4]

ヒトラーの世界観は宗教的にも世俗的にも伝統を斥けたが、にもかかわらずどちらにも依存していた。自身がオリジナルなものを持つ思想家ではなかったが、ヒトラーは思想と信仰とにとっての危機に、ある種の解決法を与えた。彼以前のたくさんの者と同じように、ヒトラーも両者を合一させようと努めた。

けれど、彼が目論んだのは、魂と精神をともに救済するような上を向いての統合でなく、どちらをも破壊するような蠱惑的な衝突だった。ヒトラーの人種闘争は科学によって承認されたものとされていたが、彼はその目的は「日々の糧」であるとしていた。その表現で彼はキリスト教のいちばん良く知られたテクストから引用したのだが、その意味するところは大きく変えてしまっていた。主の祈りを唱える者は願う。「わたしたちの日々の糧を、きょうもお与えください」。その祈りの表す宇宙では、形而上学が、この惑星を超えた秩序が、次々と天体を超えてゆく善の観念が、存在しているのだ。主の祈りを唱える者たちは神に「わたしたちの負い目をお赦しください、わたしたちも自分に負い目のある人を赦しましたように。わたしたちを誘惑に遭わせず、悪からお救いください」と願う。ヒトラーの「自然界の富を求める闘争」では、つかめるものは何でもつかまないのは罪であり、他者の生存を許すのもまた罪であった。慈悲の念は、弱者が繁殖するのを許すので事物の秩序を冒した。ヒトラーの言では、聖書の十戒を拒むことこそ人類がやらねばならぬことだった。彼は宣言している。「仮に私が戒律を受け容れられるとしたら、これだけだ。『種を絶やしてはならない[*5]』」。

ヒトラーはクリスチャンになじみ深いイメージや言葉の綾を用いた。曰く、神、祈り、原罪、戒律、預言者、選民、メシア——加えて、まず天国、ついでエジプト脱出、最後は贖罪というなじみ深いキリスト教の三部からなる時の流れまで入っていた。我々は不潔の中に生きているのだから、天国に戻れるように懸命に自身と世界とを浄めようとせねばならない。天国を、神の創造物の協和でなく種の闘争とみるのは、キリスト教徒の切望を生物学のはっきりとした現実と融合させることであった。万人の万人に対する闘争は恐ろしい無目的性ではなく、宇宙で抱かれるべき唯一の目的であった。「創世記」にある如く自然の豊かさは人類のためであったが、自然の法則に従いそのために闘う者たちだけのためであった。「創世記」における同様に『わが闘争』においても、自然は人類にとっての資源であったが、すべての人間のためではなく、勝利した人種のためであった。エデンは園《その》でなく塹壕であったのだ。*6「創世記」におけると同様に、性交は問題ではなく、解決なのだ。凱歌をあげた人種は交わらなければならない。ヒトラーの考えでは、殺人の後で次に人間がやらねばならないことは、セックスをし繁殖することなのだ。彼の計画にあっては、人類の没落につながる原罪は魂のものであり、肉体のものではなかった。ヒトラーにとっては、我々の不幸な弱点は、我々が考えることができ、他の人種に属する者もまた同じことができると納得してしまい、それによってその連中を同胞と認めてしまえるところにあった。ヒトラーの血塗られた天国を人類が追い出されたのは、性交によってではなかった。人類が天国を追い出されたのは、善悪を弁《わきま》えたからであった。*7

天国が滅んで人類が自然と切り離されると、「創世記」に出てくる蛇のような、人間でも自然でもない役回りが罪を負う。仮に人類が実際に自然の一要素に過ぎないのなら、そして自然が科学によって血塗られた闘争と見なされているなら、自然を超えたものが種を腐敗させたに違いない。ヒトラーにとって、現世の善悪の知識をもたらし、エデンを破壊したのはユダヤ人だった。人類に向かって、人類は他の動物より上の存在であり、自分たちで未来を決定する能力があるのだ、そう告げたのはユダヤ人だった。政治と自然、人間性と闘争との間の誤った区分を導入したのもユダヤ人だった。ヒトラーの観ずるところ、彼の運命は、ユダヤ人の霊性という原罪を贖い、血塗られた天国を取り戻すことだった。ホモサピエンスは抑制されることなき人種間の殺戮を通して生存しうるのだから、ユダヤ的に理性が衝動に勝利するのは種の終わりを意味してしまうことになる。ヒトラーの考えでは、人種が必要とするものは、その人種が凱歌をあげることを許す「世界観」であり、その世界観は、突き詰めていけば、人種そのものの持つ思慮を要さぬ使命への「信奉」の念だった。[*8]
ヒトラーがユダヤの脅威を前面に出すのは、彼が宗教的な考えと動物学の考えを独特な形で結合させたことを表していた。ヒトラーは、仮にユダヤ人が凱歌をあげたら、「さすれば勝利の王冠は人類にとっての葬儀の花輪になるだろう」と記している。他方、人類のいない宇宙というヒトラーの描くイメージは、人類がそのなかで進化してきた昔からある惑星に科学が下した裁断を受け容れたものであった。ユダヤ人が勝利した後では、「地球は、何百万年も前にそうであったように、ふたたび人類がまるでいないまま宇宙を飛んでゆくことになろう」とヒトラーは記している。同時にヒトラーが『わが闘争』のまさに同じ節で明らかにしているように、人種と絶滅が古来からある地球は「神の創造物」なのだった。「それゆえ私は創造主の願いどおりに必ずやふるまう。私がユダヤ人を抑えていられるかぎり、私は主のなされることを擁護しているのだ[*9]」。

ヒトラーは種を人種に分かたれるとみていたが、ユダヤ人が人種であることは否定した。ユダヤ人は優等人種とか劣等人種とかいうのでなく、人種に非ざるもの、あるいは「反人種」であった。人種なるものは自然の摂理に従い土地と食物とを求めて闘うのだが、ユダヤ人の方は「反自然」という相容れぬ論理に従っていた。ユダヤ人は、どこかの居住地を征服して満足するのを拒むことで自然の基本的な摂理に抗し、他の人種にも同じように振る舞うように説いた。彼らは惑星全体とそこに住むさまざまな人種を支配することを主張したし、その目的のために自然における闘争から人種を引き離す一般性を持つ思想を案出した。地球が提供するのは血と大地以外なかったが、それなのにユダヤ人は薄気味の悪いやり方で、この世界を、生態学的な陥穽の側面は少なく、逆に人間の生み出す秩序の点では多少なりとも発達したものとして見せる観念を生み出した。政治的な互恵性の発想、人間が他の人間をやはり人間であると認める習慣は、ユダヤ人から発したのだ。[*10]

ヒトラーの基本的な論評は、「人間は善であるが過度にユダヤ的な文明によって腐敗させられている」というような月並みなものではなかった。むしろ、人間は動物であり、倫理的な熟考を重ねることなどは、それ自体ユダヤ的腐敗の徴《しるし》なのだ。普遍的な理想を掲げそれへ向けて精一杯努力することそのものが、まさに忌むべきことなのだ。ヒトラーの最も重要な代理人ハインリヒ・ヒムラーは、ヒトラーの考えるこじつけの悉くに従ったわけではないが、結論は把握していた。すなわち、倫理それ自体が誤りであり、唯一の道徳とは人種への忠誠である、という結論をである。大量殺戮への参加は、ヒムラーの主張では良き振る舞いであるが、それというのも大量殺戮は、自然との一体化だけでなく、内部での調和をも人種にもたらすからである。たとえば、数千というユダヤ人の死体を眺めることが難しいのは、陳腐な道徳が優越していることの証しであった。殺害の一時的な心労は、人種の将来への価値ある犠牲に過ぎなかった。[*11]

ヒトラーの考えでは、いかなる反人種的な態度もユダヤ的であったし、いかなる普遍的な考えもユダヤ人の支配のからくりだった。資本主義も共産主義もユダヤ的だった。それらが見かけは闘争を容認するのは、たんにユダヤ人の世界制覇の夢の隠れ蓑に過ぎない。国家というかなる抽象概念も、ユダヤ的である。「国家自体が目標である国家など存在しないのだ」とヒトラーは記している。「人間の最高の目標は」と彼は明らかにする。「どこか特定の国家なり政府なりを維持することではなく、その種を維持することである」。既存の国家の国境は、人種闘争の間に自然の力によって洗い流されてしまうだろう。よって、「政治的境界の存在などによって『永遠《とわ》の正義』の境界から逸れていってはならないのだ」。[*12]

仮に国家が由々しき人類のなせる業《わざ》でなく、自然によって超克されるべき脆弱な境界であるというなら、法は一般的なものでなく特殊なものとなり、平等につながる道でなく人種的優越の作為に過ぎないということになる。ヒトラーの個人的な弁護士で第二次世界大戦中は占領下ポーランドの総督であったハンス・フランクは、法は「ドイツ民族の生存のための要素の上に」築かれている、と主張した。人種を外れたいかなるものに則った法の伝統も「血の通わぬ抽象」なのだ。法は、指導者《フューラー》が己が人種の幸福について時々に得る直覚を成文化する以上の目的を持たない。ドイツ語の概念のレヒツシュタート(Rechtsstaat、法治国家)には、実質がなかった。カール・シュミットが説明するように、法は人種に奉仕し、国家は人種に奉仕したので、人種が唯一的を射た概念であった。外的な法基準による国家の概念など、強者を抑圧するために目論まれたまがい物に過ぎなかった。[*13]

普遍的観念が「非ユダヤ人」の精神に浸透するかぎり、それらはユダヤ人の利益に適うように他の人種共同体を弱体化させるものだ、とヒトラーは主張した。さまざまな政治思想の内容は要点を外れていたが、それというのもすべてが愚者のための計略に過ぎなかったからだ。ユダヤ人のリベラルも、ユダヤ人のナショナリストも、ユダヤ人のメシアも、ユダヤ人のボルシェヴィキもいなかった。つまりは、「ボルシェヴィズムはキリスト教の非嫡出子である。共にユダヤ人の考え出したものだ」。ヒトラーはイエスを、その教えがパウロによって今一つの偽りのユダヤ的普遍主義、つまり「弱者への慈悲」という普遍主義になるまで曲解されてしまった「ユダヤ人にとっての敵」と見なしていた。聖パウロからレフ・トロツキーに至るまで、うぶな者たちを誘惑するさまざまな見せかけを採り入れたユダヤ人ばかりだ、そうヒトラーは主張した。諸々の思想は歴史的な出自も持たなかったし、連続して起きる出来事や個々人の創造性にも何の関わりもなかった。思想はたんにユダヤ人が戦術上創り出したものであり、その意味では、まるで同じでどうでもよいものだった。[*14]

実際にヒトラーにとっては、人類の歴史などそのものとしては存在しなかった。「世界の歴史で起きたことなど、よかれ悪しかれ、どれもこれも人種の自己保存本能の表れに過ぎない」とヒトラーは喝破した。過去のことで記録に留めておかねばならぬことは、自然界の構造を歪《ひず》ませるユダヤ人どもの絶え間ない試みだけだ。これはユダヤ人が地球上に住んでいるかぎり続くことになろう。「この秩序をつねに破壊するのはユダヤ人どもだ」とヒトラーは口にした。強者は弱者を飢えさせるべきだが、ユダヤ人は弱者が強者を飢えさせるように事を運ぶことができた。これは通常の感覚では不正ではないが、「存在の論理」を侵害していたのだ。ユダヤ的思想によって歪まされた宇宙においては、闘争は思いもよらぬ結果を招来することがありえた。適者生存どころか適者の飢えである。[*15]

この論法では、ドイツ人はユダヤ人が生存しているかぎり、つねに犠牲者となろう。最優等人種として、ドイツ人は最大のものを受けるに値するが、失うものもまた最大なのだ。ユダヤ人の自然に反する力は「将来を殺す」のだ。

ヒトラーは歴史のない世界を何とか規定しようとしていたが、彼の考えは自身の体験で修正されていた。史上最も血なまぐさい、そして自身で文明化されたと考えていた大陸で戦われた第一次世界大戦は、たくさんのヨーロッパ人の間にあった「闘争は結構なことだ」という広汎な確信を根底から覆した。けれども、極右、極左のヨーロッパ人の中には、正反対の教訓を引き出した者もいた。彼らにとっては、戦争で流された血もまだまだ広がりに欠け、払われた犠牲もまだまだ不十分だった。訓練された主意主義者マルキストである、ロシア帝国のボルシェヴィキにとって、戦争とそれがもたらす革命的エネルギーとは、世界の社会主義的再構築を始める好機であった。ヒトラーの観方は、他のたくさんのドイツ人にとってと同様に次のようだった。戦争は本格的に雌雄が決せられる前に、人種的な優越者が当然の取り分を手に入れていないうちに戦場から引き離されて、終結してしまったのだ。むろん、ドイツが勝利すべきだという意識は、軍国主義者や過激主義者だけでなく、広汎に見られた。ドイツ一の大作家で後にはヒトラーの反対者になるトマス・マンは、ドイツの「支配し、この惑星の統治に参加する権利」に言及していた。「感情移入」の理論を発展させた卓越したドイツの哲学者エーディト・シュタインは、「我々が今や敗北しようとしているなどと」考えるのは「問題外」だと述べている。ヒトラーが政権の座に就くと、シュタインはカルメル会の女子修道院から狩り出され、ユダヤ人として殺された。[*16]

ヒトラーにとって、第一次世界大戦の終結はこの惑星が破壊されたことを示すものだった。その結果についてのヒトラーの理解は、同胞ドイツ人のナショナリズムの及ぶところではなかったし、彼の敗北への反応が失われた領土への一般の怨嗟に似ているのは表面だけのことであった。ヒトラーにとって、ドイツの敗北は、この世界のすべての枠組みに歪《ひず》みが生じていることを示すものだった。なぜなら、ユダヤ人が自然の秩序を支配してしまったことの証しだったのだから。数千のドイツ・ユダヤ人が戦争の初めにガス殺（フェアガーズング、Vergasung。動詞はフェアガーゼン、vergasen）をされていたらドイツは勝利を収めていただろう、そうヒトラーは主張した。ヒトラーは、ユダヤ人はお定まりのやり方で彼らの犠牲になった者たちを飢えに晒したし、第一次世界大戦中（および大戦後）のイギリス海軍によるドイツの海上封鎖は、そのユダヤ人のやり方の応用だと信じ込んだ。それは永続的な病いの一例であったし、やがてくるさらなる受難の証しだった。ドイツ人が好きな相手を飢えさせるのではなく、ユダヤ人がドイツ人を飢えさせているかぎり、世界は不均衡の中にあるのだった。[*17]

一九一八年の敗北から、ヒトラーは将来の戦争について結論を引き出した。ユダヤ人が関わらないかぎりドイツ人はつねに凱歌をあげるだろう。けれど、ユダヤ人がこの惑星すべてを支配しているし、彼らの思想をドイツ人の精神に浸透させていたので、ドイツ国家にとっての闘争は否応なく二種類の形を採らざるをえなかった。いかに壊滅的な勝利をあげても、たんなる征服戦争では決して十分でなかった。劣等人種を飢えさせ、その土地を奪うことに加えて、ドイツ人は同時に、そのグローバルな権力と油断のならない普遍主義とがどんな健全な人種戦争をも台無しにしてしまうユダヤ人を打ち負かす必要があった。ドイツ人は弱者に対する強者の論理を持っていたし、そのうえ強者に対する弱者の論理を持っていた。強者としては、ドイツ人は出遭った弱者の人種を支配する必要があった。弱者としては、ドイツ人は、ユダヤ人支配からあらゆる人種を解放しなければならなかった。かくてヒトラーは、二〇世紀の世界の政治を動かす二つの巨大な力を結合させた。植民地主義と反植民地主義とをである。

ヒトラーは、過激で、絶滅さえ意味する条件下で、土地を求める闘争と、ユダヤ人に対する闘争とを眺めていたが、それでも彼は二つの闘争を異なったものとして眺めていた。領土を求めて劣等人種と闘争するのは地球の表面の一部をめぐっての問題だった。ユダヤ人に対する闘争は生態学的であったというのも、それは特定された敵対する人種とか領土に関わるのではなく、地球上の生命の条件に関わるものだったからだ。ユダヤ人は、「黒死病よりも悪い疫病、精神的な疫病」だった。ユダヤ人は思想をもって戦うので、彼らの力はどこに行っても見られたし、誰もが自覚のあるなしにかかわらず工作員になりえた。そうした疫病を取り除く唯一の方法は、元から絶たねば駄目だった。「仮に自然によって、ユダヤ人が国々の崩壊の物質的な原因となるよう意図されているなら」とヒトラーは口にした。「自然によって、それらの国々に健全な反応の可能性が与えられているだろう」。絶滅は完成されねばならない。仮にユダヤ人家族が一家族でもヨーロッパに残っていたならば、ヨーロッパ大陸全体に感染させることができたのだから。[*18]

人類の崩壊は取り返しがついた。何といっても、この惑星は癒やすことができたのだから。「ユダヤ人を取り除いた民族は、自ずと自然の秩序に復する」とヒトラーは述べた。[*19]

ヒトラーの人間の生と自然秩序についての見解は、総合的で循環的だった。政治についてのすべての疑問は、あたかもそれらが自然についての疑問であるかのように解答を得られたし、自然についてのすべての疑問は、政治に立ち戻って言及することで解答を得られた。その循環は、ヒトラー自身によって描かれた。政治と自然が経験や展望の源でなく、お互いに関わり合うなかでのみ存在する空疎なステレオタイプだとしたら、あらゆる権力は決まり文句を流布させる者の手中にあることになる。理性は、引用することや、呪文で論証することに取って代わられた。その著書の題名がいみじくも洩らしているように「闘争」は「わが」、つまりヒトラーの闘争だった。人生を闘争とする全体主義的な考え方は、いかなるできごとも解釈する万能の力を、その著者の頭脳に委ねたのだった。

自然と政治を同一視するのは、政治的思考も科学的思考も廃してしまった。ヒトラーにとって科学は、仮説と実験というプロセスではなく、人種闘争の法を完璧に晒し出すことであり、流血の真理の完成形であった。科学は、いっそう広汎な理解を許す観念や進展の源ではなく、動物学的な闘争についての語彙をもたらすものだった。科学には答えはあるが、疑問はありえなかった。人類がなすべきことは、不遜にももっともらしいユダヤ人の考えを自然に押しつけるのではなく、こうしたヒトラーの信条に従うことだった。ヒトラーの世界観は何もかも包摂する単一の循環的真実を要したので、これ以上なくシンプルな多様性に対しては脆弱だった。たとえば、人間は環境を変えられるだろうが、そうなると今度は社会が変わることになってしまうだろう。仮に科学が人間の振る舞いを修正できるように生態系を変えられるなら、ヒトラーの主張は悉く根拠を失ってしまう。自然が社会であるから社会も自然になり、獣が人だから人も獣になるというヒトラーの循環論は、破綻してしまうのだ。[*20]

ヒトラーは、科学者も専門家も、人種共同体の中で目的を持つことには同意した。いわく、兵器を製作すること、伝達手段を発達させること、衛生学を向上させること、などである。強者の人種はより良い火器、より良い無線、より良い健康といった、弱者を支配するためのより良いものを持つべきであった。ヒトラーはこれを、自然の法の侵害ではなく、自然の突きつけた「闘争せよ」という命題を履行することだと見なした。技術的向上は、社会一般の科学理解の発展の証しではなく、人種的優越の証しだった。ヒトラーは記している。「我々が今日《こんにち》この地上で崇拝しているもの、学術と芸術、科学技術と技術革新は、すべてがわずかな民族の、おそらくは元々は単一の人種の創造的産物に過ぎない」。いかに進んでいようが、いかなる人種といえども、いかなる技術革新をもってしても自然の基本的な構造を変えることはできなかった。自然には二種類のヴァリエーションしかなかった。まず、優等人種が劣等人種を虐殺する天国。次いで、超自然的なユダヤ人が優等人種に対し、当然得るべき豊富な恩恵を与えず、可能な場合には飢え死にさせてしまう堕落した世界であった。[*21]

ヒトラーは、農学が彼の体系の論理にとって特定の脅威となることを理解していた。何せ、仮に人類がもっと土地を得ることなしにもっと食糧を産み出そうと自然に介入できるならば、彼の体系の悉くが崩壊してしまうのだから。ヒトラーはそれゆえ、彼の眼前で起きていること、後年になって「緑の革命」と呼ばれるものの重要性を受け容れなかった。その内容は、穀物の交配、化学肥料の施肥や殺虫剤の散布、灌漑の拡大、などであったが。「最良の場合」でさえも飢えは穀物の改良を追い越すに違いない、とヒトラーは主張した。どんな科学的改善にも「制約」があった。現実に、「土地管理の科学的手法」はどれもすでに実行され、破綻していた。現在も将来もだが、ドイツ人が「自分たちの国土と領土から」食べ物を得られる、そう考えられる改良など存在しなかった。食糧は、ドイツ領内の土地をより肥沃にする科学によってではなく、肥沃な領土を征服することでのみ守ることができるのだ。ユダヤ人は、ドイツ人の征服の欲求を挫き、ドイツ民族が壊滅するのを準備するために、故意にそれとは反する信念を助長した。これに関してはヒトラーは次のように記している。「そうした致命的な考え方を植え付けようとし、そして成功するのは、いつでもユダヤ人なのだ[*22]」。

ヒトラーは、彼にとって人類の団結と同じくらい厄介である人類の発見から、彼の体系を守らねばならなかった。科学は種を救うことはできなかった。何となれば、煎じ詰めればすべての思考は、人種的であり、闘争の審美的な派生物というに過ぎなかったからであった。思考が現実に自然を反映したり、自然を変えられるというそれと反対の概念は、「ユダヤ人のつく嘘」であり「ユダヤ人的な騙り」であった。ヒトラーは、「人類はいかなる事柄でも自然を征服したことは一度もなかった」と主張した。普遍的科学は、普遍的な政治と同じで、人類にとっての嬉しい約束などでなく、ユダヤの脅威と見なされねばならなかった[*23]。

ヒトラーの観ずるところ、世界の問題というのは、ユダヤ人が誠実さの欠片《かけら》もなく科学と政治とを分離し、進歩と人類愛について偽りの約束をばらまいたことだった。ヒトラーが提案した解決法は、ユダヤ人をして、自然と社会は一にして二ならぬものだという残忍な現実に触れさせることだった。ユダヤ人は他の者たちから分離し、どこか侘びしい荒れ果てた領土に住まわせるべきなのだった。ユダヤ人は、彼らの「反自然」が他の人間たちをユダヤ人に惹きつけるという点で力を持っていた。けれど、ユダヤ人は、残忍な現実に直面できないという点で弱かった。どこかエキゾチックな場所に再定住させれば、ユダヤ人も超自然的な観念で他の者たちを操ることはできなくなるし、ジャングルの法に屈するようになるだろう。ヒトラーの当初の強迫観念は自然環境の最たるもの、「ある島における無政府状態」であった。後になってヒトラーの考えはシベリアの荒れ野に向けられた。ユダヤ人がどこへ送られようが「関心事ではない」とヒトラーは述べた。[*24]

ヒトラーがそう述べてからほぼ一ヶ月後の一九四一年八月に、彼の部下たちは、ヨーロッパの真ん中、彼ら自身で無政府状態にした環境の下、ウクライナの黒い土《ブラックアース》に掘られた穴のすぐ傍らで一時《いっとき》で万という単位のユダヤ人の大量射殺を始めたのだ。

第1章　生存圏

ヒトラーの前提は、人間は単純にいって動物だというものだったが、彼自身のきわめて人間的な直感が、動物学的理論をある種の政治的世界観に変えるのを許したのだった。生存のための人種闘争はドイツの尊厳を求める作戦でもあるのだとヒトラーは主張したし、それを抑制するのは生物学的なものだけでなくイギリスなのだった。ヒトラーの理解では、ドイツ人は日常生活では、大地から食糧を掘り出す獣ではなかった。一九二八年にまとめた『第二の書』の中で考えを発展させるにつれ、ヒトラーは、規則正しい食糧供給は身体の維持だけでなく、支配の意識にとっても必要であるということを明確にした。第一次世界大戦中のイギリス海軍による海上封鎖という大問題は、戦争中および休戦から海上封鎖がもたらした病気や死に留まったものではなかった。海上封鎖は、中産階級のドイツ人に、彼らが必要とした、ないし必要と感じた食糧を手に入れるために法を破ることを強いてきたが、そのうえ彼らを個人的に不安にし、権威を失墜させた。[*1]

一九二〇年代、一九三〇年代の世界の政治経済学は、ヒトラーの理解では、イギリスの海軍力によって骨格を与えられていた。イギリスが自由貿易を鼓吹するのは、ヒトラーの信じるところ、イギリスによる世界支配を政治的に隠蔽するものだった。イギリスにとって、自由な貿易により誰もが食糧にありつけるというお伽話を再生産してゆくのには意味があった。というのも、そう信じることは、イギリス海軍に伍してゆこうという気を他国から殺《そ》いだからである。実際にも、イギリスだけが有事の際に己が供給戦を守ることができ、同様な理由で食糧が他国に届かぬようにもできたのだ。かくしてイギリスは戦時中敵国を海上封鎖した――自由貿易という自身のイデオロギーを明らかに侵害することだったが。ヒトラーの強調するのは、こうした食糧を保証したり、拒んだりする能力が、権力の一形態なのだった。ヒトラーは、イギリス人以外の誰にとってもの食糧保証の欠如を「平和時の経済戦争」と呼んだ。[*2]

　ヒトラーは、一九二〇年代、一九三〇年代とドイツが自国領土で食糧自給ができなかったことを理解していたが、同時に仮に努力すれば、ドイツは飢えることはなかったのを知っていた。ドイツは自国内で国民にあてがうカロリーを生産できたが、それは工業、輸出品、外国通貨といったものをいくぶんなりと犠牲にすればだった。ドイツ繁栄のためには、イギリス世界との交流が必要だったが、この貿易の形態は、ヒトラーの考えでは、イギリスとドイツそれぞれの規模を均《なら》すことになる陸上帝国の征服により補完されうるものだった。ひとたび適切な植民地を得たなら、ドイツは工業面での優越性を保ちつつ、食糧への依存をイギリス支配のシーレーンから、ドイツ帝国の後背地へと移行できるのだ。ドイツは十分な領土を支配すれば、工業を犠牲にすることなく、望むだけの種類と量の食糧を手中に収め得るのだ。十分な大きさのドイツ帝国は自給自足になる。「自立経済」（autarkic economy）になるのだ。ヒトラーはドイツの小農にロマンティックに説いた。平和に土地を耕すのでなく、遠方の未開の地を英雄的に耕せ、と。[*3]

　イギリスは人種的に血縁であり、大帝国を建設したので、敬意を払うべきものであった。ヒトラーのそうした考え方は、イギリスに反応させることが叶わぬまま、イギリスの権力のネットワークの間をすり抜けてしまうことになる。他国から土地を奪うことはけっして偉大な海洋帝国を脅かすことにはならないだろう。少なくともヒトラーはそう想像した。長い間にわたって、ヒトラーは「世界の分割を基に」イギリスとの和平を期待していた。彼は、「イギリスとのハルマゲドン」を避けながら、ドイツが世界的強国になれると期待していたのだ。[*4]

そうした世界秩序の変更、そうした「リグローバリゼーション」（reglobalization）が、近年においてもすでにして達成されているのは、心強いことでもあった。数世代にわたるドイツ帝国主義者にとって、またヒトラー自身にとって、範となる陸の帝国はアメリカ合衆国であったのだ。[*5]

アメリカはヒトラーに、必要がいつの間にか欲求になったこと、欲求は比較から生じたことを教えた。ドイツ人は生き存《なが》らえるための栄養分を探す動物などではなかったし、予想しがたいイギリスのグローバル・エコノミーの中で安全保障を切望する社会などでもなかった。家族が他の家族を観察していた。直ぐそこというだけでなく、近代メディアのおかげで、世界中で観察していた。人生どのように生きるべきかという考え方は、生活水準が比較できるものになり、比較対象が国際的になるにつれ、生き残り、安全保障、はては安楽といった定量化の前では影が薄くなった。「近代のテクノロジーとそれが可能にする伝達手段を通じて」とヒトラーは記した。「諸国民の間の国際関係はあまりにも骨の折れぬ、かつ密なものとなっているので、ヨーロッパ人は――しばしばそれと気づくことなく――アメリカ社会の状況を自分たちの生活の基準《ベンチマーク》として扱っている」。[*6]

グローバル化はヒトラーをアメリカンドリームへと誘《いざな》った。ドイツの想像上のどんな人種的戦士の背景にも、さらにいっそうのものを欲しがる想像上のドイツの婦人が立っていた。アメリカの慣用語では、生活水準は目に見える他人の成功に基づく相対的なものだという観念を「隣人と張り合う（keep up with the Joneses）」と表現する。もっと攻撃的に声を張り上げる際には、ヒトラーは、ドイツ人に対し、生き存えることと再生産だけを考え、蟻とヒワのようになれと促した。もっとも、ヒトラー自身の隠されることの滅多にない恐れの対象はきわめて人間的なものだったし、おそらくはいかにも男性らしいものだった——ドイツの家庭の主婦である。自然界の闘争のバーをさらに上げるのは、家庭の主婦であった。ヒトラーがまだ若かった第一次世界大戦前には、ドイツの植民のレトリックは、Wirtschaft という単語の二重の意味を地口のように扱っていた。家計であり、経済である。ドイツ女性は、安楽と帝国とを同等に観るよう教え込まれていた。そして安楽はつねに相対的なものであったから、植民地に対する政治的合理化は尽きることがなかった。仮にドイツの家庭の主婦の評価基準が「フラウ・ヨナス」でなく「ミセス・ジョーンズ」であるなら、ドイツ人はアメリカ帝国に比すべき帝国を必要とすることになった。ドイツの男たちが自らの人種とこの惑星とを救いながらどこか遠くの辺境で戦い死んでゆかねばならぬことになるその一方で、ドイツの女たちは、さらにいっそう裕福な家庭への果てしない欲求という無慈悲な論理を体現しながら、男たちを支えたのだった。[*7]

ドイツ人の頭の中にあるアメリカの否応ない存在が、ヒトラーにとって、科学が生命維持の問題を解決できなかった最終的な理由であった。発明が農業生産性を実際に向上させたとしても、ドイツはそれだけを見こんでアメリカに伍してゆくことはできなかった。テクノロジーはアメリカ、ドイツどちらの側でも当然と見なされていた。耕作に適する土地の量こそ、変えられるものだった。ドイツはそれゆえ、アメリカと同じだけの土地を、そして同じだけのテクノロジーを必要とした。ヒトラーが宣言したのは、土地を求める永遠の闘争が「自然」の願望であるということだった。けれどヒトラーはまた、相対的安楽へのいやます「人間」の欲求が永久運動を生み出す、ということも理解していた。[*8]

仮にドイツの繁栄がつねに相対的なものならば、最終的成功はけっして訪れないことになる。「ドイツ民族にとっての見込みは侘びしいものなのだ」とヒトラーは記した。その不満には次のような説明が続いた。「現在の生存圏も、一九一四年の国境線の回復を通して獲得される生存圏も、我々がアメリカ国民が送る生活に比すべき生活を送ることを可能にはしない」。少なくとも、闘争はアメリカ合衆国が存在するかぎり続くだろうし、それは長い話しになる。ヒトラーはアメリカを前途洋々たる国際的な大国と見なしており、アメリカ人の核心をなすもの（「人種的に純粋で損なわれていないゲルマン」）をヨーロッパに残っている「ドイツ人より若々しく健康」な「世界でも一流の人種」と見なしていた。[*9]

ヒトラーが『わが闘争』を書いている間に、彼はレーベンスラウム（生存圏、Lebensraum）という語を知って、自身の目的にその語をあてた。書き物でも演説でも、その語は、ヒトラーが自然界での闘争に付随させたあらゆる意味合い――物理的な生存のための止むことなき人種闘争から、はては世界最高の生活水準を持つという主観のための果てしなき戦いに至るまで――を表していた。Lebensraum という語は、フランス語の単語 biotope（生息場所）に当たる語としてドイツ語に入ってきた。生物学的な文脈というよりも社会学的な文脈で、その語は、他のもの――家庭の安楽と、何かしら「リビングルーム」に近いもの――を指し示すことができる。一語にその二つの意味を封じ込めることは、ヒトラーの循環的思考を促した。自然とは社会の謂いであり、社会とは自然の謂いである、と。かくて、物理的な生存のための動物の闘争と、家族が素敵な生活を好むこととの間には差がなくなる。どちらもレーベンスラウムに関わるのだ。[*10]

二〇世紀は、相対的安楽のための果てしなき戦いをもたらすことになるはずだった。ヒトラーの早くからのナチスの同志の一人、ロベルト・ライは、レーベンスラウムをこう定義した。「もっと文化を、もっと美を――人種はこの二つを持たねばならない。さもなくば消滅してしまう」。ヒトラーのプロパガンディストのヨーゼフ・ゲッペルスは絶滅戦の目的を「腹一杯の朝食、腹一杯の昼食、腹一杯の夕食」と定義した。何千万という人々が餓死せねばならないが、それはドイツ人が物質的な意味合いで生き延びるためではなかった。何千万という人々が餓死せねばならないのは、ドイツ人が世界でも随一の生活水準を勝ち得ようと励むためであった。[*11]

「アメリカ人が持っていて我々には欠けている一つのものは」とヒトラーは不満を述べた。「広大で開かれた空間の意識である」。ヒトラーは、ドイツの植民地主義者が数十年間言い続けてきたことを繰り返していた。ドイツが一八七一年に統合されるまでに、世界はすでに他のヨーロッパ諸国によって植民地化されてしまっていた。第一次世界大戦でのドイツの敗北は、獲得していた僅かばかりの海外領土を失わせる結果となった。それでは、二〇世紀になって、ドイツが征服できるように開かれた土地はいずくにあったか？　ドイツのフロンティア、ドイツの「明白な使命《マニフェスト・デスティニィ》」はいずくにあったか？[*12]

残されたものは己が大陸だけだった。「ドイツにとって」とヒトラーは記した。「健全な農業政策が唯一可能なのは、ヨーロッパそのもののなかで土地を手に入れることである」。なるほど、ドイツの近くには、人の住んでいない土地、それどころか人口疎な土地さえなかった。肝腎なことは、ヨーロッパの「空間」が現実に「開かれている」と想像することであった。人種主義というのは、人の住んでいる土地を潜在的な植民地に変えようという考えであり、人種主義者にとってその源になった神話は、近年の北アメリカとアフリカでの植民だった。ヨーロッパ人によるこの二つの大陸の征服と活用とは、ヒトラーの世代のヨーロッパ人の文字どおり想像力を形作った。一八八〇年代、一八九〇年代に生まれた数多くの子どもたちと同じく、ヒトラーはアフリカの戦争をゲームにしたもので遊んだし、アメリカ西部についてのカール・マイの小説を読んでいた。ヒトラーは、マイは自分の「目を世界に」開かせてくれたと述べている。[*13]

　一九世紀末に、ドイツは、ネイティヴアメリカンの運命を、ドイツ支配下のネイティブアフリカンの運命の無理のない先例と見なす傾向があった。植民地の一つは、一八九一年にベルリンが引き受けたドイツ領東アフリカだった。今日のルヴァンダ、ブルンジ、タンザニア、それにモザンビークにも少しかかっている地域である。一九〇五年の蜂起、これは（現地語で水を表すマジから）マジ・マジ反乱と呼ばれたが、その間にドイツは飢餓戦術を適用し、少なくとも七万五〇〇〇人を殺した。二番目の植民地はドイツ領南西アフリカで、今日のナミビアに当たるが、そこではおよそ三〇〇〇人のドイツ人植民者が、その土地のおよそ七〇パーセントを支配していた。一九〇四年の蜂起では、ドイツは、ヘレロ人とナマクア人が、公式戦史に記された如く「自らの土地の自然による犠牲者」になるまで、水場に近づくのを許さなかった。ドイツは、生存者を一つの島の収容所に収監した。ヘレロ人はほぼ八万人が何と一万五〇〇〇人程度に減少、ナマクア人はほぼ二万人が半減した。こうした政策を遂行したドイツ軍の将軍にとって、歴史上の正義は自明であった。「ネイティヴは取って代わられるべきだ」と将軍は言った。「アメリカを見よ」。その地域のドイツ総督は、南西アフリカをネヴァダ、ワイオミング、コロラドに比した。ドイツ帝国の初代植民地相も事態を同じように見ていた。「明らかに世界史上最大の植民の試みである、アメリカ合衆国の植民化の歴史は、最初の行為として、ネイティヴの完璧な絶滅をしたのだ」。彼は、「絶滅作戦」の必要を理解していた。政府お抱えの地質学者だった彼は、「ネイティヴの問題への最終的解決」を求めたのだ。[*14]

ドイツ領南西アフリカでの戦争についてのドイツの有名な小説は、ヒトラーが後にそうしたように、人種闘争と神の正義とを結びつけていた。「黒人」の殺戮は、世界が「最も強健なる者」に属しているので、「神の正義」だった。ほとんどのヨーロッパ人と同じくヒトラーはアフリカ人については人種主義者だった。彼は、フランス人は人種間結婚で彼らの血を「ニガー化」していると広言した。ヒトラーは、第一次世界大戦後にドイツのラインラントを占領した際にフランスがアフリカ人部隊を使用したことに、広くヨーロッパ人が抱いた興奮を自分でも感じていた。もっとも、ヒトラーの人種主義は、アフリカ人を見下したヨーロッパ人の人種主義ではなかった。彼は全世界を「アフリカ」同然と見なしていたし、ヨーロッパ人を含め誰をも人種的観点から眺めていた。度々あったことだが、この点でヒトラーは、他の者たちより首尾一貫していた。人種主義というのは、結局、誰が人間としての要素を十分に備えているかを判断するという主張だった。かくして、人種的優越と劣等の考えが、欲求や便宜に合わせて適用された。ドイツ人とそれほど変わらないと見えるかもしれない近隣諸国の社会でさえ、人種的に異なっていると定義されうるのであった。[*15]

ヒトラーが『わが闘争』の中で、ドイツの植民化の唯一の機会はヨーロッパだと記した際には、彼はアフリカへ戻る可能性を、実現不可能として切り捨てた。支配すべき劣等人種を求めるには、海路はるばる旅する必要はなかった。劣等人種は東ヨーロッパにも存在したからだ。つまるところ、一九世紀のドイツ植民地主義の主たる舞台は、謎めいたアフリカではなく、隣国ポーランドであった。プロシャは、一八世紀末のポーランド＝リトアニア共和国の三度にわたる分割で、ポーランド人の住む地域を獲得していた。以前ポーランド領土だった地域の一部が、かくて、一八七一年にプロシャが創りあげた統一ドイツの一部となった。ポーランド人はドイツ人口の七パーセントを占めたが、東部地域では多数派だった。ポーランド人は、初めはビスマルクの「文化闘争」（Kulturkampf、クルトゥーアカンプ）のあおりを受けた。この文化闘争は、ポーランド人の民族的アイデンティティを除去することを主たる目的とする、ローマカトリックに反対する運動であった。ポーランド人が次にあおりを受けたのは、国家の助成による国内植民化の運動であった。ベストセラーを含め、ポーランドについてのドイツの植民地文学は、ポーランド人を「ブラック」と描いた。そのなかでは、ポーランドの小農は黒い顔をしていたし、彼らはドイツ人のことを「ホワイト」と呼んでいた。気紛れで役立たずなポーランド貴族は、黒い髪と黒い目をしていた。こうした物語に出てくるお定まり、うぶなドイツ人男性を落魄させ破滅へと導く妖婦である美しいポーランド女も、また黒い髪と黒い目をしていた。*16

第一次世界大戦中に、ドイツはドイツ領南西アフリカを失った。東ヨーロッパでは状況は異なっていた。そこでは、一九一六年から一九一八年の間に、ドイツの兵器が、支配と経済的搾取のための新たな広大な国土を構築しつつあるように見えた。まずドイツは、押さえている戦前ポーランド領だった土地をロシア帝国から獲得した土地と併せて従属的なポーランド王国を成立させようとした。これは友好的な君主によって支配されることになっていた。戦後についての計画は、ドイツ＝ポーランド国境に近いところのすべてのポーランド人地主の土地を収用し、国外追放に処すというものだった。ボルシェヴィキ革命でロシアが戦争から手を引いた後の一九一八年初めに、ドイツは、バルト海から黒海にまで至るポーランド東方に、従属国の連なりを形成した。その最大のものがウクライナだった。ドイツは一九一八年にフランスで戦争に敗れたが、東ヨーロッパの戦場では最終的な敗北とは無縁だった。この新たな東ヨーロッパの領土は、ドイツ人にはそう見えたのだろうが、ほんとうには喪失されることなく、放棄されたのだった。[*17]

戦時中から戦後にかけてアフリカの植民地が完全に失われたことは、人種的支配についての曖昧で思いどおりになるノスタルジアを生じさせる可能性をもたらした。『ご主人さま、帰ってくだされ！』といったような題名のアフリカについての人気小説群は、完全にアフリカと縁が切れた後でのみ意味を持つものだった。ドイツ人は、植民地化の領域そのものが流動的で曖昧であってさえ、将来に投影して自分たちのことを良き植民者であると依然思い込むことができた。ハンス・グルムの一九二六年刊行の『土地なき民』は第二次世界大戦前のドイツで五〇万部を売り上げたが、アフリカから戻ってきて、小さなドイツと不公平なヨーロッパの体制の中に閉じ込められて挫折感を味わうだけの一人のドイツ人の窮状に心を痛めていた。[*18]

問題自体が、その問題の解決策を示唆した。人種主義はこの惑星に対する権利の断言されたヒエラルヒーだったので、ドイツの東方に住むヨーロッパ人にも適用されえた。場所としての「アフリカ」は失われたが、思考形態としての「アフリカ」は普遍化しうるものだった。東ヨーロッパにおける経験は、隣人もまた「ブラック」たり得ることを立証した。ヨーロッパ人であっても、「ご主人様」を欲し「空間」を生み出すと想像できた。戦後になると、東ヨーロッパに戻ることの方が、アフリカに戻るよりも実際的であった。しょっちゅうだったが、ここでもヒトラーは、無慈悲なほど厳格な結論に曖昧な情緒を引き寄せた。ヒトラーは、ヨーロッパにおける最大の文化集団、ドイツの東の隣人スラブ人を、劣等人種として皆の前に示したのであった。

「スラブ人は、ご主人様をどうしても必要とする奴隷の集団として生まれている」とヒトラーは記した。彼は、彼らと隣り合わせの、ロシア人、ベラルーシ人、ポーランド人もだが、きわめて肥沃な土地の広がりに住むウクライナ人をまず念頭においた。「私はウクライナを必要としている」とヒトラーは述べた。「この間の戦争の時のようには誰もふたたび我々を飢えさせることができぬように」ウクライナの征服は、「来るべき数百年間にわたって生存圏《レーベンスラウム》を配することで、ドイツ人にとっての生活様式」を保証することになろう。これは、自然界の正義の問題だった。「優等人種が彼らには狭すぎる土地を耕して呻吟しながら生きる一方で、文明に何ら貢献せぬ、組織さえ持てぬ集団が世界でも最も肥沃な土地の一つに算《かぞ》えられる無限の広がりを占有しているなどとは、想像だに及ばぬところである」。土地が取り上げられても、ウクライナ人は「スカーフだのガラス玉だの植民地住民が好きそうなものは何でも」手に入ると、ヒトラーは述べた。それぞれの村に一箇拡声器をつけてやれば、「ダンスをする機会はいくらでも与えられるし、村人たちは我々に感謝することだろう」。ナチのプロパガンダは、ウクライナ人を視界から取り除くことに尽きた。女性の植民者のためのナチスの歌は、ウクライナをこう描いていた。「農家も暖炉もそこにはないの。あるのは鋤きかえされるのを待つ大地だけ」。ヒトラーによってウクライナを支配するよう帝国弁務官（総督）に選ばれたエーリヒ・コッホは、ウクライナ人の劣等性について、ある種簡潔に主張した。「仮に私と一緒に食卓に着く価値のあるウクライナ人を見つけたら、そいつを射殺させねばならない」。人種的な殺害の脅しにおいてさえ、ダイニングルームが背景となったのだ。[*19]

一九四一年にドイツ占領が現実になると、ウクライナ人自身がアフリカやアメリカとの繋がりを感じた。あるウクライナ人女性は、読み書きもできたし、ナチスの人種主義では予期もしなかったであろうが思慮深さも備えていて、彼女の日記にこう記した。「あたしたちは奴隷のようなものだ。始終『アンクル・トムの小屋』が脳裡に浮かぶ。かつてはあたしたちはその中の黒人たちを思って涙を流したものだが、明らかに今ではあたしたち自身が同じ経験をしているのだ」。ただし、一つの点で、東ヨーロッパでの植民地主義は、アメリカの奴隷貿易やアフリカの征服とは異なるものでなければならなかった。二つの離れ業と言ってよい想像を働かす必要があった。すなわち、諸民族だけでなく、ドイツ国家に似通った政体をも取り除こうという想像力だ。ヒトラーの自然をめぐる人種闘争への没頭は、諸民族も彼らの政府も閉塞状況に追いやった。国家を破壊するのはいつでも合法的だった。仮に国家が破壊されるならば、それはその国家が破壊されるべき代物だ、というだけのことだった。[*20]

ヒトラーの主張では、国家によっては自ら攻撃を招くものがある。劣等人種は国家建設が叶わないので、彼らの政府に見えるものは架空のものである――ユダヤ人権力の隠れ蓑なのだ。ヒトラーは、スラブ人が自治したことなどなかったと言い張った。ドイツの東にある土地は、つねに「異分子」によって支配されていた。ロシア帝国は「本質的にドイツ上流階級とインテリゲンツィア」の創り出したものだった。ドイツ人指導層のこうした伝統がなければ、「ロシア人は今でもウサギのように暮らしていたことだろう」。ウクライナ人は生まれつき植民地民族なのだし、ドイツ植民地当局者らの喜びそうな表現では「ブラック」なのであった。ドイツが一九一八年に撤兵して新しい帝国を引き渡さざるをえなくなると、ロシア帝国のほとんどと同じくウクライナのほとんどもソヴィエト社会主義共和国連邦（ソ連、USSR）として知られる新たな共産主義国家に統合された。ヒトラーは、USSRはユダヤ人の「世界観」の表れだと主張した。共産主義という考えは、スラブ人に彼らの「新たなユダヤ人指導層」を受け容れさせる欺瞞に過ぎないのだ、と。[*21]

共産主義は、あらゆる普遍的な考えはユダヤ的であり、あらゆるユダヤ人は普遍的な考えの召使いだ、というヒトラーの主張の直接的な例であった。ユダヤ人を共産主義と同一視する宣言――「ユダヤ・ボルシェヴィキ」という神話――は、ヒトラーにとって、ユダヤ人の超自然的な力と現世での弱点とを共に適切に論証するものであった。それは、ユダヤ人が自然に従わぬ考えをもって、集団に対しての破壊的な力を獲得しうることを示した。「国際的ユダヤ人のボルシェヴィズムは、ソヴィエト・ロシアにある管制地点《コントロールポイント》から、世界の諸民族・諸国家のまさに核心を腐敗させることを試みている」とヒトラーは記した。けれども、この表面的には不運に見えるものは、実際には好機であった。ソ連内部のスラブ人種の最も強力な成員を殺害することで、ユダヤ人は、ドイツ人がいずれにせよなさねばならない仕事をしているのだった。ヒトラーは記した。ユダヤ人の共産主義はこの意味で「将来にとっては幸いである」と。一九一七年のボルシェヴィキ革命は、ヒトラーの考えでは、それゆえ、先行きの「ドイツ支配」復活の「たんなる準備」なのだった。[*22]

ボルシェヴィキ革命はユダヤ人の計画遂行だというヒトラーの解釈は、別段突飛なことではなかった。ウィンストン・チャーチルもウッドロウ・ウィルソンも、少なくとも初めは、それを同じように見ていた。英紙『タイムズ』の特派員は、ユダヤ人を世界的なボルシェヴィキの陰謀の牽引役と目していた。突飛だったのは、ヒトラーの無慈悲なほど体系だった結論、つまりドイツは東ヨーロッパのユダヤ人を一掃し、彼らのソヴィエトの砦とされるものを転覆させることでグローバルな権力を獲得できる、という結論だった。これは自己防衛に過ぎない、とヒトラーは主張した。なぜなら、いかに油断のならぬ手段を講じてのものだろうが、ボルシェヴィキの勝利は「ドイツ民族の破壊、実際には最終的な絶滅」をもたらすからだ。ただし、直接対決でこそ、ユダヤの脅威は除去できるのだった。ソヴィエト・ユダヤ人の破滅は、ソ連が「即座に分裂する」のを引き起こすだろう。ソ連が、「カードの城」か「思いがけぬ弱点のある巨人」であるのがわかることだろう。スラブ人は「インディアンのように」戦うが、同じ末路を辿ろう。さすれば、東方において、「アメリカにおける征服と同じように、同様なプロセスが再度繰り返されるのだ」。ドイツ人が、他のヨーロッパ人をアメリカ原住民かアフリカ人を見るのと同じように見ることを学んだなら、またヨーロッパ最大の国家をユダヤ人の脆弱な植民地と見ることを学んだら、第二のアメリカをヨーロッパに創設できるのだ。[*23]

こうした人種主義者のコラージュでは、ヨーロッパ人の間にアフリカ人やネイティヴアメリカンが鏤《ちりば》められていた。ヒトラーは、帝国の歴史すべてと人種主義全体を圧縮してごく短い定式に変えた。「我々にとってのミシシッピ川はヴォルガ川でなければならない。ニジェール川ではないのだ」。アフリカのニジェール川は、一九一八年以降、もはやドイツ帝国主義の手の出るところではなかったが、アフリカは、依然として、象徴《イメージ》や植民の切望の源泉であった。ヨーロッパの東の縁《へり》に当たるヴォルガ川が、ヒトラーの想像では、ドイツ国家の範囲であった。ミシシッピ川は、アメリカ合衆国の真ん中を南北に走る川というだけではなかった。トマス・ジェファーソンがすべてのインディアンをその先に追いやろうとした線引きでもあった。「誰が」とヒトラーは問うた。「赤銅色のインディアンのことなど覚えていようか?」ヒトラーにとって、アフリカは帝国主義的言及の出所であったが、現実に帝国を置くところではなかった。東ヨーロッパがその現実の場所であったし、北アメリカが改造されたのと同じように東ヨーロッパは改造されなければならなかった。[*24]

ソ連の崩壊は、ヒトラーの考えでは、本来の支配民族が正当な理由でまさに人間以下の存在を餓死さ

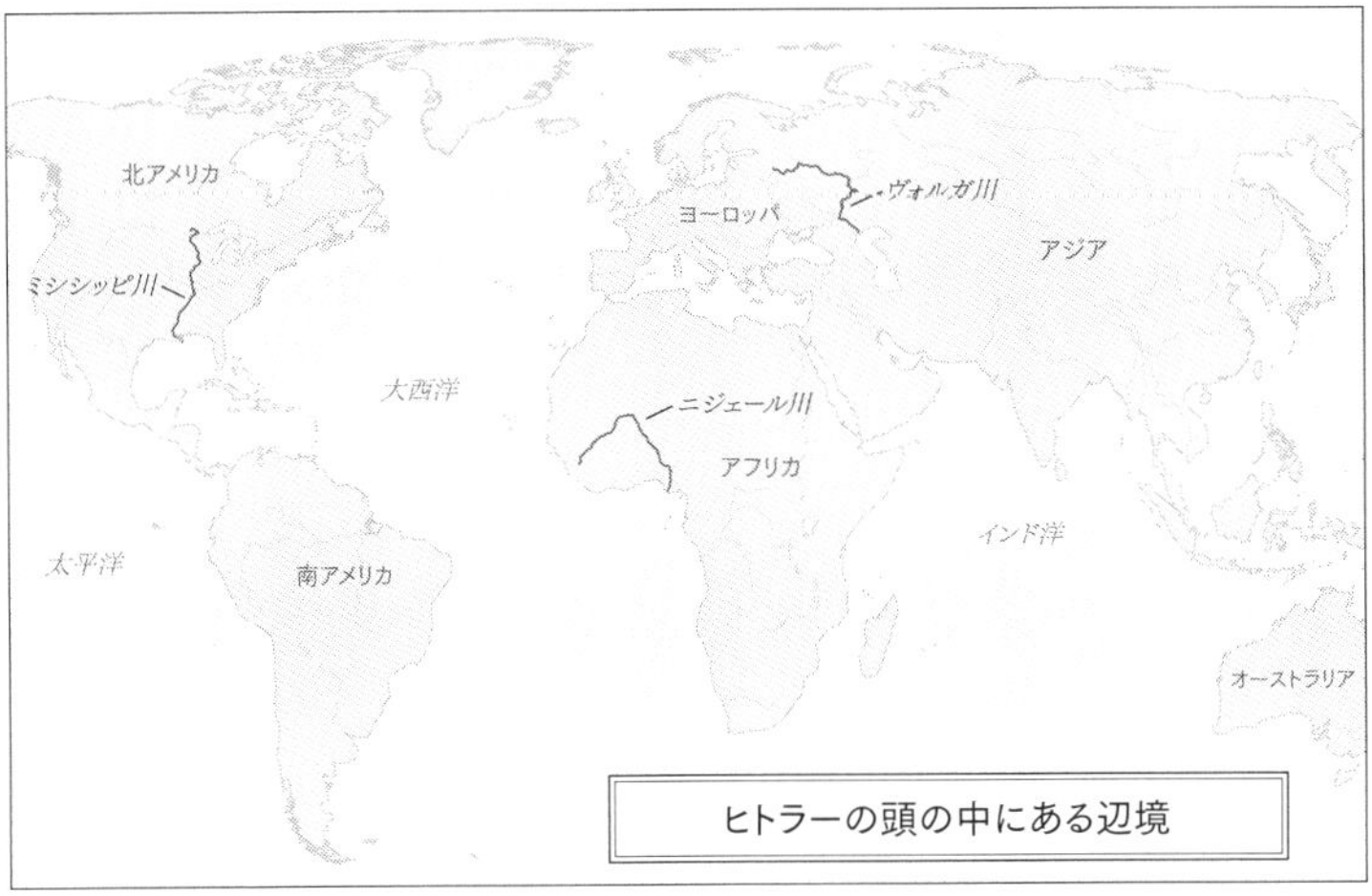

ヒトラーの頭の中にある辺境

せることを可能にするだろう。ひとたびドイツ人が植民地の支配者としてユダヤ人に取って代わると、ウクライナ産出の食糧は、役立たずのソヴィエト諸民族にではなく感謝の念に満ちたドイツの都市や、ドイツに従順なヨーロッパに向けることができた。生というのは飢餓戦争だというヒトラーの公理と、スラブ人に対する飢餓作戦への提案は、一九三三年にヒトラーが政権の座に就いた後に系統立てられた政策文書に反映された。ヘルマン・ゲーリングの権限下で作成された飢餓計画はこう予想していた。「それこそ何千万というこの地域の人間たちが不必要になり、死ぬかさもなくばシベリアに移住せねばならなくなるだろう」。ハインリヒ・ヒムラーの権限下で作成された計画の第二幕では、その後にドイツ人による植民が始められるのだった。[*25]

「ユダヤ・ボルシェヴィキ」という観念は、ヒトラーの「ユダヤ人の思考に汚染されたこの惑星の生態系」という描写が、計画という形で明確化されるのを可能にした。「ユダヤ・ボルシェヴィキ」の神話は、ドイツ軍を用いて帝国を勝ち取り惑星を復活させるという要点を定義づけるものに思えた。それはまた、ユダヤ人にとって――違った意味ではドイツ人にとっても――決定的な戦争と絶滅の政治学を許容するものだった。ユダヤ人の力がグローバルであり、かつイデオロギー的であると考えることで、ユダヤ人が領土を維持するのを強めるどころか、弱めるように思えた。ユダヤ人が一掃できるならば、彼らも人類の団結などという偽りの考えをもはや提供できなくなるし、惑星の支配を譲らねばならなくなるだろう。かくして、「ユダヤ・ボルシェヴィキ」の神話は、簡単な勝利を約することで戦士たちの歓心を買おうとしたのだ。

仮に戦争が計画どおりに進まなかったら、仮にソ連がそうやすやすと敗れなかったら、この惑星すべてにユダヤ人の覇権がという考えも、レトリックと政策の前面に戻ってくることだろう。仮にユダヤ人がソヴィエト領内で最初の一撃で弱体化されなかったら、ユダヤ人に対する闘争は段階的に拡大する必要があるだろう。仮にドイツが地球規模の敵と戦わねばならなかったなら、長い戦いでユダヤ人はいつ何時《なんどき》でもどの地点からも攻撃できたのだから、ユダヤ人に対する全面的作戦に替わるものはなかったように思える。戦線の後方のユダヤ人は、ドイツ占領下の土地で絶滅されねばならぬはずだった。ヒトラーの考えの中に潜伏しているこの可能性は、実現されてしまった。ユダヤ人がまず大量殺戮されたのはベルリンでではなく、東方のソヴィエトでのドイツ軍の先端においてであった。潮の目が変わると、大量殺戮は占領下ソ連から占領下ポーランド、そして残りのヨーロッパへと、西へ西へと移動していった。*26「ユダヤ・ボルシェヴィキ」の神話は、本質的に惑星規模の敵に対する、特定の重要な領土での先制攻撃を正当化するものに映った。それはユダヤ人の絶滅をスラブ人討伐と結びつけた。仮にこのつながりが理論上もうち立てられ、ドイツ人が東の方《かた》の戦場をぐいぐい進んでいたなら、ヒトラーは、実際面でも失敗することはまずなかったことだろう。スラブ人を征服するのに失敗したこと、それがユダヤ人絶滅の論拠となっていったのだ。[*27]

第二次世界大戦の主要な原因の一つになった「ユダヤ・ボルシェヴィキ」という考え方は、その起源を第一次世界大戦に持つ。東部戦線でロシア帝国が崩壊していく間にドイツが味わった奇妙な体験の後で、ヒトラーの心に入ってきたのだ。

ベルリンから見ると、第一次世界大戦は、西部戦線ではフランス（とイギリス、加えて後にアメリカ合衆国）と、東部戦線ではロシア帝国との間で戦われた。ドイツは東西を敵に囲まれていたので、一方を打ち破るためには速やかに他方を排除するよう努めねばならなかった。一九一四年のフランスへの攻撃が失敗に終わると、ドイツは長期にわたる両面作戦を運命づけられた。こうした状況下でドイツの外交官は、革命を煽動するといった、ロシア帝国を戦争から退《ひ》かせるための非軍事的な手段を講じた。ロシアにおける最初の革命がすでに起きた後の一九一七年四月に、ドイツはボルシェヴィキの指導者ウラジーミル・レーニンを、チューリヒからペトログラードまで封印列車で移送する手配をした。同志たちとともに、レーニンは一一月の第二革命（「十月革命」）を組織するのに成功した。その後レーニンはロシア帝国を戦争から退場させた。これは当初は、ドイツの途轍もない勝利に思えた。[*28]

一九一七年の二度の革命の前に、ロシア帝国は世界中で最大のユダヤ人口を抱えていた――かつ能動的な反ユダヤ主義国家であった。ユダヤ人は公的な差別を受けていたし、激しさも頻度も増すポグロムの対象にされていた。ポグロムは国家によって組織されたのではなかったが、それに加わったロシア帝国の臣民は、自分たちは皇帝《ツァーリ》の意向に従っているのだと信じていた。ユダヤ人はロシア民族に比べてほぼ二〇〇倍ロシア帝国から国外移住する可能性が高かった。部分的にはユダヤ人が出てゆきたがったためであったし、部分的には帝国政府がユダヤ人が出て行くのを歓迎したからであった。第一次世界大戦の間、ユダヤ人は国家《ボディポリティック》から概ね排斥された。[*29]

ユダヤ人はロシア帝国の西部地域に住んでいたが、ロシア帝国軍部隊は、敵国ドイツとオーストリアの軍隊と交戦するのに、その地域を抜けて前進し後退した。一九一四年八月にロシア軍部隊がハプスブルク朝の領土内に進軍すると、彼らは農場を所有しているユダヤ人（農場所有はロシ帝国では違法であった）を見つけたので、即座に土地を収用した。一九一五年一月に、帝国政府の公式の回状は、ユダヤ人をサボタージュの罪に問うている。その月に、ロシア帝国軍が数十万のユダヤ人をワルシャワ近くの四〇ほどの町から追放した。地元のポーランド人はユダヤ人の財産を奪いわが物とした。一九一五年に、ドイツ軍がロシア軍を東方に押し返した時には、ロシア帝国軍の兵士たちはユダヤ人のせいにして、およそ一〇〇ものポグロムを行った。ロシア議会の右派の指導者（後の内務長官）は、後退について、国際的なユダヤ人の少数独裁《オリガーキー》の計画を引き合いに出しながら説明した。その間にも、ロシア帝国は、ユダヤ人が侵攻してくる軍隊に協力する可能性があるという理屈をつけて、ほぼ五〇万人のユダヤ人を故郷から追い立て、国外追放に処した。軍が国外追放の担い手であったので、将校兵士は、同胞のロシア帝国臣民のユダヤ人から略奪した。組織立った盗みと頻繁な暴力を伴うユダヤ人世界の心臓部からのこの大量追放は、歴史上でも、伝統的ユダヤ社会の破壊として最大のものの一つとなった。[*30]

ヨーロッパ人の頭の中で、ロシアによる国外追放はユダヤ人問題を変質させた。数万のユダヤ人がロシア帝国を逃げ出したことで、ヨーロッパの諸都市では、突如として東方からのユダヤ人の姿がそこかしこに見える、という印象を持たれた。国外追放は、左派、右派を問わず二〇世紀の主要なユダヤ人革命家多数の人生を形成した。後に右派急進主義者になる幼き日のメナヘム・ベギン（一九一三年ロシア領・現ベラルーシ領のブレスト・リトフスク生まれ）とアヴラハム・シュテルン（一九〇七年ロシア領ポーランド・現ポーランド領のスヴァウキ生まれ）は、共に追放された身だった。ロシア帝国内でも、戦線から追放されたユダヤ人は、モスクワ、ペトログラード、キエフといった大都市を目指したが、そうした大都市で彼らは始終、スパイとして遠ざけられ、職も住まいも拒まれた。一九一七年二月の革命の後、帝国が突如共和国へと向かうにつれ、ユダヤ人は公的には解放され市民となった。この時点でモスクワの六万かそこらのユダヤ人のうち、ほぼ半分が難民だった。その中に、その年の一一月の第二革命でレーニンに合流した者がかなりいた。レーニンは、自分の政権の首都にすることになるモスクワでの彼らの断固とした支持を、大いに多とした。[*31]

一九一七年一一月の時点で、ユダヤ人は突然、帝国内の抑圧された宗教的マイノリティから新しい革命国家の平等なメンバーになった。ユダヤ人の大多数は、一九一八年に故郷の自宅に帰ろうとしたが、帰ってみると、ほとんどの場合は他の人間が住んでいた。隣人たちは、奪ったものを返そうとはしなかったし、それどころかしばしばユダヤ人を攻撃した。一つの体制が別の体制に代わると、ユダヤ人は関係する誰からも標的にされた。革命後の初めのうちのポグロムは赤軍によって行われた。けれどその赤軍の司令官たちのイデオロギーはインターナショナリズムだったし、将校たちはたいがいは反ユダヤ的暴力を止めようとした。

赤軍の反対の立場の側は、そうした抑制を見せなかった。レーニン革命に反発して武器を取った者たちは何ら首尾一過した動きを見せなかった。反革命のイデオロギーにいちばん近いのが反ユダヤ主義だった。新体制の反対者たちは、住民からの支持を得ようとして、ボルシェヴィキを現代のサタンとして描きながら、伝統的な宗教的反ユダヤ主義と今現在の危機意識を密に結びつけた。内戦が数百万の死者を出しながら大きな軋みを生じるにつれ、革命に反対するジャーナリストやプロパガンディストは、「ユダヤ・ボルシェヴィキ」の神話を発展させた。彼らはその考えのいくらかを『シオン賢者の議定書』から引いていた。地球規模のユダヤ人権力という観念は、革命と軍事的敗北という二重の大災厄を説明するものと思えた。それは、普遍的観念が民族的観念に勝利を収めたのを、特定できる一集団の陰謀に変えてしまった。そして、その集団には罰を下すことができたのだった。[*32]

ドイツは一九一七年に革命家たちを支援したが、それから少し経ったら反革命の側についているのに気づいた。レーニン革命に続く大混乱《カオス》の間に、ドイツは、バルト海から黒海にまで至る従属国の連なりを形成することができた。その中でも最も重要だったのがウクライナであった。一九一八年に向かってのドイツの計画は、ウクライナからの穀物でドイツに食糧を供給しながら、東方から部隊を呼び戻して西部戦線で最終的に雌雄を決しようというものだった。ドイツは、一九一八年二月にウクライナ国家と調印した条約を「パンの講和」と呼び、それはドイツではたいへん評判が良かった。ドイツ軍部隊はさっさとウクライナから赤軍を追いだした。けれども、戦争に勝つためにウクライナを利用しようという計画は、とりわけウクライナ・パルチザン、民兵、政党の抵抗があったがために頓挫した。それにもか

かわらず、ウクライナのほとんどは、一九一八年の記憶に残る六ヶ月の間、ドイツの植民地によく似たものだった。ウクライナの豊穣のイメージは、海上封鎖と飢餓のこの時期に、ドイツ人の心に浸透していった。[*33]

いったんドイツが西部戦線で敗れ一九一八年一一月に休戦協定に署名せざるをえなくなると、レーニンの軍事人民委員（兼共和国革命軍事会議議長）のレフ・トロツキーは、かつてはロシア帝国の西の広がりであったものの、今となってはドイツに放棄された従属国群に関心を向けた。ラトヴィア、リトアニア、ベラルーシ、ウクライナで、ドイツ軍将兵は居残ってトロツキーの赤軍と戦っていた。一九一九年にはウクライナは入り乱れた内戦状態に陥ったが、そのなかで数十万のユダヤ人が

あらゆる勢力――ボルシェヴィキ、白軍として知られる反ボルシェヴィキ軍、そしてとりわけ独立ウクライナ国家の兵士たちによって殺害された。こうした加害者のほとんどは、アイデンティティや忠誠心がどうであれ、ユダヤ人に対する暴力をロシア帝国の軍隊にいる間に学んでいたのであった。きわめてよくあるケースだったが、彼らが血祭りにあげたユダヤ人は、戦時中にロシア帝国の政策で移送され、それゆえ現在いるところでの安全とコネを持っていなかったのだ。*34

「ユダヤ・ボルシェヴィキ」というテーゼの支持者で敗れた者たちが、敗戦国ドイツに大挙して流れ込んだ何十万という敗北したロシア帝国臣民の間にもいた。そうした一人が『シオン賢者の議定書』を一冊持ち込み、それが一九二〇年一月にドイツ語訳で刊行された。レーニンの勝利を逃れてきた中には、バルト海地域出身のドイツ人たちもいたが、彼らはテクストのないままドイツ語で「ユダヤ・ボルシェヴィキ」の考えを伝えた。そのなかに、ナチスの早い時期にヒトラーに影響を及ぼした二人のナチス党員、マックス・エルヴィン・フォン・ショイブナー＝リヒターとアルフレート・ローゼンベルクもいた。一九一九年から一九二〇年にかけて、『シオン賢者の議定書』を知る人間たちと語り自らも読んだヒトラーは、「ユダヤ・ボルシェヴィキ」の神話と、ユダヤ人が飢餓を用いて殺害するという観念を融合させた。こうした考えは、当時熾烈な議論の対象となった。一九二〇年七月に、ベルリンにおけるソヴィエト国家の代表は、ほとんどのユダヤ人はブルジョアであるし、革命に反対してきたし、ソ連国内では将来はないと告げた。連中は支配する側でなく「破壊される」側なのだ、と。こうした観方では、革命・反革命のどちらにでも向かう可能性があったとはいえ、一朝ことある時への唯一の解答を求めていたドイツ人を説得することはできなかった。まさにそうした時機に、ショイブナー＝リヒターはミュンヘンで、ボルシェヴィキと戦うための武装した遠征を始めるために金と兵士とを集めていたが、とりわけウクライナ解放には重点を置いていた[35]。

「ユダヤ・ボルシェヴィキ」という考えには特定できる歴史的な起源がある。次のようなものが結びついたのだ。ロシアの公認の反ユダヤ主義を拡大したもの、危機の時期におけるキリスト教の黙示録的な観方の脚色、旧来の帝国秩序の崩壊の説明、内戦期の吶喊、敗北後に慰めとなるもの、である。ナチスの運動が始まった時には、武装した反革命勢力がロシアとウクライナを進軍中で、ヒトラーにとって重要な人物たちの胸中では、その勝利はまだ十分に見込みのあるものだった。一九二〇年のほんの短期間、赤軍はドイツに進軍するように思えたことがあった。ボルシェヴィズムの兵士たちがその年の八月にワルシャワに進軍するにつれ、革命勢力と反革命勢力との間の最終的衝突がすぐにも起こりそうに見えたのだった。けれど、その戦闘ひいてはポーランド＝ソヴィエト戦争に驚いたことにポーランドが決定的な勝利を収めた後には、一九二一年のそれに続いたヨーロッパの体制の地固めが進んだことも相俟《ま》って、問題の性格が変わってしまった[36]。

　ショイブナー＝リヒターの反ボルシェヴィキ軍を糾合しようという試みは、一九二二年に潰えた。一九二三年にミュンヘンでヒトラーと腕を組んで行進していた時、ナチスのその一揆《プッチ》こそが、ショイブナー＝リヒターにとって東へ向かって最後によろめきながらも進んだことになった。ショイブナー＝リヒターが射殺され、ヒトラーが収監されると、ナチス党員の中にはその失敗を、ドイツにおける若きヴァイマル共和国の勝利というよりも、自分たちの敵と信じていた「ユダヤ・ボルシェヴィキ」勢力の勝利だと見なす者がいくらもいた。一九二四年に獄中で『わが闘争』をものしているうちに、ヒトラーのなかでは、ボルシェヴィキは政敵として具体的なものとしては影が薄くなってゆき、ユダヤ人についての自分の考えを一片の領土と結びつける手段としての要素が強くなっていった。ロシア帝国についてほとんど知らなかったうえに、壮大な抽象観念でものを考えるヒトラーにとって、「ユダヤ・ボルシェヴィキ」という考えは、ロシア戦の終結ではなく、ドイツの十字軍の始まりであり、辛い出来事から生じた神話でなく、永遠の真実の明滅する光となったのだ。

「ユダヤ・ボルシェヴィキ」という神話は、局所的なものをこの惑星の規模へと、スラブ人に対する植民戦争の勝利の約束をユダヤ人に対する反植民闘争の大義へと結びつけることで、ヒトラーの全体計画に、いわばパズルで欠けているピースを与えるように思えた。ソ連というただ一つの国家への一回の攻撃で、ドイツ人の抱えるすべての問題を同時に解決ができた。ソヴィエト・ユダヤ人の破滅はユダヤ人権力の一掃を意味したが、それあってこそ東方の帝国創建が可能になるだろうし、それあってこそ東ヨーロッパでアメリカのフロンティアの歴史が再現されることになるのだ。ドイツ人種の帝国は、グローバルな秩序を修復するだろうし、ユダヤ人によって汚染されたこの惑星の自然を回復させ始めるだろう。戦争に勝ちさえすれば、ユダヤ人は好都合なことに排除できるのだ。ドイツ人がどういうわけか劣等なスラブ人に阻まれているならば、ユダヤ人にその結果の責任をとらせればよいのだ。いずれにせよ、人種的帝国の追求は、ユダヤ人根絶の政治をもたらすのだった。[*37]

ヒトラーの生態学では、この惑星は、感染性のある考え方を導入することで自然界の法則に刃向かうユダヤ人の存在によって、強奪の憂き目にあっていた。解決法は、ユダヤ人を純化された自然――抽象的思考よりも血まみれの闘争が重要な場所、どうせ他者などいなくなるのでユダヤ人がその考えでもって他者を操ることのできぬ場所――に晒すことだった。マダガスカルとシベリアという、ヒトラーがユダヤ人のために想像したエキゾチックな移送先はドイツ勢力下に入ることはけっしてなかろう。けれども、ヨーロッパの大きな部分がドイツ勢力下に入るのだ。ヒトラーが日々の糧と自己保存の戒律についての考えを公刊してからそれほど経たずに、ヨーロッパ人はユダヤ人に対し「主の祈り」を唱えさせ、折りを見ては彼らを殺害した。ヨーロッパそのものが、塹壕だらけの風景、「反エデンの園」(anti-garden)とでもいうものになってしまった。[*38]

死への行進の間に、ミクロシュ・ラドノティは、遺骸が死の穴から掘り起こされたときに衣服から発見されるように詩を書いた。

今は根であるわたしはかつては花だった
ほの暗い重量の下の私の休息所
生命の糸断ち切られ
頭の上で死の鋸がもの悲しい音を立てる[*39]

第2章　ベルリン、ワルシャワ、モスクワ

世界観というものは、権力奪取の計画のことではない。「ユダヤ・ボルシェヴィキ」の神話は敵についてのイメージは与えるが、外交政策ではない。レーベンスラウム（生存圏）は帝国への「召喚状」だが、軍事的戦略ではない。思想家ヒトラーにとっての問題は、ドイツの政治、近隣諸国、ヨーロッパの秩序が一筆振るえば廃棄されるようなものでなかったことだった。一九二四年に出獄してから、ヒトラーは、理論についての変心はまるでなかったが、いくらかの実際的な教訓を学んだ。第一次世界大戦の若き退役軍人として、ヒトラーは、芝居がかったジェスチャーや、一九二三年のミュンヘンでのクーデターの試みで、ドイツを変えるに十分だと想像することができた。この点で、彼は間違っていた。国家の武力によって、ヒトラーは敗れ、マックス・エルヴィン・フォン・ショイブナー＝リヒターは殺された。それでもヒトラーは、失敗に終わった一揆《プッチ》から一〇年後に、ずっと狡猾な政治家として、現実に政権の座に就いた。その後、たいへんな民衆の支持を受けて、ヒトラーとナチス党の同志たちはドイツ国家を変えた。ヒトラーは、ソ連は臆病なユダヤ人の「魔女の集まり」（coven）だと想像することができた。この点で、彼は誤っていた。それでもドイツで政権の座に就いて八年後に、彼は現実に何とかモスクワ

相手に戦争を起こしたし、最終的解決を始めた。
ヒトラーの世界を変えようという世界観のためには、彼は、新しい型の政治を行う、新しい型の政治家にならねばならなかった。無秩序な理論が実際の絶滅になるためには、ドイツ国家は改造されねばならなかったし、近隣諸国は破壊されねばならなかった。ヨーロッパのユダヤ人が殺害されるためには、その破壊される国家は、ユダヤ人が「市民」である国家であるはずだった。ヨーロッパのユダヤ人の圧倒的多数はドイツ国外に住んでいたし、最も数が多かったのはポーランドだった。ポーランドはユダヤ人の主要な故国《ホームランド》であるというだけでなく、ドイツをソ連から地理的に離している国家でもあった。何らかの方法で、ポーランドは、ユダヤ人とソ連とを破滅させるというヒトラーの計画に組み入れられねばならなかった。
ヒトラーが政権の座に就いてから六年の間に、彼はドイツ国家を変えることに成功したが、自らの戦いのためにポーランドをパートナーにするのには失敗した。一九三九年に、ポーランドとドイツが同盟国としてソ連と戦っていたなら、その結果は、ヨーロッパのユダヤ人にとって破滅的なものと必ずやなったことだろう。けれども、我々が知っているホロコーストは、そうした経緯からではなく、ポーランドに対するドイツ・ソ連協同しての戦いに続いて起こったのだ。第二次世界大戦があの時点であのように起きた――一九三九年九月にポーランドに対する国家破壊と民族絶滅の作戦として――ということは、ヒトラーのドイツでの成功の結果であったし、外国征服という己が夢に向けてポーランドの決意を促せなかった結果でもあったし、またソ連指導層が進んで侵略戦争に加わったこととの結果でもあった。[*1]
一見しただけでも、ドイツ＝ポーランドの同盟の方がドイツ＝ソ連の同盟よりも妥当なものに思えたろう。ナチスとソヴィエトとは、お互いを究極の悪として描き、一九三〇年代後半を、プロパガンダといういわば罵り合いに費やしていた。対照的に、ワルシャワとベルリンとは共通点が多かった。一九三五年から一九三八年にかけて、ドイツとポーランドは共に、グローバルな変革というたいそうなレトリックで豪語しながら、近隣諸国へ向けて領土的主張をなす中央ヨーロッパの国家だった。ベルリンとワルシャワの指導層はどちらも、世界秩序に対し、食糧、原材料、人間の流れを抑制していると異議申し立てをしていた。どちらも、ヨーロッパにおけるユダヤ人問題の解決こそ国際的正義の問題だと示唆することで、ユダヤ人問題を外交的修辞の中心に据えていた。どちらも、ソヴィエト共産主義の脅威を強調していた。

一九三九年のドイツによるポーランド攻撃の決定は、国境線の調整のためのベルリンの作戦であるとか、ワルシャワがその調整に抵抗したためといったように、しばしばヒトラーとそのプロパガンディストの言葉で説明されてきた。こうしたことはまず何の関係もなかった。実際は、ドイツ＝ポーランド間の戦争は、ポーランドの外交によって長い間覆い隠されてきた、ユダヤ人問題・ソヴィエト問題についての深刻な違いから生じたものだったのだ。ヒトラーは、ソ連とユダヤ人に対するより大がかりな作戦で、進んでポーランドを同盟国としようとした。彼はまた、たとえば一九三九年初めのようにそうした同盟が成立しそうになくなると、進んでポーランドを徹底的に潰そうとした。いずれにせよ、ヒトラーは、ポーランドのことを、自身の基本計画の一要素としか見ていなかった。大がかりな東方での戦争の手先、ないしその作戦が開始される「領土」ということだった。ヒトラーは後者よりも前者の方にずっと比重を置いていたが、後者は一九三九年初めにドイツ＝ポーランド間外交が意外にも破綻したのに続いて急造された即興に近い計画だった。その間ずっと、ポーランドは、自身の目標・目的を持った主体であり続けた。ドイツとポーランドとは、両国の外交政策がグローバルな政治と国家の役割とについてまるで異なった分析の上に成り立っていたので、最後には妨げ合う形になった。

ヒトラーが政権の座に就いてからのベルリンのグローバルな地位というものは、「再植民化」(recolonial)として定義づけられよう。帝国はそのものとして正当で良いものであった。最良の帝国は人種主義的であったし、イギリスとアメリカとは人種的支配の模範として好敵手であったし、ドイツ帝国は世界に均衡を取り戻すものだった。地球は自然のこととして競合する帝国からなる世界だったし、不自然なのはユダヤ人の帝国、すなわちソ連と、ロンドン・ワシントン・パリその他どこにおいてもユダヤ人が影響力を持つことだった。ドイツは退廃的なユダヤ人支配にとって代わることで、贖いとなる正しい人種主義的な帝国をつくることになろう。ヒトラーの頭の中では、そうした再植民化計画の中でのポーランドの立場は――戦時中は同盟国か無害な中立国として、戦後になったら衛星国か傀儡国家としてだが――ドイツを助けることだった。この着想においては、暴力的な行為でドイツ＝ポーランド国境を変化させる必要はなかった。なぜなら、ポーランドは、ソ連でのドイツと合同しての占領地の中からいくらか戦利品の領土を得ることと引き換えに、ドイツに領土を割譲できたからだった。もっとも、結局はこれは無意味なことになろう。というのも、ポーランドは、戦争が起きれば、ドイツの支配下に入ってしまうからだ。

対照的に、ワルシャワのグローバルな態度というのは、「脱植民化」(decolonial) と呼んでよかろう。ポーランドの歴史は、一七九五年に周辺の三帝国によってポーランド＝リトアニア共和国が崩壊させられ、第一次世界大戦が終わった一九一八年になってから国民国家を創建したという歴史だった。ポーランド人の状況の観方では、帝国なるものには何ら特別な合法性もなく、歴史的な論理と公正さの点から、国民国家に道を譲りつつあるところだった。ナチスの考えどおりに、帝国は破壊されるかもしれないが、仮にそうなるとしたら、帝国に取って代わるのは、人種的体制よりもむしろ国民国家であろう。すべての民族は、歴史においては、自由を求めて戦ういくぶんなりとも平等な「主体」であった。ポーランドのほとんどの指導的な政治家は、固有の価値を備えたもの、近過去における集合的な達成として、国民国家に愛着を覚えていた。国家の魅力的でない保守的な定義、すなわち、暴力を専有し法を執行するものという定義が、多くのポーランド人にとっては、貴重で見込みの薄い偉業であったのだ。外交政策についての修辞の仰々しさにもかかわらず、ポーランドの指導者で、ポーランドが世界の列強の一つに取って代わると夢想している者はいなかった。ヒトラーやナチス党員のいくたりかとは異なり、ポーランドの指導層は、ユダヤ人がソ連やすべての帝国を陰で支配しているという理論など持たなかったし、強大国の隠された脆弱さについての幻想も持たなかった。帝国主義体制——その中でソ連は概ね平均的なものであった——は、結局は民族解放に道を譲ることだろう。そうこうする間に、イギリスやフランスのような海洋帝国が何百万ものポーランド・ユダヤ人の再定住問題を無視できなくなるだろう。ワルシャワが願っていたのは、ポーランド・ユダヤ人が帝国というものに叛乱を起こし、複数のポーランド・ユダヤ人国家を建設することだった。そうした国家は、幾分かはポーランドの影響力をどこであれ定住地——いちばんありそうだったのはパレスチナだったが——にも広げることだろう。イスラエルまでが、ワルシャワの夢想が及ぶ限界だった。

ベルリンもワルシャワも数百万のユダヤ人がヨーロッパからいなくなるのを支援した。ヒトラーにとって、これは、ドイツ勝利の後にユダヤ人を一掃することがこの惑星を繕うことになる、広大な生態学的な修復計画の重要な要素だった。ドイツ国家は目的達成のための手段だった。ドイツ国家には突然変異が起こりうるし、また起こるのだろうが、そうなるとリスクを冒すことになろう。少なくとも一九三三年より前には、反ユダヤ主義はドイツでよりもポーランドでの方がより多くの共鳴者を得る可能性が高かったが、ヒトラーの考えに似た考えを持った人間がワルシャワで権力の座に近づくことはなかった。ドイツの政策はユダヤ人が住んでいる国家群の破壊を意味していたが、ポーランドの政策はユダヤ人のための国家建設の途《みち》を探っていた。一九三〇年代末のドイツの外交政策の隠された本質は、東ヨーロッパに広大な人種的帝国を建設することだった。ポーランドの外交政策の隠された本質は、国際連盟によってイギリス帝国に与えられた委任統治領の中のパレスチナに、イスラエル国家なるものを建設することだった。

ナチスの再植民化の、そしてポーランドの脱植民化の思考傾向は、異なった風とはいえ、それぞれがきわめて急進的だった。どちらも現行の帝国主義体制に異議を唱えたが、ナチスは人種主義の原理に基づく帝国主義体制の再建を思い描き、ポーランドは帝国主義体制が「植民地主義後」の国家群によって不可避的に取って代わられることを思い描いた。両者が生み出した外交政策は、とりわけて自分には同盟国が必要だと考えていたベルリンの指導者《フューラー》にとって、かなり似通ったものに思えた。けれども、政治理論の決定的な次元では、反対の根がこれほど深かったことはなかった。伝統的国家の「拒絶」に対するに「是認」だったのだから。

国家についての態度のこの基本的な差異は、大部分が、第一次世界大戦での相反する経験と解釈から生じていた。ポーランドの愛国者にとって、一九一八年は、一世紀以上にわたって地図から姿を消していた独立ポーランド国家がふたたび出現した奇跡の年であった。ドイツ人にとっては、一九一八年は、想像だにしなかった軍事的敗北の年であったし、その後には翌一九一九年のヴェルサイユ条約と屈辱的な領土の割譲が続いた――それも領土を割譲したのは主に新生ポーランドに対してだったのだ。

クーデター失敗後、ヒトラーは政治的になることを学び、ヒトラー自身の並外れた野心を先に進めるのにドイツ人の怨念《ルサンチマン》のエネルギーを用いた。彼は、自分の目的がヨーロッパの政治秩序を破壊することだったとはいえ、ドイツ人の間に広汎に見られたヨーロッパの政治秩序を修正したいという合意を活用した。ヒトラーは、自分では実際には民族の権利など信じていなかったとはいえ、民族自決の決然たる唱道者として自分をアピールして見せた。同様に、彼はユダヤ人の脅威の持ち出し方をソフトなものとした。彼はもはや人前で、キリスト教もボルシェヴィズムと同じくユダヤ的だなどと言うことはしなくなった。ドイツのクリスチャンは、教義からあらゆる意味を枯渇させるようなより大きな闘争に引きずり込まれるにつれ、教義を棄てるのを強いられるのではなく、教義を修正するのを許された。ヒトラーにとって、同胞ドイツ人が関心の対象になるのは、彼らを将来の人種的繁栄のための容赦の無い戦いに糾合できる場合に限られていた。言葉を換えれば、ドイツ人が一九二〇年代にヴァイマル共和国に狭量にも没入していた頃には、ドイツ人は彼の期待に反して軽重浮薄だったのだ。ヒトラーにはドイツ人に向かってそれを告げることは難しかったし、実際に告げはしなかったが。[*2]

獄から放たれた後も、ヒトラーの発言はまだ、政権を牛耳っていたドイツ社会民主党、あるいは伝統的保守派と比べて急進的に聞こえたが、その急進性は政治的なライバルとの対話で発揮されたし、ドイツの有権者を惹きつけるためのものであった。世界経済が大恐慌に陥り、資本主義、共産主義どちらもが破綻したように思えた一九三〇年代初めに成功が訪れた。これが、国家社会主義党員に、資本主義と共産主義とは狂っていて間もなく消滅するだろう選択肢だと、また自分たちは革命家ではなく救済者なのだとアピールする好機を与えた。ヒトラーはこの時点になると、『わが闘争』で強調したようには、ユダヤ人絶滅だけが二つのユダヤ的な体制と目されるものからドイツ人と世界とを守れると強調しなくなった。ヒトラーは代わりに、一九三二年、一九三三年の選挙運動では、自身の国家社会主義が安定への処方箋だし、資本主義イデオロギー、共産主義イデオロギーの狂気と正反対の「良識」なのだとアピールした。[*3]

実際に、国家社会主義は、ドイツをグローバルな資本主義の浮き沈みから遮断する広大な帝国を創るために、共産主義を破壊したいという野望を伴っていた。その目標については、およそ保守的ではなかった。ヒトラーは自身の反共産主義を、強大国に対する軍事的十字軍などでなく、ドイツ企業の収支決算や選挙民の食欲を満たすことへの関心として示して見せた。一九三三年の春に、ソヴィエトが農業集団化を導入して何百万もの小農を餓死させたときには、ヒトラーは、ドイツ人が左翼に投票するのをやめさせようとこの飢餓という恐怖を用いた。ベルリンのスポーツ宮殿《スポルトパラスト》で「餓死しつつある何百万もの人々」について演説したときに、ヒトラーは、中産階級とその抱える恐れとに訴えた。ソヴィエト・ウクライナは「全世界の穀倉たりうる」と演説を続けたときには、ヒトラーはナチスの追随者に向かって話しかけていた。彼は、Lebensraum（生存圏）という単語のもう一方の意味である「生息場所」の血

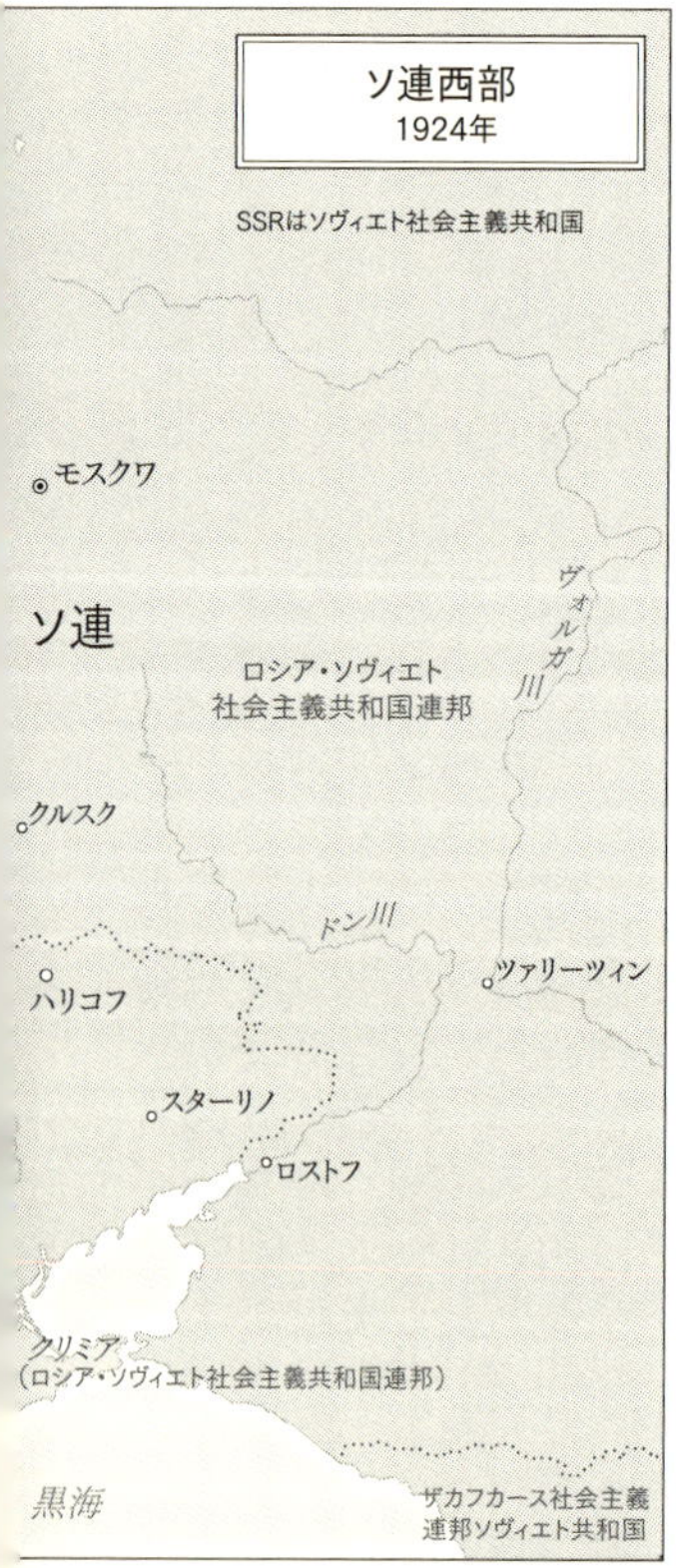

塗られた征服という観念を、物質的な安楽の約束というもう一方の観念で隠していたのだ。[*4]

一九三三年にヒトラーは、首相の職責のもとへの権力集中を促していた何年にもわたるヴァイマル憲法の危機の間に、民主的な選挙で勝利を収めた。一九二八年には一二の議席しか得られなかったヒトラーの国家社会主義党は、一九三二年七月には驚異的な二三〇議席を獲得したが、同年一一月には一九六議席に減少した。ヒトラーは一九三三年一月の連立内閣で、彼のことをコントロールできると考えていた保守派やナショナリストの支持を受けて首相に指名された。これが過ちであった。ヒトラーは二月の国会議事堂放火事件を、ドイツ市民の権利を制限し、彼に議会の監視なく支配することを許す例

外的な恒久的状態を生み出すのに用いた。[*5]

一九三三年春の、ヒトラーが権力を強固なものとする数週間、数ヶ月間に、彼の党員はポグロムを実行したし、ユダヤ人所有の事業のボイコットを組織した。ドイツにいた五万人程度のポーランド・ユダヤ人は、そうした抑圧を被らなかった。それから五年間続くのだが、ポーランドの市民権はナチスの弾圧から彼らを保護した。これは、ポーランドにいるポーランド・ユダヤ人が、ドイツとの交易を拒否して対抗してのボイコットを組織したのだから、なおいっそう目についた。ドイツ・ユダヤ人へのボイコットや打擲は見た目が残忍だったが、これまたそれ以前のものと比べて見ればの話しだった。けれども、それらボイコットや打擲は、ヒトラーが胸中に温めていた政治的ハルマゲドンの、迫力はないが前触れだった。ヒトラーは戦争を、それも特別な種類の戦争を必要としていた。そのためには、ヒトラーはドイツでの権力掌握に留まらず、ドイツの権力の再構成をも必要としていたのだ。[*6]

一九三三年にヒトラーが表舞台に立った後も、彼は初めての戦争を始めるまで実質六年以上、内政面に従事していた。これは、その理論が「自然」の修復のために「血の犠牲」を緊急に必要としていた男にしては、武装闘争を伴わぬ長い期間であった。ヒトラーは、一九二三年のクーデター失敗後に戦術、それだけでなく機転まで学んでいたが、選挙での最初の数手《ガンビット》は計画の態をなしていなかった。権力を掌握するのに自分の究極的な目的を偽るのは、いったん権力を手中に収めた後で毎日の決定を下すのとはわけが違った。ヒトラーは組織なぞ信じていなかったし、たんにドイツの行政機関を自分の目的に向けさせることでは満足できなかったであろう。彼はドイツ・ナショナリストでさえなかった。彼の観ずるところ、ドイツ人は他のどの人種より優れていると推定されたが、実際にはヒエラルヒーは人種戦争によってうち立てられるべきものだった。ヒトラーには、ドイツ人を人種戦争に向けさせる特別な手段、ドイツ国家をして無政府状態《アナーキー》を現出させるという目的に向けさせる非凡なテクニックが必要となろう。どれも途轍もない仕事であったし、彼の戦術はその仕事に十分対処できるものであった。

ヒトラー自身によれば、最初にインスピレーションを得たのは「バルカン・モデル」とでも呼ぶべきものだった。彼の時代の多数の政治家と同じで、ヒトラーは、一九世紀にオスマントルコ帝国の衰退から生まれたバルカンの国民国家群の中に国内政策と外交政策との間の適切な関係を見て取った。セルビアなどのバルカン諸国は、「軍事衝突」を通じて「特定の外交政策上の目的」の達成の仕方を示してきた。バルカン型の軍国主義は明確な政治経済を特徴としていた。国内市場が限られ、輸出品が主に農産物であった国民国家の指導者たちは、より大きな経済圏を欲した。国境線を広げるための正当化は、国境の間違った側に放棄されている同胞の解放であった。国内では、投票者たちは、戦争は解放なのだと教えられた。実際に、国土の膨張は税基盤を拡大することであった。ヒトラーの主張するところでは、内政の唯一の目標は、国外の生存圏《レーベンスラウム》を確たるものにするのに必要なエネルギーや資源を結集することにあった。[*7]

ヒトラーは、ある程度、バルカン型の軍国主義者であった。国内でも国外でも、ヒトラーが軍部拡大の必要へ賛成した論拠は、古典的なバルカンの民族自決のそれであった。内政はかくして、戦争が可能となりかつ不可避に思えるように、資源を蓄積し、世論を操作する技法になった。ヒトラーは国外ドイツ人の窮状に個人的にはさして心を痛めていなかったようだが、彼はこの種のナショナリズムがドイツ人の感情を揺り動かすことを理解していた。ヒトラーは、それまでのすべての制限を超えた、かつ明らかに常軌を逸したドイツ軍を建設した。徴兵制は一九三五年にふたたび導入され、軍事予算は年々極端に増加した。軍事機構整備のために、ヒトラーは戦争でしか隠しようのない借金を重ねたが、そのこと自体が戦争開始の論拠となる条件だった。砲かバターかという予算の優先順位における昔からのジレンマは、伝統的なバルカン型で解決できるものであった。砲を通じてバターを、である。ヒトラーが述べていたように、「戦争の苦しみから自由というパンが得られる」のだった。[*8]

ヒトラーは「バルカン・モデル」を尊重していたが、それを最終的達成というよりも第一段階ととらえていた。ヒトラーはドイツ国家を支配する必要があったが、国土の膨張はほんとうの目標ではなかった。ドイツ・ナショナリズムを用いることは諒解していたが、自身は実際にはナショナリストではなかった。ヒトラーの同胞のドイツ人の民族感情は、彼呼ぶところの「空間征服の力」であった。それにより、彼らドイツ人をして、自分たちのより高次元の運命を認識し満たす「人種闘争」へと駆り立てることができた。ドイツの男たちを国から連れ出し、支配できる異国の地に投入するのには、国家を愛する気持ちが総動員されねばならなかった。ヒトラーのことがわかっていたドイツ人女性の一人がこう記すことになるように。「限られた空間を愛する傾向は、ねばねばした塊のようにドイツ人に取り憑いているので、超克されなければならない」。生存圏《レーベンスラウム》というずっと大きな野望のために、ヒトラーは「バルカン・モデル」に加えて七つの新機軸を導入した。党と国家の統一、暴力の起業家精神、無政府状態の輸出、組織の雑種形成、国家のない状態の創出、ドイツ・ユダヤ人の世界的拡散、そして戦争の再定義である。[*9]

ヒトラーが不承不承ながらも敬意を払っていたバルカンの指導者たちとは違って、彼は、確立されている合法性とか主権といった概念から新生面を開いた王ではなかった。ヒトラーは、一国民を王朝の名において具象化した（義務とか利害とかを帯びた）存在などではなく、彼の観ずるところ、終末まで血塗られた闘争を運命づけられている人種の先見の明のある代表であった。「自然」の使徒たるヒトラーは、伝統的組織を自身の将来についてのヴィジョンに適応させねばならなかったが、つまるところ戦争を始める前にそれら組織を改編しなければならないわけだった。不安定な共和国での首相という法的地位から始めたことでやまほどの組織を受け継いだため、ヒトラーとナチスは何か新しいものを創設しなければならなかった。

古いドイツと新しいドイツの理論上の調和は、党と国家の統一だった。そうした統一は一〇年前にソ連邦（一九二二年に連邦形成）でレーニンによって始められていた。ソヴィエト国家は、国家が顔を出せるありとあらゆるところに顔を出していた。国家中枢、議会、司法、政府、行政部門、はては憲法にまで。実際には、ソヴィエト国家は、労働者とその利益を代表しているとされる共産党に従属していた。その共産党は、今度は数名からなる政治局（politburo）によって運営され、実際上はたいがいは唯一の人物によって支配されていた。レーニンは革命の利点も不利な点も抱えていた。ヒトラーの党はそうではなかった。よって、ナチスによる国家の党への同化、グライヒシャルトゥング（Gleichschaltung、強制的同一化）は徐々に進行した。[*10]

一九三四年、ヒトラーは公式に「指導者兼ドイツ国家首相」（Führer und Reichskanzler）という称号を得た。この漠たる称号は、ヒトラーが人種集団の長であると同時に政府の首班であるということを指していた。ヒトラーは建前は人種的植民主義者だったが、現実にはヴァイマル共和国の反対者であった。人種的統合を旗印に、ヒトラーはヴァイマル共和国の基本的自由を破壊し、ヴァイマル憲法を嘲笑した。それでも、ヴァイマル共和国の官僚たちは、ヒトラーの支配を、政権が合法的に継承されたものと見なしていた。[*11]

もちろん、党と国家の統一という観念そのものが、自己矛盾であった。ナチス党は、果てしなき人種闘争を前提として創設されていたが、他方いかなる伝統的な国家も暴力を管理し支配する権利を主張してきた。闘争は続けなければならなかったが、同時に流れを他に向けなければならなかった。それゆえ、党と国家の統一、すなわち一党独裁制国家の存在は、ヒトラーの二番目の新機軸、暴力の起業家精神にかかっていた。

ドイツの社会学者マックス・ヴェーバーが与えた国家の古典的定義は、合法的な暴力を独占しようとする主体というものだった。一九二〇年代から一九三〇年代初めにかけて、ヒトラーは、ヴァイマル共和国は実際上暴力独占をできていないではないかと言って、その信用を落とそうとした。SAとSSとして知られるヒトラーの武装警護隊は、暴力独占を打ち破るものとして、一九三三年に政権を掌握する以前にも機能していた。彼らが政敵を打ちのめしたり、街頭で喧嘩を始めたときには、彼らは現体制の弱さをことさらに示していたのだ。イタリアで政権の座に就いた後のベニト・ムッソリーニを範として、ヒトラーは自身が権力を握った後も、抱えている準軍事組織をそのままにしておいた。しばしば、革命の後では、職業的な暴れん坊も国家に従属させられ、秩序紊乱者でなくて体制の僕《しもべ》の公務員になったりする。けれども、SAとSSとは、国家がナチスのものになった後でも、党の組織のままであった。SAとSSの党員は制服を着用していたし、階級もあったが、だからと言って国家のヒエラルヒーにおける特定の地位を指し示していることにはならなかった。SAとSSは、権力を持つ組織であったが、その権力は伝統的な国家によって制約される類のものではなかった。彼らの最終的な威信の拠り所は、指導者《フューラー》の定義のまま、人種の利益であった。一九三三年の政権掌握の後、彼らは、ドイツ国家がナチス支配下に入ったまさにその時に、人種帝国というずっと壮大な計画に役立つ殺害の方法や手段を求める、暴力の起業家になったのだ。[*12]

もっとも、今度はこの新機軸が、基本的な問題をもたらした。ヒトラーが必要としているものが対外戦争であり、ということはドイツ国内での戦力整備であったときに、暴力の起業家たちはドイツ国内において暴力をどのようにして増殖させえたのだろうか？ ヒトラーが人種の名におけるグローバルな戦争のための基盤として必要としたまさにその国家で、どれほどの血を流すことができたのだろうか？仮に暴力に慣れている者たちが暴力の中で訓練を受けることになるならば、その訓練はどこで活用することができただろうか？ ソ連の支配者たちは早くから同じ問題に直面していたが、なかなか優雅にその問題を解決した。理論上必要とされる闘争は続行されねばならないが、その理論を唱える者たちの支配する土地においてではなかった。共産党は辛い階級闘争によって労働者を指導するように運命づけられていたが、むろんのこと、革命の後ではそのようなことはソ連国内ではあってはならないことだった。それゆえボルシェヴィキは、自分たちの国は、それ以外の世界にとっての将来の調和の模範を示す、平和な「社会主義の祖国」だと主張した。ソヴィエトの外交政策は、ソ連の外での階級闘争は最終的に世界の資本主義を打ち倒し、新たな同盟国をもたらすという前提に拠っていた。一方で、ソヴィエトの外交政策がその歴史的過程を助長するのは理にも法にも適うことだった。言葉を換えれば、ソヴィエト政府は自国内の暴力は独占し、革命は輸出したのだった。

ヒトラーの三番目の新機軸、無政府状態の輸出も、自国の権威は維持しながらも暴力を合法化し洗練するという判じ物めいたものへの同じような解決策だった。一九三三年以降、ナチスのドイツは主として国外でのさらなる作戦のための基地であり、その作戦がドイツ本国をその後で変えることになるはずだった。ドイツの諸制度は、部分的にはドイツ人を変えるべく、けれど概ねのところドイツ国外での前例のない暴力のための準備として、修正を加えられた。革命は国外で進行し、完成した暁には、その革命はドイツ人を救済し、ドイツ人が自国を称揚するのを可能にするだろう。ドイツ国家は、新たな人種秩序をうち立てることになる偉業、つまり他の国々の破壊をまさに可能にするためにも、維持されねばならなかった。[*13]

こうした解決の輪郭は、ヒトラーが政権を掌握してから一年余り経った一九三四年六月に、暴力の起業家たちの一つの集団の敗北のなかから現われた。規模で勝り大衆的なＳＡ（突撃隊、Sturmabteilung）が、もう一つの集団で発足当初からＳＳ（親衛隊、Schutzstaffel）として知られていたよりエリート的な警護隊に敗れたのであった。ＳＡとその指導者エルンスト・レームは、言葉どおり受け取り反政治的に読み込んだナチス・イデオロギーに忠誠であった。レームは、ＳＡの部下たちが、国内外での革命を助長する新しい種類の軍隊となることを夢見た。彼はヒトラーの一九三三年の政権奪取に続く「第二革命」のことを口にしていた。対照的に、ヒトラーは、ドイツの政治的変容の時期が対外戦争による革命の完遂に先立たねばならないことを理解していた。六月三〇日から七月二日にかけての粛清は、五世紀ブリテン島の伝説から派生した言葉だが「陰謀をめぐらす時」の意の「長いナイフの夜」として知られている。この機会に、ＳＳは、レーム始めＳＡの幹部たちを逮捕し、処刑した。プロパガンダでは、その犠牲者たちはホモセクシャルであったと誹謗された。ナチスの行為ではよく見られたことだが、うわべの保守主義が、ほんとうに急進的なものを隠していた。法理論家カール・シュミットは、自分は従来理解されてきた法に反対の立場だと主張し、ヒトラーこそ唯一真実の法である人種の法を守っているのだと説明した。ＳＡを抑圧することで、ヒトラーは、それまでＳＡを脅威と見なしていた国軍の司令官たちを宥めることができた。[*14]

ＳＡがヒトラーの青年らしいアナーキズムを体現してきたのに対し、ＳＳは、急進的だが忍耐を要する新種の人種政治学の必要を理解していた。ＳＳは、ドイツ軍の直接的なライバルではなかったし、ドイツにおける秩序への脅威でもなかった。ＳＳ全国指導者のハインリヒ・ヒムラーは、ドイツを、変化が徐々にやって来る政治領域として見る点でヒトラーに追随していた。当時ＳＳは、ドイツ国内の革命勢力たらんとするよりも、ドイツ国外での国家の破壊に加わろうとしていた。これなら将来は、現下の競合関係から離れ、仕事の分担が可能だった。有用なドイツの諸々の組織の存在は、ジャングルの法の望ましさに適応されねばならなかった。現在ドイツで取られている行動は、国家社会主義の精髄である将来の闘争にむけての地均《なら》しとならねばならなかった。ドイツ軍が諸国の軍隊を打ち負かし、その後に、ＳＳが諸国家を破壊し人間を排除することで、自然界の人種秩序を回復するのだ。[*15]

この据え置かれた至高の使命は、ＳＳに加入した若者たちが、人種主義とエリート意識とを、キャリア志向と宿命論とを調和させることを可能にした。彼らは、属する組織がドイツ国家を変えたとしてさえ、自分たちは、「ドイツ国民性」(Deutschtum) における最良のものを守っているのだと信じることができたのだ。[*16]

「長いナイフの夜」に凱歌をあげた後で、ＳＳはヒトラーの四番目の新機軸、組織の雑種形成を実行した。犯罪は再定義された。人種に関わる組織と国事に関わる組織は融合された。幹部連中はあちらこちらへと回された。一九三五年に、重要な改革がなされ、ヒムラーが、SSと警察機構とを人種保護のための単一機関としてはっきりと再定義した。伝統的国家よりも人種運動に尽力してきたヒムラーは、一九三六年からは、一人でSSとドイツ警察とを指揮するようになった。SD（Sicherheitsdienst、親衛隊保安部）として知られていたSSの情報部門は、政治犯罪の新たな定義を持ち出した。それは国家に対する犯罪ではなかった。国家は人種を代表することで初めて正統性を持ったのだ。政治とは生物学に他ならないので、政治的犯罪は、ドイツ人種に対する犯罪であった。ヒムラーが「鉄の心臓を持つ男」と呼んだ、腹心で補佐役のラインハルト・ハイドリヒが、SDを指揮した。[*17]

一九三七年にヒムラーは、ヒムラーに従属するヒムラー自身によって選ばれた少数者のもとで二つの指揮系統を統合する、新たなトップレベルの権限を設けた。こうした新しい地位は、戦時中ドイツの国外の領土で重要になった。「親衛隊及び警察高級指導者」（Höherer SS und Polizeiführer、略称 HSSPF）たちは、警察の諸組織やドイツ本国の法の絡み合ったものによって束縛されていた。後になって、彼らは東方においてそうした厄介なものなしに新政治秩序を発展させられるようになった。一九三九年九月には、ハイドリヒは、彼の率いるSD（これは、党と人種に関わる機関）と保安警察（これは、国家に関わる機関。Sicherheitspolizei、略称ジポ（SiPo））とを統合した「国家保安本部」（Reichssicherheitshauptamt der SS、略称 RSHA）の長に任ぜられた。占領した土地にドイツ軍部隊を追いかけてゆく「アインザッツグルッペン」（特別行動部隊、Einsatzgruppen。なお、単数形がアインザッツグルッペ、Einsatzgruppe となる）創設に当たったのもハイドリヒだった。アインザッツグルッペンも雑種形成された組織で、SSの隊員も、それ以外の者も含んでいた。警察官がSSに徴募されたり、逆にSSの将校が警察に回されたりして、警察力自体も内部からの雑種形成だった。「秘密国家警察」（Geheime Staatspolizei、略称ゲシュタポ（Gestapo））、「刑事警察」

（Kriminalpolizei、略称クリポ（KriPo））の刑事たち、はては制服を着込んだ通常の「秩序警察」（Ordnungspolizei、略称オルポ（Orpo））までもが、ヒムラーの人種闘争の戦士となることになった。[*18]

戦前のドイツにおいてSSに限定された権限の中に、ドイツ国内における「国家のない狭い地域」である強制収容所があった。この「国家のない状態の先例」は、ヒトラーの五番目の新機軸だった。（ドイツ国家と対立する存在としての）国家社会主義党が、党指導層が不要と見なした者たちを超法規的に罰することができる場所として、ヒムラーが一九三三年にダッハウに最初の収容所を造った。政敵や社会における敵は人種的な敵であったし、収容所はそうした集団をすべて収容することとなった。社会主義者、共産主義者、反体制者、ホモセクシャル、犯罪者、「労働嫌い《ワークシャイ》」とされた者たちを収容所に入れることで、彼らを国家のまともな保護から切り離し、ドイツ民族共同体から彼らを濾過して取り除いてしまった。彼らの労働が、ドイツが他の諸国家を破壊する戦争の準備をするのに役立った。[*19]

収容所の最も重要な側面は、それらが先例となったということだった。一九三〇年代ドイツにおける強制収容所体制はそれほど広大なものではなかった——一八九〇年代のドイツ植民地の施設と同規模であり、同時期のソヴィエトのグラーグの方が一〇〇倍以上大規模だった。ドイツの収容所の主たる重要性は、弾圧政治の機関が、指導者《フューラー》の意志と有刺鉄線とで法や国家から切り離されたものとなりうる、と示すことにあった。この意味で、それらの強制収容所は、ドイツ国外でのもっと広汎なSSの任務にとっての訓練場であった。その任務とは、人種主義的な組織により国家群を破壊することであった。全東ヨーロッパ諸国、SSが国家を破壊してしまう場所での死亡率は、一九三〇年代のドイツの強制収容所での死亡率を遙かに超えるものとなってしまうのだった。

ヒトラーの六番目の政治的な新機軸は、ドイツ・ユダヤ人の世界的拡散であった。現実に、ユダヤ人はドイツ人口のごく一部、一パーセント以下だった。ほとんどのユダヤ人は言語の面でも文化の面でもドイツ社会に同化していた。実際、二〇世紀初頭のドイツの高い文化は、今日に至るまで賛美されているモダニズムを含めて、ユダヤ人の生んだものである可能性がはなはだ高かった。ほとんどのドイツ人は日常生活でユダヤ人に顔を合わす機会はなかったし、ユダヤ人をそうでない者と見分けるのがとりたてて得意なわけでもなかった。新たに人種的な目で眺めるようにすることは、ドイツ民族共同体(Volksgemeinschaft)を一つの堅固なものとすることだった。[*20]

ヒトラーの政権奪取の後で、ドイツ国家の成員であることはナチス党の党員の規則の下にくるようになった。一九三三年に、ユダヤ人は公務員になるのも、弁護士活動も禁じられた。一九三五年のニュルンベルク諸法の規定によりユダヤ人は「二級市民」とされた。ナチスの法理論家カール・シュミットは、これらの法を「自由の憲法」の一部をなすとした。なぜなら、それらは(シュミットの見解では)まともな政治を可能にする「味方と敵の間の任意の区別」を体現しているからだった。一九三八年の時点で、ユダヤ人はドイツにおいて、商業、医学、司法においていかなる役割も果たしてはいけなくなった。公的生活からユダヤ人が着実に消えてゆくのは、ユダヤ人にドイツを離れるよう拍車をかけ、またドイツ人の世界観を修正する意味合いがあった。日常生活において、ユダヤ人に向けられた諸策は、ドイツ人に否応なくユダヤ人のことを考えさせ、ユダヤ人に気づかせ、自分たちを「アーリア人」、つまり共にドイツ国家の一員だったユダヤ人を排除した集団の成員であると定義づけさせた。[*21]

同時に、ナチスのプロパガンダは積極的にドイツ・ユダヤ人を、想像上の集団、国際ユダヤ人の陰謀へと押し込んだ。しばしばユダヤ人は個人としてではなく、世界ユダヤ民族(Weltjudentum)の成員として描かれていた。一九三三年五月に焚書があったときに、そのメッセージは国際的なものとなった。ハイデルベルクでは、「ユダヤ、マルキスト、また同様な素性」の書物は篝火に投げ込まれた。ゲッティンゲンでは、ソヴィエト国家の創始者「レーニン」という標示と一緒に火をつけられた。このようにして、ユダヤ人はボルシェヴィキとなったが、そのつながりはまさにこの焚書という行為によって頂点に達したのだった。それほど時を経ずして、そうした標示と一緒に焼かれることになるのは書物ではなくユダヤ人たち自身になる。[*22]

一九三〇年代には、ドイツ・ユダヤ人の世界的拡散は、重要だが限定された達成しかなされなかった。ヒトラーの状況把握では、ユダヤ人はドイツ国内に留まっていた。ユダヤ人をドイツ人から抽出するのは、これはまだ正確な形では表明されていなかったが、ユダヤ人をこの惑星から一掃することでようやく達成されるのだった。後になって経験してわかるのだが、ユダヤ人を殺害するためには、まず彼らをドイツから物理的に排除する必要があった。数百の例外はあったにせよ、ドイツ人は、戦前からユダヤ人と共存していた祖国の領土内でドイツ・ユダヤ人を殺害しようとはしなかった。近隣諸国を侵攻し占領し、よって政治的権威が一掃されユダヤ人に保護が与えられない地域でユダヤ人と遭遇した「ドイツ国外に出たドイツ人」なら、プロパガンダに盛られていた個人的感情を交えないやり方で、彼らユダヤ人のことを描写することがしばしばあった。ホロコーストの犠牲者の圧倒的多数は、ドイツ国外のユダヤ人が占めていた。人種主義のグローバル化は、世界大戦と結びついて成功したのだった。

ヒトラーの七番目、最後の新機軸は、戦争の再定義だった。軍国主義についてのヒトラーの「異見」は、バルカンにおけるような伝統的な戦争の準備を超越していた。ヒトラーは、「バルカン・モデル」に倣ってドイツ民族が地続きに居住していると言える地域を奪取するだけでなく、すべての国家を破壊しすべての人種を支配することを意図していた。SSのスローガンにあったように、「我々の国境線は血統なのだ!」一九三八年にヒトラーは国防大臣のポストを廃し、自分で軍隊の指揮を執り始めた。ヒムラー、ゲーリング、ハイドリヒを始めとするナチスの指導者たちが、東ヨーロッパにおける絶滅や餓死や植民化への戦争立案を担った。[*23]

奇妙なことに、その立案はドイツの実際の東の隣国ポーランドに向けられたものではなかった。ポーランドは、一九二〇年代にヒトラーの記したもののなかでは重要な存在ではなく、一九三三年の政権奪取後になってはじめて彼の政策に望ましい同盟国として浮上してくる。これは、ポーランドが、ヨーロッパのユダヤ人が主に居住しているところであったという事実に照らすと、なおさら奇妙に思える。ドイツ市民であったユダヤ人のおよそ一〇倍のユダヤ人がポーランド市民であった。ワルシャワやウッチのような都市では、個々の都市でドイツのユダヤ人とほぼ同数のユダヤ人を抱えていた。そしてむろんのこと、ポーランドは、ドイツと(ヒトラーの真の革命がなされるべき)ソ連との間に位置する国家だった。

戦争はいつでもヒトラーの政策の目的だった。戦争が起きたことは、とりわけドイツ国内でのヒトラーの目論見と達成の成果だった。けれどもヒトラーはポーランドについては、それが巨大なドイツの事業の中の駒に過ぎないと思うことで、一つの誤りを冒した。駒などでなくポーランドは、政治主体、主権国家として振る舞ったのだ。

一九一八年のドイツの災厄は、ポーランドにとっての奇跡だった。実質的に、ドイツ人にとっては脅威となる第一次世界大戦のもたらした結果は、悉くがポーランドにとっては気分を浮き立たせるものだった。ドイツにおいては不正義の象徴だった一九一九年のヴェルサイユ条約は、独立ポーランドが存在

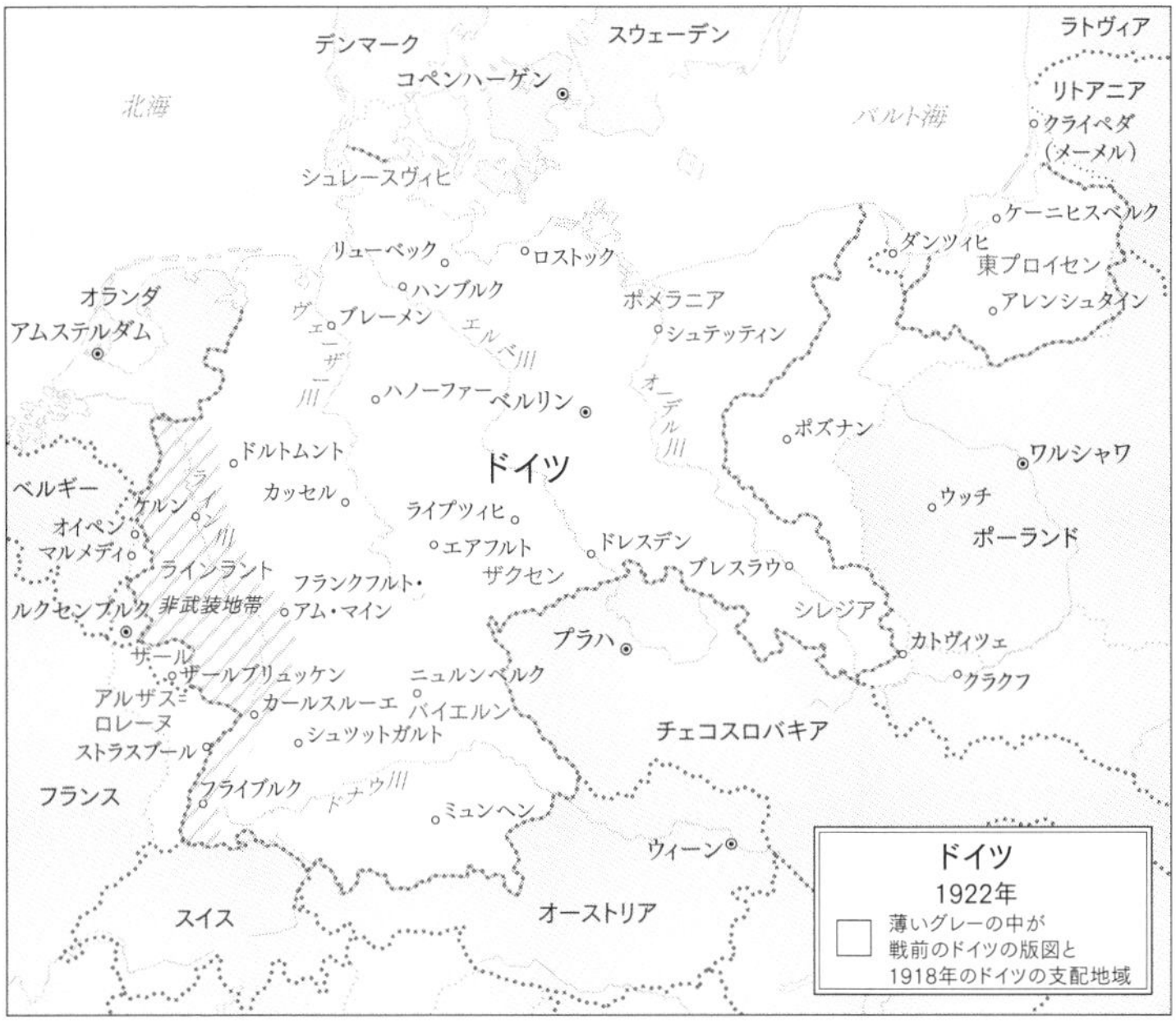

を許される法的秩序の支え柱だった。ドイツ軍部隊が東方から撤退すると、新生ポーランド軍が力の空白を埋めた。ポーランドは、ドイツの従属国が連なっていた土地をめぐって赤軍と交戦した。ポーランドは、ポーランド＝ボルシェヴィキ戦争に勝利を収め、一九二一年のリガ条約でソ連との東の国境線を確定させた。[*24]

　ポーランドは、ロシア、ハプスブルク、ドイツという以前の三つの帝国から得た領土を一体化した新国家だった。ユダヤ人は国中至る所に多数居住していたので、ユダヤ人との触れあいは、ユダヤ人以外のポーランド市民にとって日常茶飯のできごとだった。ユダヤ人は医師、弁護士、商人のほとんどを占めていたので、知識、権力、金銭といった広い世界との接触における仲介役だった。ユダヤ人は、ポーランドの税収の三分の一以上を納め、ユダヤ人が所有する会社が対外貿易のほぼ半分を担っていた。ポーランドにおける同化したユダヤ人の数はドイツにおける同化したユダヤ人とほぼ同数だった。違いは、同化したポーランド・ユダヤ人一人につき、イディッシュ語を話し宗教面ではさまざまな宗派を信じるユダヤ人がその一〇倍いたということだった。ポーランドのユダヤ人社会には、一般のポーランド人社会のものと並行する形で、学校制度、新聞、政党といったものが存在していた。[*25]

ポーランド国家への忠誠心の問題は、単純に言語と宗教に関する国勢調査の質問項目への答えでは解決されなかった。ポーランド語のみを話す者はすべてがポーランド国家からアイデンティティを得ているし、言語的な背景を異にする者たちは必然的にそうではないと想像することは、エスニック・ナショナリズムに服することになる。ポーランド語を話す人間誰もが新国家に忠誠心を抱いていたわけでもなく、いわんやそこからアイデンティティを得ていたわけでもなかった。ほとんどのポーランド人は小農であったし、ほとんどの小農は国家から忠誠心をかき立てる何らかの意思表示があるのを待っていた。ポーランドの田園部はかなり人口過剰であったし、そこでの失業率はびっくりするほど高かった。土地改革は停止していたし、不十分なものだった。大農園から収用した土地を再配分するというより、ポーランド国家は、土地の購入や購入に当たってどこが信用貸しをするかといった交渉事でブローカーの役割を果たした。小農たちは、取引が進まぬことに失望し、また大恐慌のおかげで信用貸しが引き上げられると差し障りが生じた。ほとんどの小農は自分自身の土地と伝統的な入会地を利用する権利とを共に欲しがったが、イデオロギー的には矛盾していても、実際には理解できる欲求であった。すべての土地が所有者が明記された個人の土地として扱われるなら、昔からの牧草地や森林を利用する権利は施行され得なかったからである。ポーランドの小農は半世紀間大量にアメリカ合衆国に移民していたが、一九二〇年代、一九三〇年代になると、アメリカの新移民法のために抑制されていた。独立ポーランドは大量の小農を吸収し融合させたが、田園部でのかなりの不満に対処せざるをえなかったのだ。[*26]

ポーランドの愛国主義は、そのなかには裕福なユダヤ人の子弟も含まれていたが、主に貴族の大土地所有者や新興中産階級の子弟からなる大きな社会集団、インテリゲンツィアから拡散していった。ポーランドの政界は、新しい政体の意図や目的について相反する考えを伴う二つの大きな志向性に分かたれていた。ポーランド人の間でいちばん人気のある運動は、ロマン・ドモフスキ率いるポーランド国民民主党であった。その運動は土地改革には好意的だったが、ポーランドの東部地域のいくらかでは人口においてポーランド人を凌ぎ、貧困の程度は同じか下回っていたウクライナ人やベラルーシ人よりもポーランド人の役に立つ場合に限られていた。ユゼフ・ピウスツキのポーランド社会党の系譜に連なる、二番目に大きな運動は、原則としては土地改革を支持したが、政権の座に就くと、国家の牙城と見なすようになった貴族の大土地所有者の発言に譲歩するようになっていった。[*27]

民族問題とユダヤ人問題とについて、二つの運動の間の差は根本的なものだった。国民民主党は、ポーランドの寛容の伝統がかつてのポーランド＝リトアニア共和国を一八世紀に駄目にしたし、民族的にポーランド人のみが信頼するに値するという考えを出発点にしていた。国民民主党は、ポーランド語話者の小農からなる国民の形成の必要を強調し、またウクライナ人を始めとするスラブ人（おそらく人口のほぼ四分の一）は同化可能と見なすがユダヤ人（おそらく人口のほぼ一〇分の一）は外国人と見なす、そんな傾向があった。その運動は人生を闘争と見る社会ダーウィニズム的な概念に影響された無信仰な人間たちによって創始されたが、時と共に、たとえばイエスの死におけるユダヤ人の責任といったような伝統的な宗教的反ユダヤ思想を吸収してしまった。ローマカトリック教会と同じで、国民民主党はユダヤ人をボルシェヴィズムと結びつける傾向があった。ポーランドにユダヤ人が相当数いたことは、ドイツにおけるよりも反ユダヤ主義を政治的に目立ったものとしたが、それはまたロマン・ドモフスキのような反ユダヤ主義者にとっては、まったく画一的なステレオタイプ化されたやり方でユダヤ人を前面に出すのをより難しくすることにも繋がった。「陰謀史観」や「ユダヤ・ボルシェヴィキ概念」は、確かに宗教的にも世俗的にもプロパガンダには顔を出したが、ポーランドでの反ユダヤ主義は、ユダヤ人を惑星規模の問題ではなくポーランドの問題と見なす傾向があった。[*28]

ロマン・ドモフスキの政敵ユゼフ・ピウスツキは、政策について自身の観念を民族でなく国家から始めた。ピウスツキは、ポーランド＝リトアニア共和国の伝統に価値を置き、その寛容という遺産は現在でも適応しうると考える、そんな傾向があった。ピウスツキは、個々人を、互恵的な義務を持つ国家の市民としてとらえた。彼は社会主義革命家として出発したが、若き日の理想から離れていってさえ、革命的暴力は正当化しうるという確信を主張し続けた。ピウスツキの支持者はドモフスキの支持者より数において劣るかもしれないが、彼はたいがいは、主導権を握るという戦術的な利点を持った。ドモフスキが、国家の地位が確立される前にポーランド国民が小農のルーツから育まれねばならないと考える傾向があったのに対して、ピウスツキは、いつ何時《なんどき》でも利用できる勢力を結集する準備ができていた。[*29]

ピウスツキにとっての好機は第一次世界大戦だった。彼はハプスブルク朝の中で一九〇八年にポーランド軍団を編成することでヨーロッパの危機に備えていた。軍団編成の発想とは、ポーランド軍団によって多民族の帝国内でポーランド人にとって政治的にご利益《りやく》があると約束されるように見えるかぎりはハプスブルクの正規軍と共に戦い、その約束が保証されたなら軍事訓練を他の目的に転用することだった。諸帝国が崩壊する一方で、ピウスツキは、独立と望ましい国境線とを勝ち取る任務を帯びた秘密の

POW（ポーランド軍事組織）を一九一八年八月に編成した。ピウスツキはワルシャワで権力奪取ができたし、一九一九年から一九二〇年にかけてのレーニンの革命国家との戦争にも勝利することができた。ピウスツキにできなかったのは、ポーランド人の大部分に彼が抱くところの国家像を受け容れさせることだった。古くからの社会主義の同志であったガブリエル・ナルトヴィチが一九二二年一一月に初代大統領に選出され、その僅か五日後に狂信的ナショナリストにより暗殺された。ピウスツキはその後、自身が創りあげるのに大きな貢献をしたポーランド国家の政治から身を退いた。[*30]

一九二六年にピウスツキが権力の座に復したのは、右翼国民民主党と同党がポーランド社会を牛耳ってしまっていることに反対する、また（彼の考えでは）国民民主党がショーヴィニズムで敵に塩を送ってしまっている左翼共産主義者の脅威に反対するクーデター（「五月革命」）を経てのことだった。ポーランド共和国の憲法を改変するよりも、ピウスツキは議会でいいなりになる多数派を生み出す方法を探りながら、共和国の諸機関を巧みに操った。ピウスツキは、（一九二八年三月の総選挙では、「サナツィア」を中心とした）「政府協賛超党派ブロック」を選挙母体として編成し、それは伝統派ユダヤ人を含めて民族的マイノリティの支持を得た。正統派ユダヤ教徒の政党アグダット・イスラエルは、ピウスツキの体制支持の砦となった。シナゴーグが「政府協賛超党派ブロック」に投票する決議を出したり、ラビが信徒を投票所に連れて行った。「政府協賛超党派ブロック」を運営した中には、世俗化されたユダヤ人やウクライナ人もいくらかいたのだった。[*31]

ピウスツキは、新たなリベラリズムを少々加えた、まがい物の民主主義を持ち込んだ。一九二六年以降に彼が民主主義的な手続きの装いを維持したのは、国民民主党が政権の座に就くのを阻止すると同時に、合法性の感覚を守ろうとしてのことだった。ピウスツキの独裁主義的体制は、おそらく最悪の事態を繰り延べにはしたのだ。ピウスツキのクーデターと一九三五年の彼の死の間には、世界的な経済崩壊、ヨーロッパ中での極右の台頭、ヒトラーの権力掌握とグライヒシャルトゥング（強制的同一化）の開始、ヨシフ・スターリンの権力強化とソヴィエト集団化のもたらした飢饉が起こったのだ。ピウスツキは、旧弊になりつつある観方でだが、国家をすべての市民のための平等な「保護区」と見なしていた。彼の政府は、ユダヤ人に対するあらゆる法的差別を廃棄したし、宗教的・文化的事物を左右する地元のユダヤ人宗教共同体の法的基盤を創りあげた。[*32]

ヒトラーが基本的に国家への軽侮の念を抱いていたのと反対に、ピウスツキが基本的に国家に対して敬意を抱いていたのは、ピウスツキが権力奪取に用いた組織の運命に看て取れる。ヒトラーがSAとSSとを抱えていたのとまさに同じで、ピウスツキもポーランド軍団とPOW（ポーランド軍事組織）とを抱えていた。けれどポーランドの二つの準軍事組織に加わっていた者は、第一次世界大戦後であれ、ピウスツキの政権返り咲きの時であれ、伝統的な国家組織に吸収された。政権の座にあってピウスツキが頼みとしたのは、ほとんどが二つのうちのどちらかに属していた者たちであった。彼らは、時としてピウスツキの立てた共同謀議に関わっていたが、動物学的な無秩序状態への熱望や措定された自分たちの人種の優越性に基盤を置く代替の組織は形成しなかった（人種の優越性と言っても、いずれにせよ彼らの中にはいくらかユダヤ人が含まれていたのだった）。二つの組織に加わったことのある者たちは、なるほど、ピウスツキを国民の救世主であるとするロマンティックな神話と、ピウスツキ流の愛国主義の精神的な要素である広汎な世俗的メシアニズムの礼賛とに陶酔していた。基本的な考え方は、ポーランド人を始めとする者たちは、現世で解放されるためにも、現世で受難に遭っているのだ、ということだった。[*33]

時が経つと、一九一八年に勝ち取られたポーランド独立が東西からの高まる脅威を感じてゆくにつれ、こうした考え方は活気を与えるのでなく、懐古的なものとなっていった。ヒトラーが政権の座に就いた一九三三年までには、現在は外交官、スパイ、軍人となっているピウスツキの古い戦友たちは、ベルリンとモスクワ双方から守ってやらねばならない「偉業としての国家」にひたすら気を取られていた。

ユゼフ・ピウスツキは、ソ連の敵だった。ポーランド＝ボルシェヴィキ戦争で、戦場で赤軍を敗北させたのだし、スターリンのことは盗賊と見なしていた。彼のソ連についての感情は、ヒトラーのそれとは異なり、ロシア帝国を個人的に知っていることから形成されていた。ロシア史と人種的特徴とについて強固な確信を誇示していたヒトラーは、ロシア語も知らなければ、ロシア帝国やソ連を訪れたこともなかった。ピウスツキは、ロシア帝国の臣民として生まれ、イルクーツク周辺での流刑にあった五年間にロシア語で悪態をつけるようになったし、その癖は死ぬまで続いた。ピウスツキはウラル山脈の彼方にいたことがあったが、ウラル山脈はヒトラーにとってはヒュペルボレオス人と同じくらい神話的な代物だった。ピウスツキが流されたシベリアは、ヒトラーがユダヤ人を移送しようと夢見たところだった。

ピウスツキにとって、ロシアも左翼も抽象的なものではなかった。一八八六年にハリコフで学生だった彼は、次世代のボルシェヴィキを鼓舞することになる運動、「人民の意志」（Narodnaia Volia）というロシアの革命的ポピュリストと共に活動した。翌一八八七年三月、ユゼフ・ピウスツキの兄ブロニスワフ・ピウスツキが、レーニンの兄アレクサンドル・ウリヤーノフとロシア皇帝アレクサンドル三世暗殺の共同謀議をなした。弟ユゼフも連座し、シベリア流刑五年の判決が下った。そこから戻るとすぐにピウスツキは非合法のポーランド社会党創立に尽力し、その地下新聞の機関紙『労働者』（*Robotonik*）を編集した。自身も同志たちも、ロシア帝国内のロシア人、ユダヤ人、ありとあらゆる民族出身の社会主義者と共に非合法な地下活動に従事していたという点からして、ピウスツキは「ロシアの革命家」だった。[*34]

ピウスツキは左翼にユダヤ人がいることを重々承知していた。ロシア社会主義運動に加わっている、ポーランドの独立に反対するユダヤ人。彼が一緒になって活動した、ユダヤ人自治を渇望するユダヤ人。ピウスツキ自身のポーランド社会党員であるユダヤ人、などなど。彼の青年期の政治活動において、またある程度までは成熟した政治家になってからも、同志や友人たちの中にはユダヤ人がいた。ピウスツキは、ボルシェヴィキ革命に参加したポーランド人のユダヤ人も非ユダヤ人もどちらも知っていた。そうした連中はピウスツキにとっては、評判も、恐ろしい過ちを冒した経歴も持つ個々の人間だった。彼自身は、国家の地位こそが社会主義よりも先に来なければならないと信じていた。戦時中も戦後も、ピウスツキは、ポーランド軍団やポーランド軍事組織で、たくさんのユダヤ人のメンバーと一緒に、陰謀を巡らしたり肩を並べて戦ったりした。彼の仲間内では、「ユダヤ・ボルシェヴィキ」という考えは世迷い言であった。ユダヤ人問題が内政面での問題であったのに対し、ソ連は現実に国外の敵であったのだから。[*35]

ピウスツキと同志たちは帝国を諸民族の孵卵器として、また進歩を民族解放として眺める傾向があった。消滅したロシア帝国の領土から独立した国民国家を自分たちが創りあげたので、彼らは同じプロセスをソ連の中で繰り返すのは可能だと思う傾向があった。彼らの胸中にある主要な民族問題は、ウクライナだった。ヒトラーとナチスが、ウクライナを入植して植民化するための地域と見なす傾向があったのに対し、ピウスツキと同志たちはウクライナのことを隣国、それも政治的な資産となる可能性のある土地と見なしていた。実際にたくさんのポーランドの指導者たちにとって、故郷はウクライナだったのである。ピウスツキはリトアニア生まれだったが、東部ウクライナのハリコフの大学で学んだ。ピウスツキの補佐役にはウクライナ生まれのポーランド人がたくさんいたし、ボルシェヴィキとの一九一九年から一九二〇年にかけての戦争も、ウクライナでの戦闘が多かった。ウクライナ生まれでない数千のポーランド人と同様に、ウクライナ生まれの数千のポーランド人がそこで戦死したのであった。ウクライナ生まれのポーランド人はウクライナのことを時には感傷的に、しばしば見下しながら、けれどもつねに人間が住んでいる場所と見なしていた。ナチスと違って、ポーランドの政治家で、ウクライナのことを空白の国家、すなわち人間の住まぬ土地と見なせる者はいなかったのである。[*36]

ピウスツキが一九二六年に政権の座に復してから、外務省や軍情報部にいたかつての同志のいくたりかがプロメテウス運動として知られる計画を始めた。人類に火を与えるという恩恵を施し、かつパンドラの箱の希望で人類を苦しめることになったギリシャ神話のタイタン（ティーターン）の一神にちなんだ名のこの政策は、諸帝国に反発する抑圧された民族、とりわけソ連領内のウクライナの大義名分を支持することに与《あずか》った。ソ連は公的には民族共和国の連邦として創建された。ソヴィエトの指導者たちは、ロシア人・ユダヤ人以外の諸民族の存在を承認することにより、またそこにアファーマティヴ・アクションを組み合わせて、ロシア人でもユダヤ人でもない新たなエリートを募ることができると夢想していた。彼らの楽観論は、労働者階級とそれがもたらす社会主義が将来凱歌をあげるという、マルキスト的な信念に基づいていた。異なった歴史のスキームに則って活動するポーランドのプロメテウス運動家は、適切な支持を与えればソ連を弱体化する可能性のある歴史的な主体としては、社会階級よりむしろソヴィエトの諸民族の方に目を向けていた。プロメテウス運動は、秘密裡に予算をつけられ、信頼できる男女により実行された、ポーランド外交政策の隠された部分であった。その最大の目玉は、ポーランド国内でもいちばんウクライナ的な州であるヴォルイーニであった。数年間にわたりヴォルイーニでは、ソ

連領内のウクライナ人からの関心と共感を得るために、ウクライナ文化に対し公の支援を続けていた。[*37]

当然のことながら、ソ連領内の民族主義運動、そしてプロメテウス運動の考え全体を支持することは、ポーランドの利益にかなうと考えられた。仮にそうであっても、プロメテウス運動に加わった者たちが、自分たちはある道義的な伝統、すなわち一つの民族がすべての民族の利益ために犠牲を払うという伝統を継承しているのだ、そう信じていることは多かった。彼らのリベラルなナショナリズムは、第一次世界大戦の結果により疑問符がつけられたのではなく、むしろ確証されたのだった。一九世紀のロマンティックな愛国者たちによるスローガンに曰く、「諸君の自由と我らが自由のために！」　すべてが犠牲を払うだろうし、すべてが結局は凱歌をあげられることになろう。

ピウスツキは、ソ連を強固な政治的体制でありポーランドにとってつねに脅威であると見なす点では正しかったが、ソ連をある種更新《アップデート》されたロシア帝国と見る点で間違っていた。ヒトラーはソ連の新規さと急進性とは把握していたが、間違ったことに、ソ連指導層の思考や目的をユダヤ人の世界支配に矮小化してしまった。ソヴィエトのイデオローグは、ピウスツキもヒトラーも共に「ファシスト」として描いたが、それによって国家の地位の独裁的擁護者（ピウスツキ）と好戦的な生物学的アナーキスト（ヒトラー）とのきわめて重要な違いを見逃してしまった。もっとも、マルキストは、ポーランドとドイツとで優勢であった私有財産制がソヴィエトの体制とまるで異なっているので、ワルシャワやベルリンでは共産主義の理解を寄せ付けないことには、きちんと気づいていた。

ソヴィエト、ポーランド、ドイツの体制は、土地との関係性で定義づけられるものである。資本主義者と同じく、共産主義者も、都市住民を満足させつつ田園部での安定を維持するという根本的ジレンマに直面せざるをえなかった。一九二〇年代のソ連では、そうした都市住民とは、おおむね都市の建造がなされていないところに住むおおむね理論上の労働者階級で、たとえばウクライナのようないくらかの地域で、自分たちの現実の土地に執着する現実の小農によって養われるべき存在だった。ナチスは土地問題を国外征服の問題として扱うことで、土地問題を輸出してしまった。歴代のポーランド政府は、いくぶんなりとも合法的にそれを解決しようとして試行錯誤をしていた。スターリンは正面から向き合い、論理的に結論を引き出した。現在のソヴィエトの小農や田園部は、労働者や都市という将来に道を譲るべきだ、というのである。ポーランド人は小農のユートピアについて輝かしいヴィジョンなど抱いていなかったし、ナチスの生存圏《レーベンスラウム》という農業のヴィジョンは国外での戦争に勝利するかどうか次第だった。ソヴィエトは、自分たちの革命は国内で達成されうると信じていた――その代償はむろん巨大な小農階級、いずれにせよ社会主義の中で居場所のない人々が負担するのだが。[*38]

モスクワ、ワルシャワ、ベルリンで、土地問題はつねに、内政の問題であると同時に国際問題でもあった。仮にドイツが他の帝国から土地強奪を目論む再植民《リコロニアル》主義であり、ポーランドが自国市民を移住させるためにも帝国を解放しようとする脱植民《デコロニアル》主義であったなら、ソ連は「国内植民《セルフ・コロニアル》」主義であった。スターリンは、(彼の考えでは)帝国主義者が原住の人間たちに適用している政策を自分の「臣民」にも適用したかった。ソ連は資本主義世界から隔離されていたが、それでも資本主義の発展に伍してゆく必要があったので、唯一の望みは、ソヴィエトの国境線の中に見出せる人間を含めての資源を活用することだった。ソ連は地表面積の六分の一を占める世界最大の国家だったから、そんな考え方をしても、ベルリンやワルシャワでと異なり、モスクワではまことしやかなものとなった。スターリンの国内植民の最大の目玉は、一九三〇年代に本格的に始めた農業集団化だった。個人所有の農地を奪った上で、小農のある者は管理された農業労働者へ、またある者は都市の、ないし収容所の労働者に変えるというわけだった。[*39]

この政策はたいへんな抵抗を、次いでたいへんな飢饉を引き起こした。まずはソヴィエト・カザフスタンであったが、そこでは大慌てで遊牧民を土地に縛りつけ、しかもその土地を国家がほとんどすぐに取り上げたので一〇〇万人以上が死んだ。その次はソヴィエト・ロシア南部とソヴィエト・ウクライナ全土で、生産量の高い地域であったが、小農たちは土地を集団農場に取り上げられた。一九三二年後半に、スターリンはウクライナの飢饉を政治的問題として扱い、ウクライナ人自身に咎を押しつけ、すべての危機はポーランドの情報活動の結果だと主張した。ソヴィエト指導層はその年の秋と冬とに、ソヴィエト・ウクライナに一連の特別な政策を適応したが、それはどこよりもウクライナに餓死が集中するのを確実にするものだった。ソヴィエト・ウクライナの三三〇〇万人の住民が、一九三二年から一九三三年にかけて、恐ろしくも不必要な餓死と病死を強いられた。[*40]

集団化の始めから、数千という小農が、時には全村をあげて、ソヴィエト・ウクライナを逃れてポーランドとの国境を越え、解放戦争をしてくれるよう懇願した。一人の小農はこう請け合った。仮に「戦争が始まれば、ウクライナ人は、ポーランド軍がやって来たなら誰もがポーランド兵の足にキスをしてボルシェヴィキを攻撃するといった気分です」。「ポーランドかどこか他の国ができるかぎり早くやって来て、ウクライナ人を悲惨さと抑圧から解放してくれればなあ」という希望を述べる者もいた。ソヴィエト難民に聴き取りをするよう割り当てられたポーランド国境警備隊員の要約報告書にはこう記されている。「ウクライナ人はヨーロッパからの武力による介入を切望している」[*41]。

地球でも最も肥沃な土地の一つでの故意に引き起こされた大量飢饉は注意を集めずにはいられなかった。けれど、ワルシャワとベルリンでの反応はまるで異なっていた。ポーランドの国境警備隊員と情報将校は、飢饉を記録に留めながら、最初の逃走の後ではソヴィエト軍がウクライナの持つ国境線沿いに集結して飢餓作戦を強行している、そう報告している。致命的で明らかに現代風の集団化政策を熟慮して、ポーランドのプロメテウス運動家たちは、はたしてソ連のことを理解していたのだろうかと自問していた。このような不確かさを新たに突きつけられて、民族問題を自分たちが以前に利用しようと試みたのは、政治的にも道義的にも健全だったのかと思いめぐらし始めた者たちもいた。ポーランドの外交政策は舵を切った。ポーランドは、一九三一年に不可侵条約を議論しようというソヴィエトから持ち込まれた提案に同意し、一九三二年七月には一つが署名された。これにより、ポーランドは以前の従属国ウクライナとも、ウクライナ問題とも縁が切れた。これにはモラルハザードもつきまとったが。[*42]

明らかに道義的な苦悶の中にいたソヴィエト・ウクライナ駐在のポーランドの外交官たちは、集団化の結果を観察していた。当時ソヴィエト・ウクライナの首都であったハリコフの領事は五〇〇万人が餓死したと推定していたが、この数字はソ連全体のものとしては少なすぎるし、ウクライナだけのものとしてはやや多すぎた。一九三三年二月に領事は、男たちがオフィスにやって来て女房子どもが飢えているんですと泣くのを報告している。もう一人の外交官はこう記した。ハリコフの「通りでも、臨終だったり骸《むくろ》になった人間たちを見かける」。毎晩数百もの死体が片づけられたが、ハリコフの住民は民兵がさっさと片づけないと不満を言った。ポーランドの情報部は、いみじくも、飢饉は村落での方がずっとひどいと報告していた。小農たちは田園部を逃れて、通りで物乞いをしようとハリコフを目指した。民兵は彼らを視界から除こうとした。毎日捕まえるべき子どもたちの割り当て人数は二〇〇〇人だった。死亡者数が数十万から数百万になっても、一九三三年三月にポーランド軍情報部の長はこう述べていた。「たとえソヴィエトが絶えず我々を挑発し脅迫しようとも、我々は取り決めを遵守したい」。[*43]

ポーランドがウクライナ問題から手を引いたのは、ウクライナ人自身にとっては裏切られた思いのする経験だった——まさしく裏切りであったのだが。民族問題についてのポーランドの指導的立場の専門家は、ソヴィエト＝ポーランド条約の結果の一つをこう記録した。「条約に署名したことで国外からの救援の望みを無効としてしまったので、巨大な人口を恃《たの》むソヴィエト権力は、生と死とを司る絶対的な存在になった。このことが、一九三三年春の田園部の人口の絶滅という事実で裏付けられた」。ウクライナの小農にとっての最後の望みは、自分たちでも言っていたが、ドイツがソ連に侵攻することであり、ソヴィエト体制を破壊してくれることだった。[*44]

政治情勢を民族や忠誠心の観点から眺めるのに慣れていたポーランドの外交官たちは自問し始めた。仮にドイツ軍が後日ソヴィエト・ウクライナに侵攻するとして、ドイツはどのようにしてソヴィエト・ウクライナを管理するのだろうか、と。彼らの中の一人が記しているように、ドイツは「スローガンがどのようなもので、それらがどのように実現されるかは措いて、地元住民への物質的、精神的な接近についてじっくりと、また真剣に考慮する必要が出てこよう」。こうしたニュアンスはヒトラーには無縁なものだった。彼はソ連に侵攻しウクライナを手中に収める計画を立てていたが、民族解放よりも人種的植民化の目標を抱いていたからだ。ヒトラーは、ウクライナ人やソヴィエト市民を政治的主体として見ていなかっただけでなく、まともな人間としてさえ見ていなかったのだ。[*45]

ソヴィエト・ウクライナの政治的飢饉は、その地域の主要国家の対外関係の再編成を促し、第二次世界大戦のお膳立てをした。一九三〇年に巨大な集団化が始まったとき、スターリンとソヴィエト指導層は自分たちの政策の結果に不安を感じ、集団化の混沌の中でのポーランドの介入を避けるべくピウスツキとの平和交渉の道を探った。大恐慌の間国防予算を削減し介入の道義的な意味づけに悩んでいたポーランド指導層は、喜んで同意した。モスクワとワルシャワは一九三二年七月に不可侵条約を結んだ。ベルリンはこの条約が自分たちの利益に反するのではと疑心暗鬼だった。ピウスツキは、一九三二年一一月に任命した新外相ユゼフ・ベックに、似通ったドイツとの協定でこの条約とのバランスをとるよう命じた。ここで先手をとったのは時宜を得ていた。ピウスツキは、ドイツに対する先制攻撃に向けてヨーロッパの関心をかき立てようとし、失敗していたからだ。ヒトラーはワルシャワとの友好関係樹立に興味を持った。一九三四年一月に、ベルリンとワルシャワは、両国間の国境線は武力によっては変更されないことに同意し、ドイツ・ポーランド不可侵条約に署名した。[*46]

一九三三年から一九三四年にかけて、ヒトラーとスターリン両雄の勃興に直面したポーランドの指導層にとって、現状《スタツスクオ》維持がそのまま目的だった。ベルリンにとっては、この声明は、東方での戦争とソヴィエト領内での植民化に向けての第一歩に過ぎなかった。ヒトラーにはポーランドとの平和条約がドイツ国内で不人気なのはわかっていたが、彼は気にしなかった。ヒトラーは、ポーランドがソ連から獲得した土地と引き換えに自発的にいくらかの地域を譲るといった形での取引が成立するのでは、と期待していた。そのシナリオどおりにゆくなら伝統的なドイツの失地回復論者も欲しいものを手に入れられるし、よって彼らをヒトラーの望む戦争にも引きずり込める、という展開になる。共同声明の後、反ポーランド的な偽情報はドイツの新聞に顔を出さなくなった。ベルリンのプロパガンダの天才ヨーゼフ・ゲッペルスは、ワルシャワで講演をしたが、演題は「ヨーロッパの平和の一要素としての国家社会主義ドイツ」というなかなかに奥の深いものであった。一方、ベックは、ユダヤ諸組織の国際大会をワルシャワでは開かせないことを約した。もはや健康も衰えていた老人ピウスツキは、ドイツ軍の雑誌に、遡って一九二〇年のことだが速やかな包囲戦で赤軍を打ち破った天才として登場した。ピウスツキの回想録は、ドイツ国防相のたいそうもて囃す序文をつけて、ドイツ語で刊行された。ヒトラーは口に出して、ポーランドを完全な軍事同盟に引きずりこむには何が必要かを知りたがり、将軍たちに向かってそれこそ彼が望んでいること、期待していることだと告げた。[*47]

モスクワは、ウクライナの大災害によってもたらされた外交的再編について、独自の解釈をしていた。ワルシャワはモスクワ、ベルリン双方と不可侵条約を結んだのを現状《スタッツクオ》維持政策の証しになると見ていたし、ベルリンはワルシャワとの条約をソ連攻撃の協同作戦に向かってのものととらえていたのに対し、モスクワはドイツ＝ポーランドの友好関係樹立を、ポーランドとソ連は決して同盟国にはならない徴《しるし》と見なした。スターリンが予期していたヨーロッパの戦争では、ポーランドはソ連に対し敵対するか中立に留まるかだった。これは、ポーランドの国家《ステートフッド》としての地位がソ連にとって価値を持つ可能性が何らなかったということ、機会がきたら消滅させるべきことを意味していた。その後、ソ連西部に広がった地域に住む巨大なポーランド人マイノリティは、長い間、何らかのソヴィエト＝ポーランド間の合意の可能性に備えての人質であったことが露見した。ひとたびスターリンがポーランドはソヴィエトの同盟国たりえないと思うと、ポーランド民族のソヴィエト市民は思いどおりに扱えるものとなった。ソ連領内のポーランド人には、ソヴィエトの政策の失敗（たとえばウクライナの飢饉）の咎を問うこともできれば、それがために処罰することもできたのだった。[*48]

一九三四年一月のドイツ＝ポーランド不可侵条約の署名から一九三九年一月にやって来るドイツ＝ポーランド関係の明らかな破綻までの五年間に、ソ連領内のポーランド人は民族浄化の作戦の対象になった。ソヴィエト・ウクライナ及びソヴィエト・ベラルーシのポーランドとの国境地帯に住むソヴィエト市民のポーランド人の国外追放の最初の波は、ドイツ＝ポーランド不可侵条約締結の数週間後に始まり、一九三六年まで続いた。ソ連領内のポーランド人共産主義者は、ソヴィエト体制を損なうための大規模なポーランドの陰謀に荷担しているとして描かれた。彼らへの尋問からこの「陰謀」の「発覚」につながったのだが、今度はそれが一九三七年から一九三八年にかけてのＮＫＶＤ（内務人民委員部）による「ポーランド人作戦」の正当化につながった――これは当時の大テロルの間でも最大にして最も血塗られたソヴィエトの民族浄化作戦であった。一〇万人以上のソヴィエト市民が、ポーランドのスパイに見せかけられ射殺されたのである。これは歴史上でも最大の、平和時における民族浄化の射殺行為だった。[*49]

　ポーランド人作戦が始まったとき、スターリンは、「ソ連の利益のために」破壊されるべき「ポーランドのスパイのへどろ」が欲しいと言った。ポーランド国家そのものを破壊する機会が訪れたとき、スターリンはそれを手に入れることになる。ポーランドは、三〇〇万人以上というヨーロッパでも最大のユダヤ人人口を抱えていた。彼らポーランドのユダヤ人が属していた国家《ポリティ》が完全消滅してしまうことが、彼らの運命にとって決定的となった。[*50]

第3章　パレスチナの約束

当然ながら一九三〇年代のソ連にはポーランドのスパイがいたが、その中のいくたりかが、かなり特殊な任務を与えられた。一九三五年六月八日に、ポーランド軍情報部はソヴィエト・ウクライナにいた将校たちに、一九一九年から一九二〇年にかけてのポーランド＝ボルシェヴィキ戦争のすべての戦跡を辿るよう命じた。彼らの任務は新たな作戦の準備ではなく、過去の作戦を記念するためだった。ユゼフ・ピウスツキが五月一二日に亡くなったばかりだった。それぞれの戦跡から小さな袋いっぱいの土が密かに集められ、ピウスツキの墓の塚にされた。[*1]

一人の政治家の死が、ポーランド国家の性格という課題をまた俎上に載せた。ユゼフ・ピウスツキの権威は彼個人のオーラであったので、彼の後を継ごうとする昔からの同志たち（「大佐グループ」と呼ばれた）は、経済的には大恐慌時にポピュリズムも相手にしていかねばならなかった。ピウスツキの旧敵である国民民主党は、ピウスツキの仲間が彼の死後築き上げた体制への挑戦を始めようとして、一般民衆の反ユダヤ主義を煽った。人種主義的行為でもあり法の侵犯でもあったのだが、国民民主党がポグロムを奨励したのは、どちらの側からも国家への攻撃と理解された。新体制は、ピウスツキ自身が獲得したのよりも大きな公権力を享受したが、それというのもピウスツキ存命中に考案されていた全体主義的憲法の「一九三五年四月憲法」を活用したからだった。ピウスツキの後継者はほとんどが信念からして反ユダヤ主義ではなかったが、反ユダヤ主義的な一般受けする政策を採ることで、国民民主党からの挑戦を乗り切ろうとした。そうすることで、ピウスツキの後継者たちは「ポーランドは国家であって人種ではない」というピウスツキの政治の道義的前提を汚したのだ。[*2]

一九三五年に、ユダヤ人問題についての権限が内務省から外務省へと移された。ユダヤ人はもはや、同化し、国家によって守られるべき通常の市民ではなく、なぜか外国人扱いだった。広く世界的な問題であり、その将来についても外国の官僚と交渉すべき対象となった。ユダヤ人には人気のあったピウスツキの選挙組織は、ユダヤ人を排除する権力政党（政党が自律的でなく行政部の延長である政党）にとって代わられた。エドヴァルト・リッツ＝シミグウィ元帥主導で一九三七年に結成されたこの新しい国民統一陣営（Obóz Zjednoczenia Narodowego、略称ＯＺＯＮ）は、ポーランド・ユダヤ人のほぼ九割は国外移住させるという選択を表明した。ポーランドの左右両勢力の多くから伝統と原則への忌まわしい裏切りと見なされたそうした政策は、ナショナリストによって組織されるポグロムを防ぐためであった。ＯＺＯＮの指導者の妻は、ナチスには理解不能なことだったが、ユダヤ人であった。それにもかかわらず、以前のポーランドの慣行に照らして、一九三五年以降の変化は、根本的であり紛れのないものであった。[*3]

ユダヤ人政策の責任者は、ポーランド外相ユゼフ・ベックの緊密な協力者であるヴィクトル・トミル・ドゥリンメルであった。軍情報部にいたという背景を持つドゥリンメルは、公的には外務省で人事および領事部門の責任者であった。彼は、ポーランド市民の出国を手配する責任を担っている国外移住部門の長でもあった。ポーランドの公的な見解は、ヨーロッパの海洋帝国は自分たちの海外植民地の資源をポーランドに手に入れさせるか、ポーランド市民がそうした植民地に移住するかのどちらかを許すべきといったものであった。こうした分析は、ユダヤ人政策の範疇を超える勢いを持った。田園部の失業率が五〇パーセントを超えている時点だからこそ、ワルシャワはポーランド市民全員が国外移住する権利をしきりに要求していた。ユダヤ人の場合、ポーランドの外交官たちは移住ルートが凍結されていることのもたらす劇的な結果を指摘した。第一次世界大戦前には、毎年およそ一五万人のユダヤ人がヨーロッパを離れていたが、一九三〇年代にはその数字はごく少数になっていた。「余剰人口のはけ口を探そうとする」に際してポーランド政府が「胸中思い描くのはまず誰よりもユダヤ人」であったのだ。[*4]

ヨーロッパ・ユダヤ人の再定住の問題はヨーロッパ全般の問題であったが、ポーランドはナチスの立ち位置（ユダヤ人は一掃されるべきで、国外移住がこれを達成する実際的な方法と思える）とシオニストの立ち位置（ユダヤ人は、既存の植民地の一つから創りあげられるべき「国家」を持つ権利がある）の中間の立場を占めていた。

ヨーロッパのユダヤ人がどこに定住すべきかという問題は一九世紀から未解決のままであったが、似ても似つかぬ政治家やイデオローグが何と同じ場所を提案していた。インド洋に浮かぶ、南東アフリカの沖合にあるフランス領植民地のマダガスカル島が、ポール・ド・ラガルド（実際には育ててくれた大おばに感謝して母方の姓を選んだ、ベティカーという名のドイツ人であった）によって一八八五年に議論に組み入れられた。このアイデアは、敵意、共感入り混じっていたし、それも程度の差が甚だしかったが、検討の対象たりえた。イギリス、そしてもちろん、ナチス指導層を含めたドイツに支持者がいた。宗主国フランスでのみ、「ユダヤ人はマダガスカルに送っちまえ」《マダガッセ・レ・ジュイフ》（"Madagassez les Juifs"）と言えたが、フランスでこの考えを検討した者すべてがユダヤ人の敵というわけではなかった。シオニストもまたマダガスカルは検討した――ただほとんどがそれを拒絶したが。[*5]

ポーランド政府も、マダガスカルに植民するという見込みにそそられていた。ポーランド市民をマダガスカルに植民させるという考えは、まず一九二六年に現れた。その時点では、その考えは人口過剰な田園部からポーランド人小農を国外移住させるというものだった。それから一〇年後、ピウスツキが亡くなった後で、その考えはユダヤ人版として戻ってきた。外相ユゼフ・ベックは、一九三六年一〇月にフランス首相レオン・ブルムに対し、ポーランド・ユダヤ人のマダガスカルへの移住を提案したし、ブルムも、ポーランドが実地踏査のために三名からなる使節団を送ることを許可した。ポーランド政府の代表たちは、ほぼ五万人のユダヤ人たちがすぐにも定住できると考えた――かなりの数だが、ポーランドにおける人口バランスに影響を与えるまでには至らない数だった。ユダヤ人国外移住協会の使節団は、四〇〇家族が定住できるだろうと考えていた。パレスチナからきた農業の専門家たちは、これでも目安として多すぎると考えた。マダガスカルの住民はポーランドからのいかなる定住も拒絶した。フランスのナショナリストとしては、ポーランドの植民計画が成功し、マダガスカル島がポーランドのものとなるのではと懸念していた。そうこうするうちに、ポーランド体制のマダガスカル賛成のプロパガンダが、思わぬ面倒を招いた。マダガスカル島が植民に適していると聞いて、ポーランドのナショナリストが「マダガスカルはポーランド人だけのものに!」と要求し出したのだ。[*6]

ベックとドゥリンメルは、かつてのオスマントルコ帝国領で今はイギリスの委任統治領であったパレスチナの将来に、特別な関心を払っていた。オスマントルコ帝国の衰亡はたくさんのヨーロッパの政治家にとって教訓となっていた。ヒトラーが、オスマントルコからバルカンの国民国家群が生まれたのを軍国主義の肯定的な模範としてとらえる傾向があったのに対し、ポーランド人はその同じ歴史を、ヨーロッパからアジアにまで広がるだろう民族解放と理解していた。第一次世界大戦後に諸帝国から取り上げられたヨーロッパの領土はおおむねが国民国家になったのに対して、アジアの領土は、時として国際連盟の「委任統治領」の形でだがフランスやイギリスの帝国の一部となることが多かった。それらはまだ主権国家にはなれないと判断された地域で、よって政治的後見のために強大国に振り分けられたのだった。南部シリアの消滅したオスマントルコ帝国の領土だったパレスチナは、そうした委任統治領だった。一九二〇年にイギリスが支配下に置いた際にはこの地域のユダヤ人マイノリティはかなり小規模なものだったが、イギリスの政策はパレスチナを将来のユダヤ人の「ナショナルホーム」にすることだった。これは、いつの日か完全な国家としての《ステートフッド》地位について合意に至ることを願っていたシオニストの希望にも合致した。

ヒトラーのユダヤ人政策は、パレスチナの将来についてのすべての国家や勢力の立場を否応なくはっきりとさせた。およそ一三万人のドイツ・ユダヤ人がヒトラーが政権の座に就いてから国外移住したが、その中のほぼ五万人がパレスチナに定住した。彼らがやって来たことで、パレスチナを、より広大なアラブ人にとっての「ホームランド」の一部と見なす傾向のあった地元アラブ住民の、人口統計学上の利点は減じていった。ユダヤ人の定住が続くことはシオニズムの勝利につながると考えて、アラブの指導者たちは政治的活動を組織した。まず一九三六年四月の各地での暴動、次いで各地でのストライキ委員会の形成とゼネストが一〇月まで続いた。それが意味したところは、一九三七年は、パレスチナの将来についての関心を宣言しているヨーロッパ諸国（イギリス、ナチス・ドイツ、そしてポーランド）にとって正念場だったということだった[*7]。

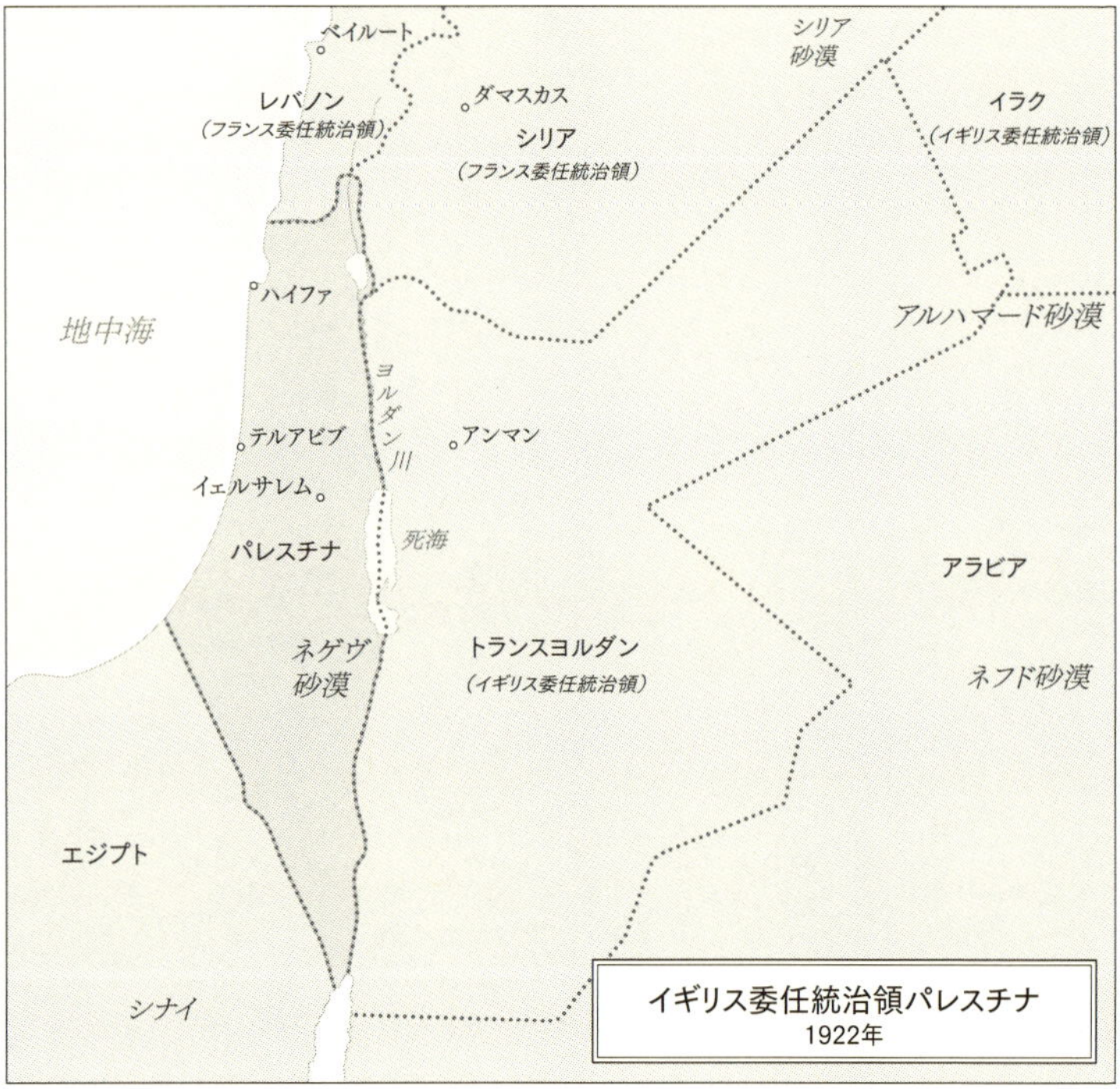

イギリス委任統治領パレスチナ
1922年

ロンドンは、当初はアラブの騒乱に、パレスチナ分割を提案することで応えた。これがさらなる政治的な混沌を生み出すと、イギリスはユダヤ人の定住を割当てた定数《クオータ》に制限した。ロンドンから眺めると、パレスチナは、イギリス帝国の中の広大なアラブ人、ないしムスリムの住む領土の、ちっぽけな部分に過ぎなかった。パレスチナをめぐってユダヤ人を喜ばせることは、中東と南アジアのどこでも、ムスリムを蔑《ないがし》ろにすることに繋がりかねなかった。ベルリンは一九三七年に、シオニズムと、イスラエル国家の可能性に対する自国の態度を明らかにしていた。パレスチナはナチスの体制にとって、それによって中東に関しての明確な政治的な意味づけが生じないかぎりは、ユダヤ人が定住する先として魅力的に思えていたからだった。もっとも、一九三七年春に、イェルサレム駐在のドイツ領事は、パレスチナの地にイスラエル国家を建設することが世界におけるドイツの地位を弱めるのではと懸念を抱いていた。六月にはドイツ外相は、あらゆる大使館、領事館に公式見解を回した。パレスチナにユダヤ人国家を創らせるのには、イスラエル国家が国際的なユダヤ人の陰謀の結節点になるだろうから反対せざるをえない、という内容だった。[*8]

ポーランドの立場は、イギリスともドイツとも異なっていた。ロンドンは（いつとも定まっていない遠い将来に）ユダヤ人国家ができることに好意的だったが、しばらくの間はさらにユダヤ人の定住が飛躍的に増加することには反対だった。ベルリンは、ユダヤ人国家に反対だったが、どこか遠くのまだ定まっていない場所に向けてできるだけ早くユダヤ人がドイツを離れることを望んでいた。ワルシャワは、ユダヤ人がヨーロッパから大量に国外移住することも、パレスチナにユダヤ人国家ができることも、どちらも望んでいた。公には、ポーランド外相も外交官たちも、イギリスに対し、可及的速やかに移民制限を緩和し、ユダヤ人の「ナショナルホーム」を建設されたし、と呼びかけていた。ポーランド人は、そうした存在がどうあるべきかについて特殊な考えを持っていた。「できるかぎり大きい方が良く、紅海にまで達するユダヤ人の独立したパレスチナ国家」というものである。こうなるとヨルダン川の両岸を含むことになる。私的には、ポーランドの外交官たちはイギリスの外交官たちと、エジプトのシナイ半島の問題まで取り上げていた。一九三七年には、ポーランド軍が、パレスチナにおける主要なシオニストの自衛団ハガナに、武器と訓練を与え始めたのだった。[*9]

シオニズムは、半世紀間活動を続けていたユダヤ人の政治的運動で、その唱道者たちは、ユダヤ民族の将来を、パレスチナ入植や国家建設と重ね合わせていた。一般的にはシオニストは、こうしたことは、イギリス帝国始め強大国との協力がなければ達成されないだろうと考えていた。シオニズムの唱道者たちは多様な政治的な立場を抱えていたうえ、たくさんの党派に分かれてはいたが、一九三〇年代のシオニストはかなりが、古来ユダヤの土地と近代ユダヤの民族とをともに変容させるだろう農業的コミューンを心に描く左翼であった。ポーランドでは、シオニズムは、まさに極左から極右までの政党的な広がりを持つイデオロギーだった。ロンドンやニューヨークのシオニストの指導者たちがとても落胆したことに、総体的なシオニズム運動の向かう先は、ポーランド国内のシオニズムの政略によってかなり影響を受けていた。

ポーランドのユダヤ人政策が、ユゼフ・ピウスツキの後継者たちによって修正されたのと軌を一にして、一九三五年九月に世界シオニズム運動は分裂した。ゼエヴ・ウラディーミル・ジャボチンスキーが、修正主義シオニズムのプログラムを携えてゼネラル・シオニズム運動から飛びだした。ジャボチンスキーは、パレスチナとトランスヨルダン両委任統治領にイスラエル国家を迅速に創ることを呼びかけつつ、ヨーロッパのユダヤ人に大量かつ早急の国外移住を促した。こちらの形のシオニズムの方が、ポーランドの新指導者たちに訴えるものがあった。一九三六年六月に、ジャボチンスキーは彼の「避難《エヴァキュエーション》計画」をポーランド外務省に提出した。彼は、時が経てばパレスチナは八〇〇万人のユダヤ人を吸収できるだろうと主張した。数週間後にジャボチンスキーが発議したことがポーランドの新聞に載ったが、目標として特定されていたのは、今後一〇年の間に一五〇万人のユダヤ人がヨルダン川両岸に定住することであった。[*10]

ジャボチンスキーは、ポーランドがイギリスからパレスチナ委任統治領を引き継ぐことを望んだ。彼は、ポーランドがシリア委任統治領を与えられるべきだとまで提案した。さすれば、ポーランドはそれをパレスチナ委任統治領と交換できるかもしれないし、また広くアラブ人を相手に梃子として用いることができるかもしれなかったからである。外交政策についてのこうした類の思考法は、ポーランド外交の伝統に色濃くあったものだった。すなわち、何もないのに梃子として使おうという仮定の試みである。実際に、ジャボチンスキーとポーランドの指導層の間の安直な合意は、たんに利害が共通するという次元ではなかった。彼はワルシャワで順序立てて持論を述べる際にはフランス語を話したが、ほとんどのポーランドの指導者たちと同じく、ジャボチンスキーもロシア帝国の臣民として生まれ、ロシア語で教育を受けた。「歴史的に民族の土地であったものを分割してしまった諸帝国の中から国民国家を建設する」という考え方は、共有されていた考え方だったのだ。[*11]

一九三六年までには、ジャボチンスキーの権力基盤はポーランドとなっていた。修正主義シオニズムは、準軍事組織に基礎を置く、若者たちの運動だった。そうした準軍事組織の中で飛び抜けて大きなものが、ポーランド内の右翼ユダヤ人青年の準軍事組織ベタルで、そのメンバーは自分の命を「ヨルダン川両岸でユダヤ人が多数派を占めるユダヤ国家の復活」に献げる、と誓約をしていた。ベタルが範としたのは、第一次世界大戦時のポーランド軍団で、これは帝国間の戦争を奇貨としてポーランド独立への道を用意したのだった。軍団のポーランド人と同じように、ベタルのユダヤ人は武器を持って訓練を受け、全面闘争に好都合な時を待ち構えていた。ベタルのメンバーの圧倒的多数は、ポーランドの学校教育を受け、その世俗的なメシアニズムの核となるメッセージを吸収していた(「我らが夢は、我らが民族のために死することなり!」)。ベタルのメンバーがユダヤ人左翼組織と喧嘩沙汰になると、メンバーはポーランドの愛国歌を歌った――それもポーランド語で。火器を携帯した制服姿のベタルは、ポーランドの公的行事で、ポーランドの偵察兵や兵士たちと肩を並べて行進し、軍事演習の一端を示した。武器操作の訓練は、ポーランド国家の機関により組織され、ポーランド軍将校が行った。ベタルの指導者の一人メナヒム・ベギンは、戦時においては、国境線を守るためにベタルのメンバーに召集をかけた。ベタルのメンバーは二つの祖国、パレスチナとポーランドの自分たちの機関紙に寄稿した。彼らは、ポーランド国家が終焉を迎えるまで二つの旗、シオニストの旗とポーランド国旗とをはためかした――一九四三年のゲットー蜂起でも、彼らはワルシャワで司令部に使っていたビルに両国旗を掲げたものだった。[*12]

メナヒム・ベギンも、もう一人のベタルの活動家イツハク・シャミルも、共に一九世紀のポーランドの浪漫派の詩人たちを心に抱き、ユダヤ人の会合でも彼らの詩を引用した。新たなユダヤ人右翼の偉大な詩人ウリ・ツビ・グリーンバーグは、一九三〇年代をポーランドで過ごした。ベギンやシャミルやベタル運動の世俗的なメシアニズムは、一九世紀に長い間国家を持てぬ状態でいた間に発展したポーランド版のそれと、酷似していた――現世の変化のためには現世で犠牲を払うのだ。[*13]

一九三五年五月のユゼフ・ピウスツキの死後、ポーランドのスパイだけが彼を記念するための象徴として適切な土を求めて長い旅に出かけたわけではなかった。ベタルのメンバーは、彼ら自身の聖なる地であるパレスチナのテル・ハイから土の塊を持ち帰った。テル・ハイは、彼らの英雄ヨセフ・トルンペルドールが一九二〇年にアラブ人との戦闘で殺されたところだった。（ベタルは、第三次ローマ＝ユダヤ戦争での最後の拠点となった砦であった。その名が後年「ヨセフ・トルンペルドールの誓約」（"Brit Yosef Trumpeldor" (ברית יוסף טרומפלדור)）のヘブライ語の頭字語として、ただし頭字語を BETAR にするために些細なスペルの修正を加えているが、ふたたびイメージに甦ったのだ）。生前、ヨセフ・トルンペルドールもユゼフ・ピウスツキもロシア帝国の臣民だったし、共に民族の正義と社会の正義とを苦心惨憺して一致させようとした。またどちらも、国民軍と国民国家のための幹部養成をめざして軍団を率いた。ピウスツキは一九二〇年にソ連に対する解放戦争で勝利を収めた。その同じ年にトルンペルドールは斃れた。よって、死後に二人が結びつけられたのは、それほど奇異なことではなかったのだろう。ベタルのメンバーは、ピウスツキの屋外での葬儀に大挙して押しかけた。ポーランドとシオニストの両方の旗を翻したオートバイで整然と隊形を組んで。ジャボチンスキーは「祖国の祭壇に献げた永劫不滅の犠牲」について語った。ピウスツキは、二つの伝統にとって崇拝の的となった。ポーランドの指導者たちとユダヤの革命家たちの崇拝の的になったのだ。[*14]

もっとも、ピウスツキの遺したものの意味についての意見の不一致は避けられないものだった。ピウスツキの生涯は波瀾万丈だったし、さまざまな状況下で暴力の使用を厭わなかった。ユダヤ人の将来にとってはどちらのピウスツキが範となるだろうか？　名目上一つの帝国に忠誠でありながら、その帝国が譲歩を余儀なくされるだろう戦争準備を進める、ポーランド軍団のピウスツキだったのだろうか？　これがジャボチンスキーの事態の観方であったし、当初彼のヴィジョンがベタルのヴィジョンを定義づけた。けれども、時が経つにつれ、テロルとプロパガンダを使うＰＯＷ（ポーランド軍事組織）のピウスツキが、ユダヤ人反逆者にとってはこれまでになく魅力的なものになった。こうした理解には、それぞれ政治的な論理があったが、どちらの理解も歴史的な巡り合わせについての判断次第だったのだ。軍団の論理は、戦時において帝国を支持するなら、平和になったら恩返しがあって然るべきだというものだった。テロリズムの論理は、恐怖が弱体の体制を壊して新しい体制への道を開くというものだった。一九三〇年代末に、軍団よりは政治的テロリズムを支持しつつ、メナヘム・ベギンはゼエヴ・ウラディーミル・ジャボチンスキーに挑戦し始めた。一九三八年九月のワルシャワでのベタルの会議で、ベギンは公然とジャボチンスキーの判断を批判した。[*15]

一九三八年までには、ポーランドを支配していたエリート層は、修正主義シオニストの利用可能な選択肢の中で最も急進的なものを支持するようになっていた。すなわち、巡り合わせを待つのではなく煽動で生み出そうとしてテロリズムを好む、パレスチナで活動中の陰謀に満ちた組織「ユダヤ民族軍事機構」（略称は、ヘブライ語でエッェル、英語でイルグン）である。一九三六年のアラブの暴動とゼネスト、また一九三七年のイギリスのアラブ側への譲歩の後で、ハガナのメンバーは将来について意見の不一致を見た。若く、より右翼的で、より急進的な者たちがハガナを離れて新生イルグン・ツヴァイ・レウミー（ユダヤ民族軍事機構）を形成したが、「ユダヤ民族軍事機構」は名前も範も「ポーランド軍事組織」（POW）からとったものであり、たいがいはイルグンと呼ばれた。この新生イルグンの中核はベタルのメンバーだったポーランド出身のユダヤ人だった。一九三九年三月からポーランドでのベタルの指導者になったベギンの下で、この組織はますますイルグンの一線部隊となった。[*16]

イルグンは、イェルサレムのポーランド領事ヴィトルド・フラニツキを通してポーランド政府と連絡をとっていた。フラニツキが受けていた一般的な指示は、「シオニストの野望と相通じる関心を示し、かつそうした野望の具現化に寄与できる国家の代表」の顔をしていることだった。彼はイグルンの活動を、それが起きる前から知っていることがしばしばあった。フラニツキの観方では、イルグンは「とても快適で、（私にとって）とても必要な政治組織」であったし、その指導者の一人アヴラハム・シュテルンはポーランドの工作員であった。[*17]

アヴラハム・シュテルンは革命の子であった。彼は、ロシア帝国の西の端に近いところに広がるアウグストゥフの森の近くにあるユダヤ系ポーランド人の町スヴァウキで生まれた。少年時に家族や他の数十万人のユダヤ人と一緒に移送されたので、シュテルンはロシア帝国の崩壊により急進的になったユダヤ人青年の一人になった。彼はほぼ六年間バシキリア（現在のバシコトルスタン共和国）で家族と一緒に住み、それから革命後のロシアの大都会にゆき、そうこうするうちに独立ポーランド国家に含まれてしまっていたスヴァウキに戻るまでには、共産主義者になっていた。シュテルンは、かつてレーニンとその新ソヴィエト国家を崇敬したように、今度はピウスツキと新ポーランド国家を崇敬するにいたった。彼は一九二〇年代にはパレスチナに移住したが、イェルサレムのヘブライ大学で学業に取り組み始めた。彼は教授連から、ユダヤ人文主義の大いなる希望の星だと目された。けれどもシュテルンは生計を立てる手段を欠いていたので、一九二九年には飢える羽目になった。[*18]

シュテルンは才能ある言語学者で作家だったが、一九三〇年代には文学より政治を選んだ。彼は、まずムッソリーニのイタリア、次いでピウスツキのポーランドと、独立ユダヤ国家への支援を求めてヨーロッパを旅して回った。シュテルンはポーランドからの早い時期の国外移住者だったのでベタルの申し子というわけではなかったが、ポーランド文化の中ではきわめて快適であった。彼は石の心をも目覚めさせ、死者をも甦らせる浪漫的な詩を書いた――ポーランド語で。自身の練習のために、シュテルンは詩を同時に三つの革命的な言語で記した。ロシア語、ヘブライ語、ポーランド語である。ヘブライ語とポーランド語で書かれた一つの詩では、彼は、幸せな幼年時代、多難だった思春期、成年になってからの挫折を思って流す涙を言葉にした。シュテルンは、共産主義革命、ポーランド国家建設、シオニズムという、東ヨーロッパの巨大な革命勢力の中で成人になった。彼は、革命の父になろうとした革命の子であった。「現実は外見《そとみ》にはなく」と彼は記した。「精神力と目標を切望することで創りあげるものなのだ」[*19]。

イェルサレムのポーランド領事フラニツキは外務省での上司らに、シュテルンのことを、イルグン内の「過激派」の「イデオロギー面の指導者」であると報告した。一九三八年二月に、フラニツキはワルシャワにいるドゥリンメルに手紙を寄せて、シュテルンに会うよう頼んでいる。フラニツキの支持を得て、シュテルンがドゥリンメルに持ち込んだ提案というのは、ポーランドがイルグンのために指導者を訓練するという話しだった。ポーランドによって訓練されたイルグンのエリートは、パレスチナを征服する将来のユダヤ革命軍の将校団になるだろう。ポーランドから連れてこられた数千の訓練を受けたベタルの闘士が兵士になるだろう。イルグンの一人は「エレッ・イスラエル（ヘブライ語で「イスラエルの地」）の海岸に沿ったさまざまな地点で同時に上陸する、たくさんの船に乗った無欠の大部隊、武装した兵士たち」を夢見た[*20]。

ドゥリンメルはそのアイデアを是認した。（長い間にわたってベタルのメンバーがポーランド軍により訓練を受けてきた）南西部ポーランドのヴォルイーニ地方での実働演習と、（ワルシャワのすぐ郊外にある陸軍基地）レンベルトゥフでの幕僚教育が三、四ヶ月のうちに始まった。ヴォルイーニは、軍事訓練を受けた革命派ユダヤ人が秘密に、そして非合法にイギリスのパレスチナ委任統治領に移住してゆく、中間準備地区になった。ユダヤ人生徒の三分の二以上がシオニストの学校に通っていたヴォルイーニでは、県知事だったヘンリク・ユゼフスキが修正主義シオニズムのシンパだった[*21]。

ドイツのユダヤ人政策とポーランドのユダヤ人政策とが最初に激しくぶつかり合ったのは、ヨーロッパにおいてではなくアジアでだった。ナチスの抑圧がドイツ・ユダヤ人をパレスチナに移住させ、それがアラブ人の暴動につながったが、その暴動が右翼シオニズムを急進化させたし、またイルグンを支持するというポーランドの外交政策の新たな可能性も生じさせた。

ポーランドの指導者たちは、イギリス、ドイツ、アラブ、ユダヤの行動に、ほとんど影響力を及ぼさなかったとはいえ対応したが、彼ら自身の政策は、一貫した方針と言えるものに従っていた。ある意味で、一九三五年以降の外交政策を形成していた小集団は、プロメテウス運動のこちらの形態からあちらの形態へと移行していたのだった。ピウスツキの下での当初のプロメテウス運動は、ワルシャワが、とりわけウクライナ人だが、東方の近隣諸民族がモスクワの支配から自由を得るのを助けるものと想定していた。今回出現した変型は、パレスチナのイギリス支配に抗するユダヤ民族を支持することだった。ポーランド政府はヒトラーが称賛していた反ソヴィエト路線を放棄していたので、彼らは（仮にナチスがそれについて何かを知っていたとしたらだが）ナチスが不可解と見なしただろう親シオニスト的陰謀へと移行したのだった。[22]

初めのプロメテウス運動と次のプロメテウス運動にかけて、人材の面ではいくらか連続性が見られた。修正主義シオニズムを支持した、ヴォルイーニ県の知事だったヘンリク・ユゼフスキは、最も重要なプロメテウス運動の活動家だった。ユゼフスキの英雄はピウスツキとジャボチンスキーだったが、後者を彼は「ユダヤ世界の使徒《アポストル》」と呼んでいた。彼の治める県は、一九三〇年代初めにはウクライナ人スパイが出動する場所であったが、一九三〇年代末にはユダヤ人革命家の訓練場になった。ユダヤ人問題を管掌する外務省高官のドゥリンメルは、その経歴において、ウクライナにおけるＰＯＷ（ポーランド軍事組織）の活動家であり、プロメテウス運動家であった。イルグンのための訓練過程を組織したポーランド軍情報部の責任者タデウシュ・ペウチンスキもまた、POWに在籍したことがあり、プロメテウス運動家であった。イェルサレム駐在のポーランド領事ヴィトルド・フラニツキも、やはりPOWの申し子であった。[*23]

連続性は人材だけでなくイデオロギー面でも見られた。ワルシャワで政権の座に就いている者たちにとって、右翼ユダヤ人を支持するのは反共産主義の仲間を支持することだった。修正主義シオニストはいつの日か何百万ものポーランド・ユダヤ人をパレスチナに連れてゆくだろうが、そうする間にも彼らは、短気なユダヤ人の若者たちのいくらかを共産主義から切り離し、極左を選んだユダヤ人の若者を乱闘の最中《さなか》に叩きのめし、ソ連に敵対するポーランド政府を支持するだろう。かつてポーランドの陰謀を巡らしていた古強者どもは誰も彼もが、以前にポーランド人が必要としていたように、ユダヤ人も国家《ステートフッド》としての地位を必要としていることを理解しえた。彼らが支援し、時として親しくなったユダヤ人青年たちは、年配のポーランド人がノスタルジーを込めて国家としての地位を創りあげたことを振り返るのと同じように、こちらは国家としての地位を鶴首して待ち望んでいた。ユダヤ版のプロメテウス運動は、よって、ポーランド人にとってはふたたび青春を生きる機会であったし、そのうえ自分たちの青春時代に達成したものが今では危険に晒されているように思えていた。あるポーランド人外交官が、困惑した主流派シオニズムの支持者に対し修正主義を是認する所以を説明して「感情的にいって、彼らの方が我々にいちばん訴えるものがあるんですよ」と言ったことがある。ウクライナのプロメテウス運動からユダヤのプロメテウス運動に至るまで、帝国から民族を解放するのは歴史的に見ても望ましい善なのだという基本的な楽観論が継続していた。ポーランド人は、帝国に抗し国家を創建するために弱者が武器を使うという、変わらぬ根強い伝統を未だ保っていた。彼らは、政治におけるある種のエリート主義的ロマンティシズム――国家建設の手際の良いテクニックとは、後になってちょうど良い時機に大衆を引き入れるのだが、感受性の鋭い勇敢な少数者の取り扱うものなのだという信念――をいまだ体現していた。それに彼らは、秘密のやり方に対する変わらぬ嗜好を持ち続けていた。[*24]

もっとも、そもそものプロメテウス運動と次のプロメテウス運動の間には、一九三五年のポーランドのユダヤ人政策の根本的な移行に対応して、明確な差異が見られた。一九三五年以降、運動主体は、ソ連における変化の可能性についてずっと悲観的になった。プロメテウス運動のために活動してきたポーランド人は、新たな運動主体に対するリベラルな批評家になるか、運動の新たな右翼的な形態に向かうかのどちらかだった。そもそものプロメテウス運動は、他の国の中の民族的マイノリティをその国にとっての問題と見なしていた――好例はソ連領内のウクライナ人だった。そもそものプロメテウス運動はまた、ソ連領内のムスリムの諸民族をも対象とした。一九三五年までプロメテウス運動家たちがイェルサレムに関わるのは、その町がイスラム民族運動の中心としてだった。次のプロメテウス運動は、ポーランドにおける民族的マイノリティをポーランドにとって重荷だと見なしていた。ユダヤ人はもはや共和国の市民としては見られず、どこでもよいから解決されるべき民族問題、ないし国外に展開させることができそうな民族的な勢力として見られていた。イェルサレムはもはや現在のムスリムの町ではなく、明日の（ポーランドの）ユダヤ人の町であった。もはや「諸君の自由と我らが自由のために！」というスローガンによって表明される団結は失われていた。次のプロメテウス運動のスローガンをつくるとしたら、こうなったことだろう。「汝らからの我らが自由を！」[*25]

そもそものプロメテウス運動では、ポーランドは範を垂れようとマイノリティの権利を支持し、同調しない近隣諸国を不安定化させることになっていた。次のプロメテウス運動では、ポーランド自体の市民が国外移住したくなる条件を生み出すのが妥当なことだった。一九三五年以降のポーランドの独裁主義的な体制は、ユダヤ人がポーランドを出て行くのを奨励するのに経済的な圧力をかけるのを容認した。警察はポグロムを起こそうとするのを止めたが、ユダヤ人の事業をボイコットするのは合法的な経済的選択として扱った。議会はカーシェールに則った屠殺を禁じる法案を通過させたが、一度も施行はされなかった。市民社会も同じ方向に動いていた。ユダヤ人が優勢であった専門職の組織は、成員を登録せねばならなかった。ユダヤ人学生が、「ゲットー・ベンチ」と呼ばれる講義室の後ろの列に着席するまで、打擲され脅されたのに、ほとんどの大学は拱手傍観していた。ヨーロッパの他の場所と同じくポーランドでも、ローマカトリック教会の聖職者のかなりが、ユダヤ人が現代の邪悪さ一般の、とりわけては共産主義の元凶だと説き続けた。[*26]

ナチスの体制とは異なり、ポーランド政府は、ユダヤ人を世界的な危機や、それゆえのポーランドの受難の悉くの元凶である「見えざる手」として説明したりしなかった。むしろ、ユダヤ人はその存在が経済的にも政治的にも望ましくない人間であるとした。ほとんどのユダヤ人がいなくなった将来のポーランドというヴィジョンは、確かに反ユダヤ主義だった。けれども、それは、ユダヤ人をこの惑星の生態学的とか形而上学的な根本悪と同一視する類の反ユダヤ主義ではなかった。ドイツとは異なり、重要な反対があった。ワルシャワでは第一党であったポーランド社会党が、ワルシャワ市長と同じく、政府の方針に反対していた。ヨーロッパの社会主義にもポーランドに残っているユダヤ人にも絡んでいた、ブント（リトアニア・ポーランド・ロシア・ユダヤ人労働者総同盟）として知られるユダヤ人政党は、一九三八年の地方選挙で大善戦した。それに関していえば、ポーランド経済におけるユダヤ人のシェアは、一九三八年には大恐慌勃発時点よりも拡大していた。一九三〇年代も終わりに近づく時期に、ユダヤ人の商業面、政治面での否定できぬ活力が、ポーランドをドイツとまるで異なったものとしていたのだ。[*27]

ナチスの指導者たちはポーランドの中に、自分たちが見たいものを見ていた。ベルリンにおいては、ある程度は錯覚も避けられなかった。ポーランドの地元のユダヤ人が成功しているのはベルリンからは見えなかったし、他方でユダヤ人の生活に公的にポーランド当局から制限がかかるのは、ドイツの新聞に好意的に取り上げられた。ポーランドの意欲的な親シオニズム的要素が秘密にされたのに、公的な反ユダヤ主義は公表された。ナチスの指導層はポーランドから得た証言・証拠を、一九三四年に始められたドイツの友好的な外交政策がそれまで機能してきたし、拡大もしうる徴《しるし》だと読み取っていた。

これは誤解であったが、もっとましな考えが思いつかないポーランドの外交官ができるだけ長く育んできた誤解だった。一九三四年一月のドイツ＝ポーランド間の不可侵の宣言は、ピウスツキにとって、その後はベックにとって、一九三二年七月のソ連との間の不可侵条約の対位法《カウンターポイント》であった。ヒトラーにとっては、それは将来の反ソヴィエト十字軍に備え徴募するための綱領であった。一九三〇年代のヒトラーの政策のほとんどと同様、それは将来のことを約束するがゆえに重要であった。一九三四年五月に、ヒトラーはすでに、ポーランドがソ連に対する同盟に加わるのに必要とする公約はどんな類のものかと疑問を口にしていた。その年の八月にポーランド大使のユゼフ・リプスキと話す際に、ヒトラーはポーランドをドイツの「東方の盾」と呼んだ。翌年一月に、彼はドイツとポーランドとは共にソ連と戦わざるをえないのだと広言していた。ヒトラーがその年のもっと後になってからベックに説明したように、ドイツ＝ポーランド間の不可侵の宣言は、ドイツの基本計画の一部として理解されるべきものであった。[*28]

ワルシャワにおいては、その基本計画が伴うものはすぐにもはっきりしてきた。ポーランド問題でヒトラーから全権を与えられていたヘルマン・ゲーリングは、ポーランドの対談相手に対しとても社交的だった。一九三五年一月にポーランドの役人たちとビャウォビエジャの森に狩猟に出かけた際に、ゲーリングはドイツ＝ポーランド協同してのソ連侵攻という大計画を明らかにしたが、それによるとポーランドはウクライナという戦利品を手に入れることになるのだった。ベルリン駐在のポーランド大使ユゼフ・リプスキはそれを信じがたく思い、ゲーリングに向かって、皆がワルシャワに戻ってもピウスツキにはそんな考えを聞かせないで欲しいと頼んだ。いずれにせよゲーリングはピウスツキに聞かせはしたが、無視された。ピウスツキはとにかく重病だったのだ。ゲーリングはピウスツキの死後、少なくとも四回は機会をとらえて同じ話しを持ちかけた。ポーランド人に提供する土地は、時にはソヴィエト・ウクライナの一部だったし、時にはソヴィエト・ロシア北部の一部だったが。ワルシャワでは、誰一人そんな話しを真に受けはしなかったが、ゲーリングを始めとする者たちからの同様な提案は、何年間も続けて雨あられとやって来た。[*29]

ゲーリングは、後年ビャウォビエジャの森での狩猟に戻ってきた。戦争が始まり、ポーランドが破壊され、SSがビャウォビエジャの森からユダヤ人を一掃した後でだったが。[*30]

個人崇拝は、死後の解釈をいくらでも受け入れるものだ。ピウスツキの後継者たちは、彼らが一九三二年から一九三四年にかけてのピウスツキの政治的言明と見なしたものを具現化することで、現状《スタッスクオ》を維持しようと必死だった。その政治的言明とはナチス・ドイツとソ連との間で外交的なバランスを取ることだったのだ。ヨーロッパを変えたがっていた者たちは、若き日のピウスツキを思い出していた。ベタルは一九一八年の第一次世界大戦でのポーランド軍団の兵士を思い浮かべていたし、イルグンは一九一九年のPOW（ポーランド軍事組織）の陰謀に満ちた国家創建者のことを思い描いた——そしてナチスは、一九二〇年に赤軍を破った軍司令官として記憶していた。ヒトラーはピウスツキを、いったんボルシェヴィキを打ち破ったなら再度その機会を捕まえられたはずの「偉大な愛国者にして政治家」と見ていた。パレスチナでのユダヤ人の革命に興味半分で手を出していたが、ポーランドの政治指導層は、ピウスツキの書いた一九三〇年代のヨーロッパのための処方箋について、ヒトラーよりずっと保守的な理解をしていた。ポーランドは、不倶戴天の敵ともいえる二つの脅威、ナチス・ドイツとソ連から等距離を保ってゆくべきなのだ。[*31]

望みは、仮にポーランドがピウスツキが「全体主義国家」と呼んでいた両国の間で中立を堅持できるなら、戦争は起こらないということだった。ポーランド人はこうした考えを好んでしたが、どんな戦争もポーランドをソ連とドイツのどちらかの同盟国として巻き込まざるをえなかった。というのも、両国に絡むどんな戦争もポーランドの領土内で起きるに決まっているからだった。計画では、両国どちらにも荷担するのを拒んであらゆる戦争の芽を摘み、両国の間に鎮座ましまして両国の機動部隊をじっとさせておくことになっていた。ピウスツキ自身はこれは精々三、四年しか続かない戦略だと理解していたが、彼の後継者たちは中立という梃子の力に愛着を抱いていたし、それを一つのドクトリンとして見ていた。これがために、彼らはヒトラーの野望の規模大なるを認識できなかったのだし、スターリンがポーランド国家をもはや念頭に置かずヒトラーからの申し出を待っているということを把握できなかったのだ。[*32]

一九三五年五月一二日のピウスツキの死の直後に、ゲーリングはドイツ＝ポーランドが協同してソ連に侵攻しようと持ちかけたが、一九三六年二月にもふたたび申し入れをした。一九三六年を通して、ヒトラーはポーランド人に対して同様な訴えかけをしている。ポーランド外務省におけるベックのナンバー・ツーであったヤン・シェンベックは、一九三六年八月のベルリンオリンピックでのヒトラーとの幅広い話題の会話について報告している。「ヒトラーの我々に対する政策は、ポーランドは、ソ連と共産主義との将来の戦いで自ずとヒトラーの同盟国になるのだ、という確信によって決定づけられている」。その年の一一月に、ドイツと日本は日独防共協定を結んだ。表面上は国際共産主義に対抗する防衛協定だったが、かなり早いうちに軍事同盟の基礎となった。ベルリンはワルシャワに対し、イタリアが日独に次ぐ協定国になるちょうど六ヶ月前、一九三七年二月に参加するよう要請した。その時ワルシャワはこの申し出を拒絶したが、その後も少なくも五回にわたって拒絶することになった。[*33]

　これはポーランドの外交官たちにとって試練の時となった。ドイツ、日本、イタリアと異なり、ポーランドは、共産主義権力を実体験として持っていたし、ソ連との衝突が意味するだろうことへの認識があった。一九三〇年代末に国家を運営していたポーランド人のかなりが一九一九年から一九二〇年にかけてソヴィエトと戦ったことがあったし、同志を赤軍の手で、あるいは当時はチェーカーと呼ばれていたソヴィエト秘密国家警察の手で失っていたのだ。彼らの中には、友人や親戚の拷問を受けた遺体

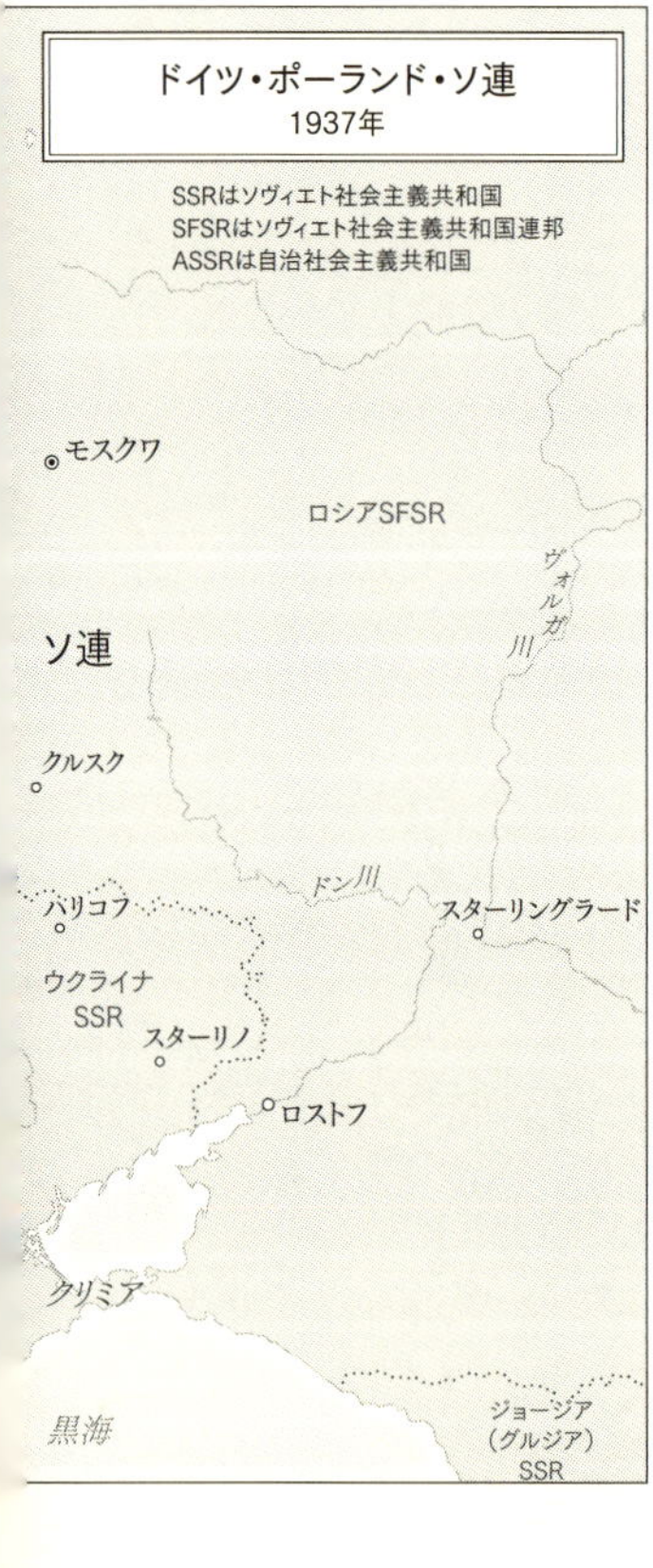

を、大量に死体を埋める穴の中で見つけた者もいたのだ。そうしたことはけっして忘れられることはなかった。一九三六年に、ソ連駐在のポーランドの外交官たちは、当時はソヴィエト秘密国家警察はNKVDと呼ばれるようになっていたが、逮捕されたときにどう振る舞うべきかの訓示を受けていた。一九三七年に始まったのだが、ポーランドの外交官たちは、ソヴィエト・ウクライナ、ソヴィエト・ベラルーシ、そしてソヴィエト・ロシアの大都市から消えていった民族ポーランド人の痛ましい数について、報告書を送ったり、読んだりしていたのだ。[*34]

ポーランド軍情報部のワルシャワ司令部からの一般的な指示は、ソ連領内におけるポーランド人の惨憺たる地位はドイツの侵攻によって改善されるも

のではないことを明確にしていた。ポーランドにはソ連領内に干渉する力はないし、ドイツの干渉は事態を悪化させるだけだろう。ポーランドの等距離政策は、ポーランドがドイツにとっての「東方の盾」であるだけでなく、ソ連にとっても「西方の盾」であることを意味していた。それは悲惨な状況であったが、その状況を説明する論理を、むろんポーランドの外交官たちはドイツの外交官たちには口外しなかった。外交官ならそうするように、ポーランドの外交官たちは申し出を受け容れることなく、話し相手の望むことを最大限活用しようとした。ソ連に対抗するドイツ＝ポーランド間の同盟について尋ねられると、彼らはできるだけ長く言い抜けようとした。最終的に断定的な対応をせざるをえなくなると、彼らは断定的に拒絶した。[*35]

一九三八年夏に、ゲーリングはふたたびポーランド人を、ウクライナの肥沃な土地を餌に唆《そそのか》そうとした。事態は、ヒトラーがポーランド人に対し、ドイツ＝ポーランド間の関係に絡むすべての問題に対する「包括的解決」を提示したその年の一〇月に正念場を迎えた。そうした一撃はヒトラーの十八番《おはこ》だったし、彼は自分がポーランドへ妥当な取り決めよりさらにましなことを申し出ていると信じ込んでいた。ヒトラーのポーランドの領土についての主張は、ドイツの本流と比べると穏当なものであった。ヒトラーの主張とは、バルト海に面した自由港ダンツィヒはドイツに返還されるものとする。ドイツ本国と飛び地の東プロイセンのケーニヒスベルク（現在のロシア連邦のカリーニングラード）とをつなぐためポーランド領内を通過する治外法権のアウトバーンを建設するものとする、の二つであった。これらは交渉可能な問題であったし、現に交渉された。ほんとうの問題は、「返礼に」ポーランドが何を得るかだった。ドイツ外相ヨアヒム・フォン・リッベントロップがリプスキ大使に説明したところでは、ドイツは、近い将来での「植民の問題やポーランドからのユダヤ人国外移住についての連携しての行動、防共協定に基づくロシアに対する連携しての政策」を胸中に抱いていた。[*36]

リッベントロップは、ポーランドが占領下ソ連で手中に収めると目されていたウクライナの領土という報酬を喧伝した。これは無視されてしまったが。何せ、一九三三年にワルシャワでは、ソ連への侵攻は罷り成らんという決定がなされていたのだ。ポーランドの指導者たちは、ウクライナが外から来た「当事者」なんぞの力で簡単に変容することがありうる、などとは考えないようになっていた。彼らは、ドイツがポーランドの支援があってモスクワを奪取するかもしれないと推定していたが、どのような形で政治的な勝利がそれに続くかがわからなかったのである。彼らはドイツ＝ポーランド連携してのソ連侵攻は、大量のドイツ軍部隊がポーランドのあちこちを動き回るか、ないし通過してゆくことを意味すると抜け目なく認識していたし、そんな戦争が起きたらポーランドはドイツの衛星国になるだろうとも予期していた。

一九三八年末の緊迫した数週間に、ドイツの指導者とポーランドの指導者との間の会議中の私語はユダヤ人問題についてであった。ヒトラーは九月にリプスキ大使に、自分はドイツ＝ポーランド＝ルーマニアの反ユダヤ共同作戦を予期していると説明していた。一一月になると、ヒトラーは、ポーランド政府がユダヤ人に対する力強い闘争にとりかかっていると激賞した。ヒトラーは「包括的解決」の提案をした時や、ポーランドの外交官たちとのその後の議論で、反ソヴィエト同盟と（まずポーランドとルーマニアからの排除だったが）ヨーロッパからのユダヤ人の排除との明確なつながりを強調した。ヒトラーの頭の中では、ソ連の崩壊は、この惑星を脅かすユダヤ人に対する大規模な作戦の一部であった。ヒトラーのポーランド人の話し相手は、そうした話しの脈絡についてゆけなかった。[*37]

そうした交渉の場では、ドイツ人とポーランド人は同じ望ましい結果について議論しているように思われた。数百万のヨーロッパのユダヤ人のマダガスカルへの移住である。ドイツ、ポーランドとも明らかに同じ島、同じ行動に言及していたのだが、意図するところはかなり異なっていた。ドイツ人は、ポーランドの指導者たちはソ連を恐れ、かつほとんどのポーランド・ユダヤ人を排除したがっているという、完璧に正しい理解をしていた。ポーランド人は、ソ連とユダヤ人排除というこの二つを、一方を解決すればもう一方に厄介ごとが生じる別個の問題として見ていた。彼らポーランド人は、いずれにせよ、ソ連への侵略行為に反対だった。また、彼らは単純に、ドイツが、一方でヨーロッパのユダヤ人を移送しながら、どうやってソ連に侵攻するつもりなのかわからなかった。そうした大量移送は植民地大国イギリスとフランスの協力を必要とするだろうが、両国とも、力で世界秩序を変えてしまおうとする国々に唯々諾々と従わないのは明白だった。単純に輸送の面でも、この考えは無意味なものに思えた。どのようにしてポーランドは、国家が戦争への動員態勢だというのに、何百万ものユダヤ人移送の手配ができるのだろうか？　数万のユダヤ人の将校、兵士をポーランド軍から排斥すべきなのだろうか？　ドイツの意図をポーランドが理解した範囲においては、ポーランドは慎重にならざるをえなかった[*38]。

最も重要なことをポーランド人は理解していなかった。彼らはナチスの発想の特徴を把握できていなかったのだ。困難なこと、それどころか不可能なことをする目的は、「失敗がいっそう急進的なものへの道を準備する」という隠された知識の中にあったのだ。ポーランド人の地政学的な視野は、この点で彼ら自身の役に立たなくなっていた。ポーランド人は、ナチスにとっては「マダガスカル」は単純に場所ではなく、レッテルであり、燃える本の中に挟まれた栞だということを理解していなかった。それは「最終的解決」の同義語だった。ないしは、ヒムラーの言葉では「ユダヤ人という観念の根絶《エクスタペーション》」の同義語だった。ポーランド人にとっては、マダガスカルは、現実のインド洋に浮かぶ現実の島であり、現実のフランス帝国の現実の植民地であり、現実の踏査の現実の対象となる地であり、現実の政治的な議論の主題であり、ポーランド・ユダヤ人の大量移住の目的地として真剣に考慮されている場所としてパレスチナと並んでいた。ポーランドの指導者たちが把握していなかったことに、ナチスにとっては、問題は、一つの移送計画の実現の可能性などにはなく、ユダヤ人が何らかの形で破滅させられる一般的な状況をつくることだった。自分たちも国家としての地位《ステートフッド》という考えへの強迫観念があったため、ポーランド人は、その場その場の思いつきの血まみれの旋風がやって来るのに気づかなかった。その旋風下では、ドイツの攻撃はいくつもの政体を破壊してゆき、考えられぬものへと進路をとるのだった。後年になってもドイツの指導者たちは、ドイツ軍兵士たちがそこに移送されると見なされていたユダヤ人を殺害してしまった後でも、まだ「マダガスカル」について語り続けたのだ。[*39]

ワルシャワの政治的視野は、イスラエル国家という考えまでは広げられた。仮にヨーロッパの危機がやって来るなら、おそらくアヴラハム・シュテルンのようなユダヤの反逆者が叛乱を組織できるだろう——何百万ものポーランド・ユダヤ人を歓迎するユダヤ人の国家につながる叛乱を。ポーランド軍の将校たちは、すでに、そうした叛乱を指導すべきイルグンのメンバーと、その兵士になるべきベタルの若者たちの訓練を始めていた。ヒトラーとリッベントロップが一九三八年一二月に「包括的解決」を押しつけたときに、ヴィクトル・トミル・ドゥリンメルは、ベタルとイルグンに対するポーランドの政策の最終目的をはっきりしたものにする訓告を出した。ワルシャワがイルグンとベタルとを支援する目的は、危機がやってくる場合に備え、イルグンとベタルにユダヤ人国家創建に向かって暴力をもって推し進む用意をさせることだ、というものであった。[*40]

一九三八年の一年間で、ヨーロッパ諸国はすでにナチスの圧力で衰退する一方だった。年の瀬になると、危機がやって来るのが感ぜられた。

第4章　国家の破壊者たち

「一夜にしてよ！　何もかも一夜にしてだったのよ！」長の年月を経ても、エリカ・Mは、一九三八年という分かれ目の年の三月一一日の夜に、オーストリアの崩壊、自分の国の終焉を知ったときの驚きを隠しきれなかった。

エリカがとても幸せなユダヤ人としての子ども時代、「一人の子どもが経験できるいちばん素晴らしい暮らしぶり」を過ごしていたオーストリアは、覚束ない創造物だったのだろう。第一次世界大戦が始まった一九一四年には、「オーストリア」は、ハプスブルク朝として知られる大帝国の中のドイツ語が話されているいくつかの地域の非公式な名称というに過ぎなかった。大戦がハプスブルク朝の敗戦で終わると、オーストリアは新しい共和国として、またそうしたドイツ語を話す人々の新しいホームランドとして創建された。ドイツ語話者の中には、ほとんどが首都ウィーンの住民だが、ほぼ二〇万人のユダヤ人も含まれていた。当初は、その小さな山国が存続できると思っていた者はまずいなかっただろう。lebensunfähig（生存できない）というのが、政治学者、経済学者が同じように下した判断だった。ハプスブルク朝の版図には五三〇〇万人がいたのに比べて、オーストリアは人口わずか七〇〇万人だった。旧ハプスブルク朝のいちばん肥沃な土地は、新生チェコスロバキア国家の手に落ちた。ポーランド、ハンガリー、ユーゴスラビア、ルーマニアのものとなった領土からオーストリアが切り離されたことは、巨大で活気に満ちた国内市場を破壊してしまった。ほとんどのオーストリア人は、民族的なアイデンティティの感覚をほとんど持たなかったか、さもなくば自分たちをドイツ人だと思っていた。[*1]

新しい国家の指導者たちは、憲法の中に北方の巨大なドイツ国家との統合を模索する見込みを含めて、「ドイツ＝オーストリア」として新国家を創建しようと試みた。これは、アメリカ、イギリス、そしてとりわけてフランスという第一次世界大戦の勝利者たちが、まさに防ぎたいことだった。パリやロンドンの観方では、史上最も血なまぐさい戦争を始めたのはそれこそウィーンとベルリン間の同盟だったではないか。一〇〇万を超えるフランス兵が斃れたのは、ドイツが大戦開始時には持っていなかったオーストリア領土まで抱えて終戦を迎えさせるためではなかった。かくして、一九一九年にヴェルサイユとサンジェルマンで署名された、ドイツとオーストリアに適応された講和条約は、はっきりと両国の統合を禁じていた。これはむろん、アメリカ合衆国が一九一七年に西部戦線に参戦したときにウッドロウ・ウィルソン大統領が持ち込んだ道義的な名分である「民族自決の原則」への疎ましい侵害であった。

第一次世界大戦後の矛盾したオーストリアは、それ以降の二〇年間というもの、ヒトラー始め他のたくさんのヨーロッパ人の胸の中に凍結されたままだった。ヒトラーは、彼の生まれたハプスブルク朝に何の共感もなかったし、画家として失敗したコズモポリタンなウィーンにも共感しなかった。ヒトラーはウィーンを、ほんとうの権力を握っているユダヤ人の不正な計画でまとまっている、不健全な人種の混合と見なしていた。一九一二年にウィーンからミュンヘンに移った際に、彼は非ドイツ的な都市からドイツ的な都市に移ると考えていた。ヒトラーはハプスブルクの軍隊の兵役義務を逃れてドイツに移ったように思えるが、一九一四年にはドイツ軍に志願し、第一次世界大戦中は伝令として塹壕の中で兵役を勤めた。選んでドイツ人になったヒトラーは、旧来の多民族的な王朝はそれ自体の性質から滅ぶ定めであるという、たくさんのドイツの兵士や政治家連中の意見に与《くみ》した。ヒトラーにとって、オーストリアは、ドイツ人にふさわしくない過去を持ち、語る価値もない将来しか持たぬ国家だった。ヒトラーは、ドイツに加わった一オーストリア人だった。他のすべての者が（むろんユダヤ人を除くが）、どの時点かで彼に続くことになるはずだった。[*2]

　ヒトラーは、一九二〇年代、一九三〇年代とオーストリアを関心の中心に据えなかったが――何せ、そこはいつでもソ連が握っていた――彼はオーストリアとドイツとがいつの日か統合されるのが当たり前だと思っていた。準軍事組織のSAとSSを含めて、ヒトラーの国家社会主義党は、ドイツだけでなくオーストリアでも活発だった。とりわけオーストリアでは、こうした人種主義的機関のすべきことは、ドイツ国内の変容よりもさらに野心的なものに向けられていた。つまるところ、オーストリアとドイツとは、歴史上一度も単一民族国家に統合されたことはなかったのだ。両者の統合、すなわちアンシュルス（Anschluss）の見込みは、オーストリアとの関連では最も重要なナチスの計画の一部であった。[*3]

　もっとも、独立オーストリアでしか生きてこなかった、そして一九三八年三月一一日に彼女の世界すべてが永遠に変わってしまったユダヤ人少女エリカ・Mにとって、オーストリアは現実だった。第一次世界大戦後の二〇年の間に、何はさておきオーストリア国家が建設されたのだ。オーストリアは旧帝国から民衆政治（mass politics）での経験を有する主要な政党を引き継いだ。大戦後にオーストリアが建国されたときには最大政党であった社会民主党は、新しい共和国をドイツに合流させようとする試みが失敗したことで、即座に評判を悪くした。もっとも、社会民主党は、首都ウィーンでは途切れることなく支配を続けた。一〇〇万を超える都市を独自に社会主義政党が支配した最初の例であった。彼らは、人気もあったし成功もした「赤いウィーン」として知られるミニチュア版福祉国家を創りあげた。[*4]

ウィーンの外では、第一党はカトリック社会党だったが、これもまた社会主義のライバル政党同様、ハプスブルク朝時代にまで遡る民主主義的な競合の豊富な経験を持つものであった。けれども、社会民主党と異なり、彼らは理想化されたドイツとの統合を信じたことは一度もなかった。彼らは、ほとんどのオーストリア人をほとんどのドイツ人と区別する特徴の一つだったが、ローマカトリックの信仰と自分たちを重ね合わせていた。カトリック社会党の中には君主政支持者もいて、妄信的に古き多民族の帝国を甦らせようとしていた。[*5]

ユダヤ人はドイツよりもオーストリアでの方が相対的には多かったし、オーストリアの二大主要政党でも役割を担っていた。ほとんどのオーストリアのユダヤ人はウィーンに住んでいたが、そこでは大多数のユダヤ人が社会民主党に投票していた。もっとも、ユダヤ人は保守系の複数の組織でも見出すことができた。たとえば、オーストリアの君主政主義の運動の指導者は、ユダヤ人だった。

オーストリアの主たる政治的衝突は、左右両翼の二つのオーストリア発生の政党間でのものだった。一九二七年に、選挙に勝利を収めたばかりの社会民主党は首都ウィーンでゼネストをうったが、完全な権力を握るのには及び腰だった。一九三四年にはキリスト教社会党が左翼の準軍事組織との争いで右翼の準軍事組織を支援したが、短期間ながら内乱状態となる衝突に発展した。オーストリアの正規軍は右翼を支持し、左翼は粉砕された。終焉を象徴したのは、軍砲兵隊が、市郊外の丘から「赤いウィーン」の誇りであった巨大な公共住宅群を砲撃したことであった。社会民主党はこの時点で禁止され、キリスト教社会党は祖国戦線として知られる右翼の連携の最大勢力へと姿を変えた。社会民主党と繋がっていたオーストリアの政治家やジャーナリストはオーストリアを逃げ出したが、そのなかにはかなりの数のユダヤ人がいた。[*6]

ナチスがオーストリアで最大政党になったことは一度もなかったし、選挙で勝利を収めたこともなかった。それなりではあったが、二大政党のはるか下位にあり、人気の点でも三番手だった。けれど、一九三三年以降に社会主義者が屈辱を味わい、国境の向こう側でヒトラーの手本が示されると、ナチスはオーストリアの独裁体制に挑むことができるようになった。オーストリアのナチスは、一九三四年七月二五日に首相のエンゲルベルト・ドルフースを暗殺したが、この暗殺は彼らが期待したような全国的な叛乱とはならなかった。それどころか、暗殺者たちは逮捕され処刑された。オーストリアのユダヤ人は、ドルフース体制を国家社会主義への防壁と見なしていた。祖国戦線は、独自の制服と敬礼とを使用し――ナチスのハーケンクロイツ（Hakenkreuz、スワスチカ、鉤十字とも）に張り合って独自の十字架さえ使用した――ファシストの組織にとてもよく似ていたが、その政策はまるで異なっていた。それはオーストリアを「より良きドイツ」と同一視していたし、オーストリア人をドイツ人と同一視していたが、ドイツ人を人種と同一視することはなかった。運動の中に確かに反ユダヤ主義者はいたが、祖国戦線はヒトラーに範をとった反ユダヤ主義政策などは制定しなかった。右翼には、そして左翼にさえ、かなりの反ユダヤ主義が見られたにもかかわらず、ユダヤ人はオーストリアの省庁で勤務を続けていたし、オーストリア市民として、おおむね制限のない生活を送っていた。[*7]

一九三三年にドイツでヒトラーが政権の座に就いたことで、オーストリア問題は新たな経済的な様相を帯びた。ドイツが大恐慌から回復したことは、伝統だのナショナリズムだのでは括れない魅力を発散した。ドイツで職を得たオーストリア人は感銘を受けていた。オーストリアは東方の近隣諸国と同じく農業国であり、農業国として大恐慌によって荒廃していたのだった。図像学的には急進的であったにもかかわらず、祖国戦線は経済政策においてはヨーロッパ諸国の政府の中でも最も保守的な部類に入った。ナチス支配下のドイツは予算の巨額な赤字を蓄積していたが、祖国戦線下のオーストリアは、財政、金融面では緊縮政策を追求していたので、用心深く外国通貨と金準備を退蔵していた。ヒトラーの観方からすると、これが、オーストリアが第三帝国とのアンシュルスを必要とするもう一つの理由、ますます緊急度を深める理由だった。ドイツは金を必要としていたのである。*8

ドイツ人がヨーロッパでプレゼンスを高めるのにつれて、オーストリアは同盟国群を失っていた。一九三四年、未遂に終わったオーストリアでのナチスのクーデターの間に、ファシスト・イタリーはオーストリア防衛に馳せ参じた。イタリアのファシストのドゥーチェ（統帥）ベニト・ムッソリーニはまだ、バルカン、ハンガリー、オーストリアにイタリアの勢力圏を築きたがっていた。その二年後、ヒトラーがドイツ改造を始めた後だったが、ムッソリーニはパートナーの役割（そしてすぐに格下のパートナーの役割）を受け容れざるをえなくなった。ムッソリーニは事態をヒトラーの手に委ねて、オーストリア問題からは手を引こうとした。よって、一九三六年に、「紳士協定」として知られているもののなかで、オーストリアのナチス党員は特赦を受け、その中のいくらかは政府に迎えられた。オーストリアのナチスは表舞台に立てたことを、アンシュルスを強要するために利用した。その年の一〇月にナチス・ドイツとファシスト・イタリアは、彼らの「枢軸」を宣言した。ウィーンにとってこれは政治的な疎外を意味した。当時の言い回しでは、枢軸とはオーストリアをローストする際に刺す焼き串のことだった。

一九三八年二月に、ヒトラーはバイエルン・アルプスにあるベルヒテスガーデンの別荘に、オーストリア首相クルト・シュシュニックを召喚した。前任者のエンゲルベルト・ドルフースと同じく、シュシュニックはキリスト教社会党と祖国戦線とを、ということはアンシュルスに反対する主権国家オーストリアの右翼を代表していた。ヒトラーは、オーストリアの主権を停止させることを意味することになろう譲歩を要求してきた。シュシュニックは威圧されたが、ウィーンに帰るとすぐにしゃきっとした。ヒトラーをものともせずに、シュシュニックはオーストリア独立に関する国民投票を呼びかけた。ヒトラーは「民族自決」という言い回しを、彼がドイツの領土だと考えているところへのドイツ側の要求を押しつけるのに用いていた。ならばオーストリア国民に決めさせればよいのだ。シュシュニックは国民投票において勝利すると確信していた。質問には、正しい答えがJa（イエス）であるとはっきりわかるようにくどいほど必要なことが並べてあった。また、投票は無記名でなく記名投票になるはずだった。投票用紙はすでに答えが記入されたものが配られた。一九三八年の時点では、オーストリア国民の多くが実際に独立に肩入れしていた。それに、いずれにせよシュシュニックの体制は、必要に応じて結果を操作できる独裁政治だった。

一九三八年三月の九日、一〇日が、ラジオ、新聞、そしてオーストリアの伝統に則ってウィーンの街にペンキで描かれたサインを使って、オーストリア独立支持のプロパガンダに費やされた。プロパガンダの主なスローガンは、端的にÖsterreich（オーストリア）であった。以前の同盟国イタリアに見捨てられ、イギリスとフランスとには無視されたオーストリア国家は、外部からの支援を受けられなかった。ヨーロッパ諸国が用心していたヒトラーの主張に対して、シュシュニックは異を唱えるつもりだった。ヒトラーは、リスクは承知しながらも、侵攻するぞと脅した。この二度目の脅迫で、シュシュニックは屈服した。国民投票は行われなかった。

エリカ・Mは正しかった。ほんとうに、すべてが一夜にして変わってしまった。三月一一日の晩に、オーストリア人は首相の大切な宣言を聴くためにラジオの前にいた。金曜の晩だったが、エリカの家族は、他の伝統派ユダヤ人と同じく、ラジオを聴くために安息日を破った。厳密にいえば、安息日を破るというユダヤ法の侵犯を正当化するだろう「特定の人間への即座の脅威」にはたぶん当てはまらなかっただろうが、ウィーンのユダヤ人は正しくもこのラジオ演説を「生死の問題」と見なしたのだ。午後七時五七分にシュシュニックは、オーストリアをヒトラーから防衛することはしないという決断を発表。その瞬間オーストリア国家は実質的に存在しなくなった。公的権力はオーストリア・ナチス党員の弁護士で内相のアルトゥル・ザイス＝インクヴァルトの手に委ねられたが、彼の計画の中には現在彼が統治している政体の消滅までも含まれていた。世論は、ウィーンやベルリンのナチスが予期していたのよりもさらに素早くオーストリア終焉の意味を理解した。同じ日の夕べには群衆が街中《まちなか》に現れ、ナチスのスローガンを叫び、打ちのめそうとユダヤ人を探し歩いた。オーストリアが無法化したその最初の夜だけでも、ユダヤ人にとって、オーストリアが国家の地位を保っていたそれまでの二〇年間より危険だった。ユダヤ人の世界は無くなってしまったのだ[*9]。

翌朝には「舗道こすりパーティー」が始まった。オーストリアのSA隊員は、リストを見たり、個人的に知っているとか通りがかりの人間が知っているとかというのでユダヤ人を識別し、彼らにブラシを持たせ跪いて舗道をこすらせたのだ。これは儀式として屈辱を与えるものであった。医師、弁護士などの専門職の人間たち多数を含めたユダヤ人たちが、突如として、嘲る群衆の前で跪いて卑しい仕事をさせられたのだ。エルネスト・Pは「舗道こすりパーティー」を「オーストリア人にとっての娯楽」だったと記憶していた。あるジャーナリストは、「ふわふわしたブロンドのウィーン子たちが、ハーケンクロイツの腕章を巻き犬用の鞭を持った半ダースの若造のごろつきの前で、両手と膝をついた青ざめた顔のユダヤ人外科医のますますひどくなる見世物をなるべく間近で見ようと押し合いへしあいする」様子を描いた。そうする間にも、ユダヤ人の娘たちは陵辱され、年配のユダヤ人の男たちは人前で体操をさせられた。[*10]

ユダヤ人の地位を象徴的に崩した後には、ユダヤ人から盗むことが続いたし、崩れたからこそユダヤ人から盗めもしたのだった。一九三八年三月一一日には、ウィーンの市壁のあとに造られた美しい環状通りのリングシュトラーセ沿いの住戸のほぼ七〇パーセントがユダヤ人のものであった。三月一二日の明け方から、そのパーセンテージは刻々と低下していった。ユダヤ人の事業はそれとわかるように印が付けられ、ユダヤ人の自動車は盗まれた。SAは隊員たちが手に入れたいユダヤ人のアパルトマンのリストを作っていたし、今こそチャンスだった。ユダヤ人の教授や裁判官は職を追われた。オーストリアのユダヤ人は自殺を図り始めた。三月に七九人、四月にはさらに六二人だった。[*11]

「舗道こすりパーティー」はまた政治的でもあった。道路を綺麗にしようとするユダヤ人は、酸とブラシを使い、手袋もはめずに、言われた場所で一種類の印を消そうとしていた。彼らがこすりとろうとしていたのは、ほんの三、四日前にウィーンの街路にペンキで描かれた一語であった。Österreich（オーストリア）である。その語は、シュシュニックの国民投票のプロパガンダのスローガンであったが、今となってはユダヤ人をそのプロパガンダの組織者に仕立てることができた。それは、ユダヤ人が市民であった国家の名前でもあった。ユダヤ人は Österreich をこすり取ろうとしていたし、それも、じっと見つめながら歯を見せて笑う衆人環視の街中《まちなか》でのことだった。[*12]

オーストリア人は、同胞市民だったユダヤ人とも消滅した国家とも自分たちを切り離したが、それは振る舞いや言い回しだけでなく襟につける飾りピンによっても行われた。襟につける飾りピンは、舗道にプロパガンダを描くのに似て、もう一つのオーストリアの政治文化だった。ナチスだけでなく、三月一一日までは社会民主党員やキリスト教社会党員だった者が、ナチスの襟につける飾りピンを着け始めた。「舗道こすりパーティー」の間そばに立っているのは、よって、中立的な立場を取るのやたんに観察するのとはまるで違ったことだった。見物するという行為そのものが、新たな集団はここまでだということを伝えていたのだし、過去についての責任をユダヤ人に帰するものだった。我々は観察し、彼らが演じるのだ、というわけだった。旧秩序たるオーストリアに責任があるのはユダヤ人であって我々ではない。今彼らが罰せられているのが、かつて彼らが共謀していたことの何よりの証拠ではないか。我々と彼らが分かたれているのは、我々が無実である証拠ではないか。かくて、まったくの二枚舌だが、責任は完全に「我々」から切り離された。一瞬にして、人種によって組織された暴力が、二〇年もの政治的経験にとってかわってしまったのだ。

オーストリアの風刺作家カール・クラウスは、一九二二年に、オーストリアは世界の終末の実験室だと記した。オーストリアは今やドイツ人にとっての広大な実験場になった。それもいくらか驚くべき教訓さえ与えられる実験場にである。あるユダヤ人のウィーン子は、「オーストリアは突然反ユダヤ主義になり、ドイツ人にユダヤ人の扱い方を仕込んだのだ」と回想した。オーストリアにはそれまで、ニュルンベルク法はなかったし、官界や政財界でのユダヤ人への制限もなかったし、ユダヤ人を社会から排除することもなかったのだ。シュシュニックの演説の日までは、ユダヤ人は平等な市民だった。ユダヤ人は経済界で重要な役割を演じていたし、政権で重要な役割を担った者もいくらかいたのだ。オーストリア国家の終焉は、ドイツ・ユダヤ人がヒトラーの支配下で五年間にわたって被った受難に比すことのできる、オーストリア・ユダヤ人への五週間のうちでの暴力をもたらした。オーストリアで組織したのはたいがいはナチスだったが、彼らは、彼らの革命の進行をより広汎に、より速やかにするのを可能にした「国家崩壊」という条件下で活動していたのだ。皮肉なことに、一九三四年の長いナイフの夜ではドイツで辱められたSAが、その殺害された指導者たちがやりたがっていた「第二革命」に似たものを為し遂げたのだ――ただドイツでなくオーストリアでだったが。[*13]

オーストリアのナチスが数時間、数日間のうちに何とか為し遂げたものは、実際にドイツ・ナチスにとって予期せぬインスピレーションとなった。ヒトラー自身が、併合に即座に支持が得られたことに、嬉しさと驚きとを感じていた。ウィーンのホーフブルク王宮前の広場ヘルデンプラッツで、ヒトラーはアンシュルスを宣言した。これは三月一五日のことで、シュシュニックの降伏から四日後のことだった。ヒトラーと一緒に、SAが生み出した無政府状態を利用し、それを自分たちの目的に役立てたナチスの指導者たちもやってきた。三月二八日には、ヘルマン・ゲーリングが盗まれたユダヤ人の財産を秩序だって再配分することを要求した。オーストリアのユダヤ人の事業のほぼ五分の四が一九三八年末までにアーリア化されたが、これはドイツ本国でのペースをはるかに上回っていた。八月には、ラインハルト・ハイドリヒ率いるSD（親衛隊保安部）のユダヤ人管理部門の長アドルフ・アイヒマンが、ウィーンに「ユダヤ人国外移住中央事務所」を設けた。[*14]

一九三八年には、ほぼ六万人のユダヤ人がオーストリアを離れたが、それに比べドイツを離れたのはほぼ四万人だった。それも、ほとんどのドイツ・ユダヤ人が国外移住したのは、ナチスがウィーンで学んだ教訓を適用するようになってからだった。[*15]

一九三五年に、ドイツ・ユダヤ人は「二級市民」に格下げされた。一九三八年になると、ナチスのいくたりかは、ユダヤ人を国家の保護から切り離す最も効率の良いやり方は、国家を破壊することだと知った。どんな立法面での人種差別も、その法の別の面から生じた予期せざる結果によって、また官僚主義的な慣例によって、錯綜したものになってしまう。土地の収用とか国外移住といった単純に見えることでさえ、ナチス・ドイツではかなりゆっくりと進行した。対照的に、オーストリアが破壊されたときに、オーストリア・ユダヤ人はもはや国家の保護を享受できず、自分たちを過去から切り離したい、未来と同調したいと願う多数派によって犠牲とされた。国家のない状態は、暴力や盗みを働こうという気構えの者たちにとって、機会という窓を開けたのだった。アンシュルスという論理の帰結として、ナチスの国家自らがその窓を閉じなければならなかった。というのも、オーストリアはドイツの一部になるのであり、SAによって助長された無政府状態は、ドイツ自体の支配能力を損なうことになるからだ。けれど、束の間とはいえ、国家のない状態は由々しい結果を伴った。一九三八年三月は、ナチスがユダヤ人を好きなように扱えた最初の時だったし、その結果は、屈辱、苦痛、そして逃亡であった。

急進的なシオニストで、ポーランド政府の庇護を受けていた（工作員でもあった）アヴラハム・シュテルンは、たまたまその頃中央ヨーロッパにいた。シュテルンは一九三八年一月のプラハでの修正主義シオニズム会議の後、ポーランド当局と相談しにワルシャワに出かけていた。ポーランドからパレスチナに戻る途中で、シュテルンはオーストリアに立ち寄り、少数の右翼の同志のパレスチナへの移住につきその地の新しいナチス当局と話しをした――彼が連れ出したうちの一人は、シュテルンは「アイヒマンと交渉した」と信じていた。これはポーランド政府がシュテルンがやってくれたら良いがと願っていた類のことだった。ただし、ポーランド政府ははるかに大規模なものを期待していたのだが[*16]。

一九三八年三月一五日、アンシュルスの当日、ポーランドの外交官たちはアメリカに対して親シオニズム的な要請を用意していた。彼らはアメリカ国務省に、ヨーロッパからのユダヤ人移民に対しパレスチナを開放するようイギリス外務省に圧力をかけて欲しい、そう頼んだ。一般的に、ポーランドはアメリカの外交官たちに、可能なかぎり広大な国境線を備えた独立イスラエルを支持するよう頼んでいた。ただ、今回のタイミングは偶然ではなかった。アンシュルスの主たる結果は、ポーランドの指導層の望んでいたことのまさに正反対だったのである。ドイツの政策もポーランドの政策も、どちらもユダヤ人を排除することを目的としていた。今では合併で肥大化したドイツは、ユダヤ人をポーランドへ送り出していた。オーストリアのほぼ二万人のユダヤ人がポーランド市民であり、出生の地に戻る権利を主張して獲得した者もかなりいた。アメリカとパレスチナが封鎖状態だったので（シュテルンのような向こう見ずな人間に対しては別だったが）、ポーランドは、ドイツが拡大するにつれてさらにユダヤ人移民が送り込まれるのを覚悟することになった[*17]。

ポーランドの外交官たちはひっきりなしにパレスチナをユダヤ人の定住に開放するよう働きかけてきたが、この問題をごり押しできる立場にはなかった。ドイツのユダヤ人抑圧も、ユダヤ人のパレスチナへの移住についてのイギリスの政策を緩やかなものにするのではなく、頑なにさせるだけだった。ポーランド外務省は、アンシュルスの後で、ポーランド議会に対し、五年以上国外に居住しているあらゆる市民の書類を再調査する権利を求めた。これは一九三八年三月三一日に認められた。その法も官僚機構内部での通信文書も「ユダヤ人」という言葉を避けていたが、この新政策の目的ははっきりしていた。ポーランド・ユダヤ人の次の帰還の波を阻もうというのである。ドゥリンメル自身が記したように、目標は「下劣なものの排除、とりわけ破壊的分子の処理」にあったが、彼はこの表現で明らかにユダヤ人を指していた。これは、アンシュルスの圧力と、パレスチナとアメリカ合衆国での移民制限が契機となり、またドイツの例に触発された、ポーランドの市民権政策の質的な変化だった。一九三八年までは、ポーランドの外交官たちは、個人的感情はどうであれ、ユダヤ人を含めてすべてのポーランド市民のために介入したものだったが。[*18]

ナチスは、一九三八年にドイツに居住していた六万人ほどのポーランドの市民権を持ったユダヤ人に対するポーランドの新たな取り組みが意味するところを理解した。こうした人々がドイツ居住中にポーランド市民権を喪失したら、彼らを後になってポーランドに追放するのはきわめて難しくなるだろう。ベルリンはワルシャワに対して、新法の適用を遅らせるよう要請したし、それまでで最大の痛棒を加えるのに備えてドイツの暴力装置が動員された。ヒムラーの承認を得て、ハイドリヒは、一〇月二八日の夜にほぼ一万七〇〇〇人のユダヤ人をドイツ＝ポーランド国境を越えて強制退去させる手はずを整えた。これは当時の基準に照らせば衝撃的なほど大量の強制力の行使だった。それはまたＳＳによるその種のものとしては最初の大きな行動であり、ＳＳの暴力を振るう能力はドイツ国境において急激に拡大された。ユダヤ人をドイツからポーランドへと予告なしに国外退去させるのは、ヒトラーの言葉とは奇妙な対照をなしていた。ヒトラーはまさにその時、協同してのユダヤ人政策をポーランド政府に持ちかけていたのである。[*19]

一九三八年、ヨーロッパ各国の首都では、国家破壊は他の国民に起きたことであり、たぶん戦後秩序の好ましい修正にさえ映った節があった。西ヨーロッパ諸国もポーランドも、オーストリアの消滅については憂慮しなかった。ユダヤ人の観方は異なっていた。ユダヤ人は、自分たちがヨーロッパ諸国から分離される広汎な過程の第一歩なのだと看て取ることができたし、行き場がなくなるのだと意識し始めた。一九三八年七月に、アメリカ合衆国が音頭をとって、三二ヶ国の代表が、フランスのエヴィアン＝レ＝バンでユダヤ人国外移送について議論した。ドミニカ共和国だけがいくらかのユダヤ人を引き受けることに同意した。そうこうする間にも、ヨーロッパにおいて、ユダヤ人が国家から切り離されるさまざまなやり方が、影響し合って互いに強化され始めていた。ドイツによるオーストリア破壊は、ユダヤ人をポーランドにもたらした。ワルシャワは、国外に住むポーランド・ユダヤ人の市民権を否定することで反応した。ベルリンは、そうした人々をポーランド国境を越えて退去させることで応じた。この時代、この地域の基準に照らすと、これはユダヤ人にとって大惨事であったし、関わりのあった個人や家族にとってはなおさらだった。ほとんどの場合、人生のすべてをドイツで過ごしてきた、それゆえポーランドでの伝手はきわめて限られていた人々だった。[*20]

たとえばグリンスパン家は、ポーランドがふたたび独立を獲得するより七年前の一九一一年にロシア帝国からドイツに移った。子どもたちはドイツで生まれ、ドイツ語を話し、自分たちをドイツ人と見なしていた。一家は一九一八年からポーランドのパスポートを持っていたが、それというのも彼らの両親が、ロシア帝国でもポーランド領に入った地域の出身だったからだ。一九三五年に、グリンスパン家は、当時一五歳だった息子のヘルシェルを、パリに住む叔母夫婦のところに送った。一九三八年までには、ヘルシェルのポーランドのパスポートもフランスのヴィザも失効していたので、彼のフランスでの合法的な居住は否定された。叔母夫婦は、彼が国外退去の憂き目に遭わぬように屋根裏部屋に匿わねばならなかった。一一月三日に、叔母夫婦は、一家がドイツからポーランドに移送された直後に投函されたへルシェルの姉からの「あたしたちにとって、何もかも終わりだわ」という葉書を見せた。翌日ヘルシェルは拳銃を買い、メトロでドイツ大使館までゆき、外交官に会わせて欲しいと頼んだ。面会に応じた外交官を彼は射殺した。ヘルシェルがフランス警察に自白したところでは、それは自分の一家、自分の民族の受難への報復行為だった。[*21]

ナチスの高位の指導者たちのいくらかが、ドイツ領土内で最終的解決に向けての行動に移る機会をこの事件に見出した。ヒトラーの許可があって、ゲッペルスは一一月九日の晩に、ユダヤ人の財産とシナゴーグに対し連係しての攻撃を組織した。これが、実際の光景はともかく、方々で砕け散ったガラスが水晶のように輝いているとされて「クリスタルナハト」(Kristallnacht、水晶の夜)として知られるようになったものである。官製のポグロムは、たくさんのドイツ・ユダヤ人にとって希望まで打ち砕かれる経験だった。ほぼ二〇〇人が殺害されるか自死を遂げた。一九三八年一一月のドイツ本国での仕組まれた暴力は、かくて、オーストリア国家の崩壊で始まった円環を閉じたのだった。その円環とは、アンシュルスがユダヤ人のポーランド逃亡へとつながり、これがポーランドの国外居住のユダヤ人に対しての新たな制限を促し、今度はドイツがポーランド・ユダヤ人を追放し、そしてこれによりパリでの暗殺が起き、その暗殺がドイツでの組織的な暴力の口実となった、という円環だった。クリスタルナハトのポグロムは、オーストリア国家の崩壊が可能にしたものだけでなく、オーストリアをモデルとした暴力的側面をドイツ国内で適用する限界も示した。オーストリアでは、大衆の暴力が可能になったのは、オーストリア政府の終焉とドイツ当局が地固めをする合間であった。そうした好機は、ドイツでは実際に生じさせることができなかった。ドイツ国家は変異はするが、破壊されはしなかったからである。[*22]

クリスタルナハトで、ゲッペルスは、オーストリアをモデルとした没収と国外移住がドイツでもきちんと機能することを示した。ドイツ・ユダヤ人が大挙して自分たちの故郷を捨て始めたのは、国家的規模で現実に暴力が振るわれた後になってようやくであった。それにもかかわらず、第三帝国自体の中では、無秩序な暴力は行き詰まりを露呈した。ドイツ世論のほとんどは、混沌たる状態には反対していたのであった。ナチスが期待していた精神的な距離が生じる代わりに、ユダヤ人のそれとわかる絶望はユダヤ人への同情の表明につながった。むろん、ドイツ人にとって、ユダヤ人に降りかかる暴力を見たくないと願いつつ、一方でユダヤ人など一人も見たくないと願うことは可能であった。ゲーリング、ヒムラー、ハイドリヒは即座に、ドイツ国内でポグロムを教唆するのは誤りであったという結論を導き出した。遠からず彼らは、ゲッペルスのクリスタルナハトのやり方とほぼ同じやり方でポグロムを組織するだろうが、それはドイツ国内ではなく、戦争になってドイツ軍が国家を破壊した地域で組織されることになろう。[*23]

ヒトラーは、クリスタルナハトについては、始めに自由にやらせたゲッペルスを擁護しようと手を差し伸べなかったし、人前でも何も語らなかった。クリスタルナハトの三日後、ゲーリングは、ヒトラーは今回はユダヤ人定住のためのマダガスカル案をもって西ヨーロッパ諸国と接触するだろうと述べた。クリスタルナハトの二週間後、ヒトラーは、まごついているポーランドの外交官たちと、マダガスカルにユダヤ人を移送することについて議論していた。ポーランド側は、ドイツが組織できるように思えるのはオーストリアやドイツでの混沌だけなのに、ドイツはどうしてそんなに込み入ったロジスティクスを企図できるのかと訝《いぶか》しんでいた。さらに、以前のユダヤ人に対するドイツの政策と、ドイツ＝ポーランド関係の諸問題に対する「包括的解決」についての進行中の議論の文脈とに照らすと、その考えには恐喝の気配が感じ取れた。一九三八年のその時点までに、三万人を超えるユダヤ人がドイツの政策によりポーランドに送られていた。仮にポーランドが、ヒトラーの申し出た条件でドイツとの関係を改善することに同意するなら、ドイツはユダヤ人をポーランドに送ることを止めて、代わりに協同してどこか他の場所に送ることになろう。ユダヤ人問題は、ドイツ＝ポーランド間の緊張の源となっていた。ドイツからの圧力は、ヒトラーの（ユダヤ人問題に協同して当たるという約束を含めた）ドイツ＝ポーランド関係の諸問題に対する「包括的解決」という考えが魅力的でなかった一因だった。[*24]

一九三八年のワルシャワでは、ウィーンではとても効果的だったヒトラーの交渉のスタイルが、意図と反する結果をもたらしたのだ。

一九三八年の一年を通して、オーストリア国家を破壊しようとし（これは成功）、ポーランドを同盟国にしようとしながら（これは失敗）、ヒトラーは挑発してチェコスロバキアをめぐる諍いも起こそうとしていた。口実は、自分たちをドイツ人と見なす三〇〇万人のチェコスロバキア市民の地位であった。一九三八年二月に、オーストリアの指導者たちを恫喝しつつ、ヒトラーは同時に、チェコスロバキアのドイツ人は自分の個人的保護の下に入ると宣言したのだった。これには法的な意味合いはなかったが、そここそが肝腎だった。国家は問題でなく、人種が大事なのだ。伝統が問題なのでなく、指導者《フューラー》の個人的な決断が大事なのだ、というわけだった。一九三八年三月にオーストリアが倒れたときに、チェコスロバキアの将来は暗いものとなった。

ヒトラーはチェコスロバキアであれどこであれ、ドイツ系マイノリティの問題に真剣な関心を持ってはいなかった。ヒトラーの世界観では、ドイツ人は人種であり、自分たちで征服できるものに対して権利があった。ヒトラーはマイノリティの問題を、敵を混乱させ、また、あらゆるドイツ人がその人種的気概を証明できる戦争を煽動によって生じさせるのに用いるつもりだった。彼はチェコスロバキアのドイツ人のために自分でも無理を承知の要求を突きつけ、チェコスロバキアとその同盟国がヒトラーが欲しいと口にするものをすべて与えると、フラストレーションを感じた。結果は、思いつきからのヨーロッパ国家の二番目の破壊であったし、それはヨーロッパのユダヤ人の立場をいっそう悪くした。

オーストリアと同じく、チェコスロバキアも、第一次世界大戦後の講和会議の申し子だった。オーストリアがハプスブルク朝の残り物を継承した国家として、敵国扱いで罰せられたのに対し、新しい国家チェコスロバキアは同盟者と目された民族への褒美として創られた。第一次世界大戦前、チェコの政治家たちは、ハプスブルク朝の版図にあった方がいつでも気楽だった。ハプスブルク朝の多民族国家的性格とリベラルな憲法とが、チェコ人がドイツ人に支配されるのを防いでくれたからだ。彼らが独立国家について語り始めたのは、王朝の存在が脅かされるようになってからであった。第一次世界大戦の半ばまでに、旧王朝は、勝とうが負けようが先が見えていると思えるようになった。勝った場合には、ハプスブルク朝は、ドイツの衛星国でしかなくなるし、チェコ人を抑圧するだろう。負けた場合には、凱歌をあげた西側の民主主義体制によって破壊されるだろう。こうした状況下で、わずかな数のチェコ人が西側諸国の首都で国家としての承認を求めるロビーイングを始めた。チェコ人は小さな民族だったので、彼らはスロバキア人も同じ民族に入れるべきだと主張した。彼らは自分たちの国の防衛が叶うのを願って、主としてドイツ人が住む山脈も欲しがった。チェコスロバキアは、政治的現実を何でもかでも寄せ集めながら、民族自決の原則の上に創立されたのだった。

チェコスロバキアはかくしてかつてのハプスブルク朝に似通ったものとなった。多民族でありリベラルだった。近隣諸国と異なり、チェコスロバキアは一九三八年を通して民主政治を維持していた。ヒトラーはチェコスロバキアを解体しようとして、ドイツ人の居住する山脈地域を、捏造した「ズデーテンラント」という名で呼んだが、それによってズデーテンラントが歴史的にもいくらかの一体性があると、偽りとはいえ示したかったのだ。ズデーテンラントは、ヒトラーによって総体的にドイツ人が多数派だと定義された地方だったが、チェコ人が多数派だった地域も含まれていた。ズデーテンラントにはまた、チェコスロバキア軍の建設した重々しい要塞だけでなく、天然の要害も含まれていた。チェコスロバキアの兵器産業は当時ヨーロッパでも最も優れていたし、ヒトラーのいうズデーテンラントには、その主要な工場群も含まれていた。ヨーロッパにおけるいちばん立派な工業コングロマリットの一つ、有名なシュコーダの工場群も「ズデーテンラント」国境をたった三マイル入ったところにあったのだ。[*25]

チェコスロバキアは西側民主主義の産物であったし、自国もその一つであると自任もしていた。フランスの同盟国であったし、(本来勝ち得るほどまでいかなかったにせよ)イギリスからもある程度の共感を得ていた。パリの思慮分別に優れた人間たちは、ヒトラーがドイツ人の保護を言い立てるのはチェコスロバキア侵攻の政治面での準備であるし、そうなった場合に、仮にフランスがチェコスロバキアとの条約の義務を全うすれば、ヨーロッパ全体を巻き込んでの戦争に発展するだろうと理解していた。ソ連は今やチェコスロバキアの状態が健全かに関心を示していたし、パリに交渉開始を申し入れた。フランスの指導者たちは、ヒトラーを思いとどまらせるか、少なくともフランスが単独でドイツと面と向かわざるをえない可能性を減らそうと、モスクワとの取り決めを望んだ。[*26]

フランスにとっては不運なことに、まさにこの機に、ソ連のNKVDが途轍もないテロルの波で赤軍の高位の将校たちの半分を処刑している最中だった。詳細まではフランスの参謀本部にはわかっていなかったが、フランスの将校や外交官たちは、ソヴィエト側の交渉相手が続々と跡形もなく消えてゆくのに気づかずにはおれなかった。この意気阻喪させる展開がなくてさえ、フランスは、ポーランドかルーマニアに対しソ連軍が国を通り抜けるのを許可するよう納得させる必要があったことだろう。ソ連はチェコスロバキアと国境を接していなかったし、よって赤軍によるいかなる侵攻もソ連軍部隊が第三国を通過することを意味したのだった。ワルシャワとブカレストでは、チェコスロバキアの危機は、中欧へのソ連侵攻の口実に映り始めた。ポーランドとルーマニアは、ドイツのチェコスロバキア侵攻よりも、ソ連の自国への侵攻を恐れたのだった。[*27]

九月には、一九三八年のヨーロッパの第二の危機が最高潮に達しようとしていた。ヒトラーは五月に、一〇月の侵攻を予期して、チェコスロバキアとの戦争に備えるよう命令を下した。ヒトラーはまた、ズデーテンラントのドイツ系マイノリティの指導者たちに、彼らの要求を激化させるよう指示を出した。九月一二日に、ヒトラーは、チェコの絶滅政策からドイツ人を救助し、チェコスロバキア全体を終焉に導く必要について、事実に照らせば馬鹿げているが、熱のこもった演説をした。彼の願いを叶えるような必然的な要素は、現実には何もなかった。チェコスロバキア国家は、ほとんどの点できわめて目覚ましいものがあった。実際に、繁栄と自由とを結びつける点で、中欧でチェコスロバキアに比肩する国はなかったし、おそらくはヨーロッパ大陸全土に広げても同じだった。チェコスロバキアの崩壊について公然と演説することこそが、崩壊を可能にしてしまうのだった——とりわけヨーロッパの指導者たちが、その演説のレトリックに身を委ねるのを（いくぶんかは）理性に身を委ねるようなものだと納得してしまえばだが。

ロンドンとパリとがプラハに妥協を促してさえ、ソヴィエトは、チェコスロバキアを守るために進んで中欧に介入すると意思表示をしていた。ソヴィエトの軍集団が四つポーランド国境に移動していた。

ヒトラーの演説の三日後、ソヴィエト政府は西部国境線の民族浄化を加速した。九月一五日以降、ソヴィエト当局は、いかなる種類の論評もせずに、「ポーランド人作戦」で、迅速な大量処刑を行った。地元当局は「トロイカ」体制を築いた――地元の党指導者、検察官、ＮＫＶＤの幹部将校からなるトロイカだった。そのトロイカが人々に死刑を宣し、いかなる種類の確認も待たずに刑を執行できるのだった。口頭での指示は、「ポーランド人は根絶やしにせよ」ということをはっきりさせていた。[*28]

ポーランドと国境を接しているソヴィエト・ウクライナの領土内至る所で、ポーランドの男たちは一九三八年に大量に射殺された。ヴォロシーロフグラード市（現在のルハーンシク市）では、ソヴィエト当局は、チェコスロバキア危機の間にポーランド人作戦で一二二六件の事案を検討し、一二二六件の処刑を命じた。一九三八年九月に、ソヴィエト・ウクライナのポーランドとの国境に近い地域では、ソヴィエト軍部隊が、暗殺部隊として村から村へと回った。ポーランド人の男は射殺され、婦女子はグラーグに送られたが、記録の提出は後回しだった。ポーランドと国境を接するジトームィル地域では、ソヴィエト当局は九月二二日に一〇〇人に死刑を宣告し、二三日にはさらに一三八人、二八日にもまた四〇八人に死刑を宣した。[*29]

その九月二八日が、ヒトラーがチェコスロバキア侵攻の最終期限と定めた日であった。ドイツ軍はチェコスロバキア国境に布陣した。赤軍はポーランド国境に布陣し、ＮＫＶＤはすでにポーランド人の大量射殺と移送によって後背地から疑わしい要素を取り除いていた。ドイツがチェコスロバキアに侵攻すれば、ソ連のポーランド侵攻の口実となったことだろう。たぶん赤軍はそれからチェコスロバキアにも侵攻し、ドイツ軍と一戦交えようとしただろう。より可能性が高かったのは、ソ連がドイツと和を結び、それによってドイツ軍との交戦なしでポーランドから領土を攫おうとすることだった。そうした疑念は現在裏付けられている。というのも、一一ヶ月後のことだが、ソ連軍が次にポーランド国境に集結したのは、モスクワがベルリンとまさにそうした内容の取り決めをした後のことだったからだ。もっとも、これもしかとはいえない。なぜなら、チェコスロバキア危機は解決されてしまったからだ。一九三八年九月三〇日にミュンヘンで、イギリス、フランス、イタリア、ドイツの指導者たちが集まって、チェコスロバキアはヒトラーの望む領土を割譲せよ、と決めたからだ。[*30]

チェコスロバキアはこのミュンヘン協定には参加しなかったし、それによって法的に縛られることもなかった。友好国や同盟国に見捨てられ、チェコスロバキアの指導者たちは、独力でドイツ軍と戦うのは諦めた。一〇月にチェコスロバキアの軍部隊と警察が「ズデーテンラント」から撤退すると、政治的な暴力が荒れ狂った。ドイツ人同士で攻撃し合っていたし、親ナチス派が、ナチス・ドイツでは五年前からその方針が非合法になっているライバルの社会民主党員を殺害したのだ。一一月に「ズデーテンラント」はドイツに併合された——ドイツ人、チェコ人、山脈、要塞、兵器工場、とにかく何もかもだった。アインザッツグルッペが政敵排除の使命を帯びて入ってきた。その隊員たちは明確に殺害を禁じられていはしたが。その地に住んでいた三万人前後のユダヤ人は、数ヶ月前のオーストリアのユダヤ人と同様に、突然自分たちへの国家の保護が剥ぎ取られているのに気づいた。一万七〇〇〇人ほどはドイツ軍によって移送されたか、自ら逃亡した。当然彼らは財産を失った。チェコスロバキアに残された土地でも、ユダヤ人は彼らの国家の完全な崩壊とそれによる自分たちの財産権の喪失を恐れた。チェコスロバキアの金融資本や産業資本のほぼ三分の一はユダヤ人のものだった。そのかなりが、一九三八年末から一九三九年初めにかけて、とんでもなく値引きをされてドイツ人の手に渡った。[*31]

ポーランドは、一九三八年の国家崩壊の危機に大きな関わりを持ったほとんどの国々と国境を接していた。ドイツ、チェコスロバキア、そしてソ連である。ワルシャワは、プラハに何の共感も持っていなかった。というのも、ポーランド軍がソヴィエトと戦うのに忙殺されていた一九一九年に、チェコスロバキア軍はチェシン周辺の重要な工業地域のいくらかを奪ってしまったからであった。ポーランドの外交官たちは、チェコスロバキアのことを「不自然な作り物」であり「不条理なもの」と記した。ベルリンがチェコスロバキアのドイツ系マイノリティの権利の庇護者の顔をしている一方で、ワルシャワはそのまねをしてチェコスロバキア内のポーランド人の庇護者の顔をした。ドイツが自ら「ズデーテンラント」と呼んだ領土を押さえると、ポーランドは、一九一九年にチェコスロバキアが奪ったチェシン地域の領有権を主張する恰好の機会としようとした。[*32]

この頃は、ポーランドはドイツの同盟国に見えた。ただし、ポーランドの政策は、実際には、ワルシャワがベルリンに説明せねばならないような独立した政策だった。ポーランドは、ドイツがズデーテンラントを欲したのと似通った理由からチェシン地域を望んだ。資源も豊富なら、鉄道の連絡もよく、工業も栄えていた。チェシンは、ポーランドが戦争準備をするのに役立つことだろうが、ドイツはポーランドが先行きどちらの側で戦うのか、今一つ確信を持てないでいた。ポーランドの外交官たちは、自国のソ連に対する「確固たる態度」についてベルリンで称賛を得ようとしたが、効果はなかった。ヒトラーは意識してヨーロッパで戦争が起きるよう挑発していたし、それがどのような形でやってこようが取り込んでしまっただろう。ヒトラーは、自分がほんとうに望んでいるのはソ連への侵攻だという時に、ポーランドがソ連のチェコスロバキア侵攻の障壁になるとわかってもさして感銘を覚えなかった。彼は、ポーランドにはそうした局地的な危機におけるドイツの政策の模倣以上のものを望んでいたし、ポーランド人にもそのように告げたのだ。[*33]

一九三八年一一月までに、ドイツはオーストリアとチェコスロバキアのかなりの部分を吸収した。オーストリア保有の金とチェコスロバキアの兵器こみで、ほぼ九〇〇万人が第三帝国に加わった。間違いなくヒトラーは、こうして手に入れたもののおかげで、ドイツ゠ポーランド間の問題への「包括的解決」の申し出が、ポーランドの指導層にはますます拒否しづらくなったと考えたはずだった。結局はドイツは、いずれにせよ欲するものは手に入れられるのだ、ということを示したのだから。ヒトラーは、ワルシャワには、ユダヤ人とソ連とについてドイツと利害が共通しているのを認める以外の選択肢がないと確信していた。けれどワルシャワは、ユダヤ人問題とソヴィエト問題について、ベルリンとはかなり異なった眺め方をしていたし、ドイツ勢力の拡大のことは、妥協の理由というよりも悩みの種と見なしていた。ドイツ人が長い間口にしてきたので、ポーランド人も、中欧における領土の修正はずっと大きな計画のほんの一部に過ぎないことを諒解していた。

オーストリアとチェコスロバキアの崩壊は、ワルシャワでは不安をかき立てるような形でユダヤ人問題と東方問題とを引き起こした。「舗道こすりパーティー」とクリスタルナハトは、数万のユダヤ人をポーランドに送り込んだ。その傍ら、ミュンヘン協定は、カルパティア・ルテニア地方として知られる東端の地域を含めてチェコスロバキアの全領土の将来についての問題を提起した。ドイツは一九三八年一〇月に、その地域には自治権があると宣言した。一九三八年一一月の第一次ウィーン裁定の条項により、南部（南部スロバキアと南部カルパティア・ルテニア）をハンガリーに割譲し、その上で残りをドイツは国家として承認した。ワルシャワは崩壊後に生まれた小国に一〇月の二週間ほど影響力を及ぼしたが、それも派遣したポーランド人がアウグスティーン・ヴォローシンを始めとするウクライナ・ナショナリストに取って代わられるまでだった。彼らは、ポーランド国家は解体され、その領土から新生ウクライナ国家が生み出されるべきだと信じていた者たちだった。ドイツの後援を得たウクライナ修正主義者たちは、かくて、将来のドイツ＝ポーランド関係がまさに決せられつつあるときに、ポーランド国境沿いの一触即発の地域を掌握することになった。一九三八年の最後の数週間に、ワルシャワでは、ベルリンがウクライナ人のナショナリズムをポーランドに対抗させて用いていると観察していた――ドイツの外交官たちが、ポーランドに向かって、ソ連から取り上げてウクライナ領土を与えると約束していたまさにその時機だったが。[*34]

ドイツはポーランドの領土面での譲歩を求めて見返りに三つの約束をした――ソ連との戦争、ユダヤ人問題の解決、ウクライナからの領土獲得。ポーランド政府は戦争を望まなかったし、上記三件どれについてもドイツの善意を疑わしく感じていた。ドイツの申し出は、矛盾しているか、誠意のなさからきていた。ウクライナについての不確実さは、一九三八年も年末に近づくにつれ、ヒトラーの「包括的解決」の提案がワルシャワの支持を得られなかった今一つの理由となった。

一九三九年が始まると、とうとうヒトラーは、舌先三寸で言いくるめられない国際的な抵抗にあった。一月五日に、ポーランド外相のユゼフ・ベックは私的な会話を交わした後でヒトラーの提案を拒絶した。ポーランド人は自由都市ダンツィヒとポーランド回廊については譲歩を申し出る用意があったが、問題はむろんこれらではなかった。ヒトラーの観方からすれば、こうした領土問題は、ヒトラーの修正主義がおおかたのドイツ人が望むことと関わりを有するという、ドイツ世論へのプロパガンダ的アドバルーンであった。ベックはヒトラーの本筋の申し出に関心を示さなかった。協同してソ連を攻撃した後で、

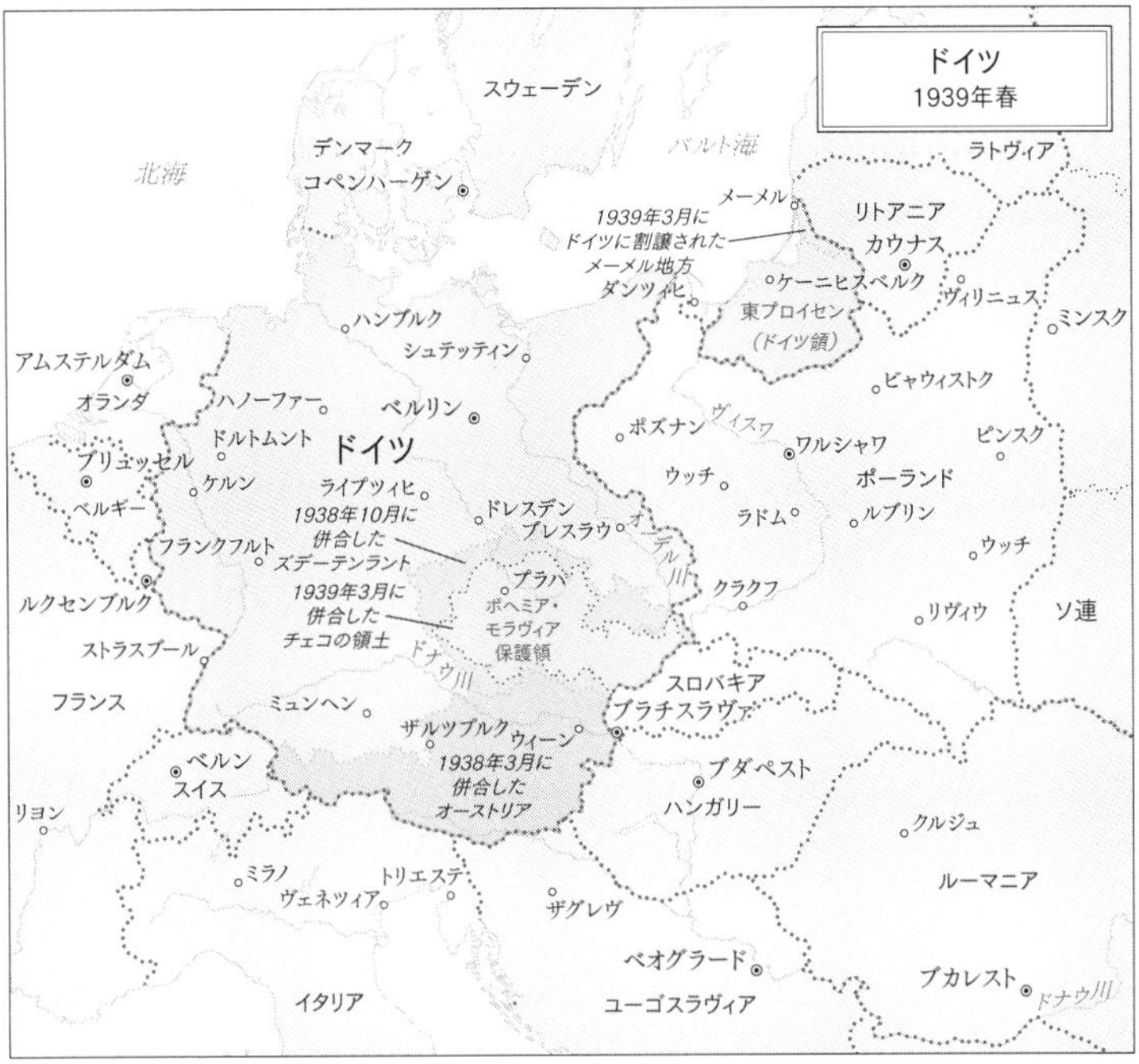

ユダヤ人問題を解決し、戦利品のウクライナの領土を与えるという漠然とした約束にである。かくてポーランドは、ヒトラーにとって厄介な問題であることが露わになった。すなわち、ドイツ軍を東方での人種的破壊という決定的な戦いに送り出すというヒトラーの主たる目的にとっての架け橋になるのでなく、むしろ障壁になりそうだからである。この時期の数週間、ポーランドは、外交政策をモスクワ寄りに傾けようと、実際に努力していた。[*35]

ヒトラーの抱える厄介ごとは、ポーランド人の話し相手の方が、巧みにとまではいえずとも、少なくとも一般のドイツ国民よりは、彼の外交政策を理解していたということだった。ドイツ外相ヨアヒム・フォン・リッベントロップは、ドイツ＝ポーランド不可侵条約署名から五年目の記念日という象徴的な日である一月二五日に、最後の努力をした。またも餌はウクライナだった。そしてまたもドイツは失敗した。ポーランドの外交官たちは、リッベントロップに向かって、ベルリンで、何らかの同意に達したとか、達する可能性があると主張するのは避けて欲しいと頼んだ。その会話がなされたまさにその日に、『ニューヨーク・タイムズ』紙は、ポーランド外相ベックが、ポーランドの外交政策においてはソ連はナチス・ドイツと同格だと見なしているとする記事を載せた。外国紙の前で、どちらの隣国も「同盟国」と呼ぶことで、ベックは、どちらの隣国が他方に戦争をしかけてもポーランドは加わる意志がないことをはっきりさせたのだった。リッベントロップは、ポーランドはけっして対ソ連戦でドイツの同盟国にはなるまいという確信を抱いて、翌日ベルリンに戻った。[*36]

リッベントロップがワルシャワから戻ったのは木曜日だった。翌週の月曜日に、ヒトラーは彼の経歴でも最も悪評を買った演説を行った。一九三九年一月三〇日に、ヒトラーはドイツ議会に対して、仮にユダヤ人が世界戦争を始めるならば、その戦争はユダヤ人絶滅で終わるだろうと宣言したのだった。ポーランドは、ヒトラーにとって、つねに理論ではなく実践の案件であったし、思いつきのまま行動してきたのが今や怒りに変わっていた。武器でなく言葉で隣国を破滅させるという、一九三八年にヒトラーが展開してきた独特の国際政治のスタイルが、破綻してしまったのだ。ポーランドの指導者たちはソ連に対する反ユダヤ主義十字軍に加わるだろうという、ポーランドについてのはっきりとしたヒトラーの見積もりは、誤りであったのだ。ユダヤ人問題とウクライナ問題についての約束も恫喝も、共に失敗に終わった。ポーランドの選択は、それまで五年間続いてきたナチスの幻想の終焉を意味したのだ。[*37]

ヒトラーはポーランドを、国際関係の対象から外すことに決めた。ポーランドに侵攻せねばならないという彼が突然感じた必要性は、ヒトラーの計画にとってたいへん大きな意味を持った。第一次世界大戦でドイツの破滅のもととなった包囲戦という伝統的な問題が、ポーランドが同盟国、せめて無害な中立国であったなら、避けられた可能性があったのだ。そうしたシナリオならば、ドイツはまずフランスに侵攻してフランス軍を戦争から退場させ、それからほんとうの標的、ソ連の富に関心を絞ることができただろう。ヒトラーの基本計画では、ドイツはソ連を粉砕するつもりだったし、フランスが敗れてもイギリス（とアメリカ）が拱手傍観している間に超大国になるはずであった。ドイツ人種を救済し、大陸国家の地位を確立し、ユダヤ人からこの惑星を救うという壮大な事業に乗り出してしまえば、ドイツは後年になってから必要に応じてイギリスやアメリカに立ち向かうことができよう。けれど、ポーランドが敵国になってしまうなら、算式全体が変わってしまう。一九三九年一月三〇日の時点で、ポーランドについての見込み違いを抱えたまま戦争を始めようと決心した結果、ヒトラーは、ヨーロッパでの戦いに勝利した後にではなく、その前に始まるグローバルな戦争を考慮せざるをえなくなった。ドイツのポーランド侵攻はフランスをドイツとの戦争に引きずり込むだろうし、それによって包囲戦となってしまう。なおさら悪いことには、イギリスまで引きずり込んでしまう可能性があるが、これはヒトラーが万が一にも避けたかったことだった。ドイツが西部戦線で長期戦となると、今度は東方からソ連が侵攻してくる可能性に脅えることになるのだから。[*38]

もちろん、ヒトラーの頭の中では、ドイツに対するそのような陰険な同盟はいずれも必ずやユダヤ人の仕業でなければならなかった。ヒトラーの信ずるところ、ユダヤ人が外国資本の面でほんとうの力を握っていたのだから、彼らこそが、一九三九年のドイツのポーランド侵攻が実際に世界戦争になるかどうかを決めることになるだろう。ヒトラーはこう信じていたように思えるのだが、仮にユダヤ人に世界戦争が彼らの利益にならないと納得させられるなら、フランスも、イギリスも、ソ連も、当初の戦闘は傍観することだろう。仮にユダヤ人を脅迫によって思いとどまらせることができるなら、ドイツの対ポーランド戦は東欧における地域的戦闘、ヒトラーの計画の大混乱ではなく小規模な遅滞に留まることだろう。こうした論法から、ヒトラーの破綻したポーランド政策は、ポーランド人に対する警告に繋がらなかった。それはユダヤ人への警告に繋がったのだ。

ユダヤ人を絶滅させるという脅迫が強大国群の将来的な政策に影響を及ぼすだろうというヒトラーの観念は、誤りだった。ヒトラーは後になっての演説のなかで一九三九年一月三〇日の「予言」と呼ぶのだが、これにはパリ、ロンドン、モスクワのどこでも反響がなかった。ほんとうに大ごとだったのは、数週間後に起きたドイツのチェコスロバキア攻撃の継続だった。一九三九年三月一五日に、ドイツはチェコスロバキアの崩壊を完璧なものとした。チェコの領土であるボヘミアとモラヴィアを「保護領」(ドイツ語で、ベーメン・メーレン保護領)として吸収し、またドイツの同盟国になるはずの独立スロバキア国家を生み出したのだ。一九三八年九月にミュンヘンでチェコスロバキアを裏切ってドイツに与《くみ》した者たちが、今度はドイツに裏切られる番だった。ヒトラーは、ドイツ人よりチェコ人が多い土地を手に入れたので、自分の関心は民族自決だけだというヒトラーの主張が偽りだったことははっきりした。チェコスロバキアがこうなったのは第一次世界大戦のせいだとして、チェコスロバキアの陵辱へ自分たちが共謀したのを糊塗したロンドンやパリの者たちは、自分たちは第二次世界大戦への道を用意する手助けをしてしまったと理解したのだった。一九三九年三月、パリとロンドンとは今や、一二月にワルシャワが達していたのと同じ結論に達した。ドイツは、それに対しては抵抗か服従かという選択肢しかない大規模な侵略戦争に取りかかりつつあったのだ。

チェコスロバキアの崩壊から数日後の一九三九年三月二一日に、ドイツはポーランドに対する新たなプロパガンダの路線を披露した。ワルシャワに対し五年間もプロパガンダを繰り広げた挙げ句に、ゲッベルスは、自分を含め多くのドイツ人が実際に考えていたことを到頭口にできた。この傾向は日ごとに強まっていったのだが、ポーランドは旧敵に戻ってしまった。ポーランドの正体は、ドイツを抑圧する、不正な戦後の取り決めが生み出した貪欲で面妖な創造物であった。ワルシャワでのヒトラーの外交的なツキのなさが、内政面では幸いした。一九三九年、ドイツでは戦争は不人気だった。けれど、もはや明らかに起こりそうになっている、国境地帯をめぐっての対ポーランド戦争は、ポーランドと同盟してソ連に対してイデオロギー的な侵略戦争を大規模にしかけることよりははるかに人気が出たのだ。[*39]

一九三九年三月二五日に、ヒトラーは、ポーランドの崩壊に向けての戦争を準備せよと命じた。ドイツ国内と国際世論向けの政治的な予備交渉を別にすれば、計画されていた作戦は、ダンツィヒとポーランド回廊には何の関わりもなかった。実際に、伝統的にそうだと理解されてきたような内容の戦争とは、無関係だった。ヒトラーが突然欲しくなったのは、ポーランド国家の完全消滅と、そうした国家を再建しうるすべてのポーランド人の身体的絶滅であった。ヒトラーは、それ以降の数週間、同じことを繰り返して述べた。一つの政体と一つの政治的民族を破壊するというこの過激な計画は、スラブ人に対する彼の一般的な考えと整合していたし、侵略はウクライナという穀倉地帯《ブレッドバスケット》を対象とした東方への第一歩だった。けれども、その計画は、それまでの五年間の彼の行動とも、ドイツの敵意の理由として新たに新聞紙面で表明されたものとも、整合していなかった。プロパガンダの目標は、気づかれぬうちに、東方でのずっと大規模な戦争にドイツ人を駆り立てることであった。

ポーランド人は、戦争がどのようなものになるかを知るには比較的良い立場にいた。彼らは、自分たちの選択は、イギリス首相ネヴィル・チェンバレンがミュンヘンで考えたようには戦争と平和との選択でなく、どちらの戦争を選ぶかだと理解していた。ドイツの同盟国としてソ連を攻撃するか、ドイツの攻撃からの防御戦に入るか、どちらかの戦争である。仮に、ポーランドが勇ましい抵抗の代わりに従順な同盟を選んだなら、「我々はロシアを打ち破り、しかる後にヒトラーの牛をウラルの牧草地に連れてゆく羽目になるのだろう」と外相ベックは考えた。外相としての長い任期を過ごした後ではヨーロッパで敵もたくさんつくっていたベックは、今や公然とヒトラーに抵抗することで自分を英雄に仕立てていた。一九三九年五月五日に、ヒトラーの演説に応えて、ベックはポーランド議会に向かって演説をした。彼は、自分よりずっと安全や権力を享受していた政治家連中を含めてだが、その時点までいかなる政治家もヒトラーに向けて用いなかった言い回しを使った。さまざまなことについて妥協はありうる。けれど、主権については妥協はありえない。「人民、民族、国家の生命には、値のつけようのない貴重なものが一つだけあります」とベックは述べた。「それは名誉であります[*40]」。

　もっとも、ドイツ＝ポーランド関係の破綻も、ドイツとの戦争の脅威も、どちらもポーランドの自国民であるユダヤ人に対する政策には何ら影響を及ぼさなかった。その政策はつねにポーランド独自のものとしてあり、一般民衆の反ユダヤ主義と大量失業から発生し、ポーランドの利益と決めてかかったものから判断されていた。ポーランドの観方では、ドイツは、ユダヤ人問題については混乱していて助けにならぬパートナーだった。ドイツの政策はパレスチナ行きの扉を閉ざし、かつ数万人ものユダヤ人をポーランドに追い出すものだったからだ。イギリスがポーランドの安全保障をすることでドイツのチェコスロバキア侵攻に対応したとき、ワルシャワの観方では、それはユダヤ人政策の新しい有望なパートナーが出現する可能性を示していた。結局のところ、イギリスがパレスチナの委任統治権を握っているのであり、その地にどれだけの数のヨーロッパのユダヤ人を移送できるかを決めるのだったから。[*41]

一九三〇年代のポーランドのイギリスとの関係は醒めたものだったし、一九三九年春までは、外交官同士がパレスチナ問題を俎上に載せる好機というのもなかった。ジュネーヴの国際連盟の会議で、ポーランドの外交官たちはイギリスの外交官たちを引き留めて話しに引きずり込み、ポーランド・ユダヤ人をパレスチナに入植させることの必要性を説こうとしたが、肩すかしを食わされただけだった。ポーランド側がなしたいちばん議論に近いものとしては、世界は、はるかに数の多いポーランド・ユダヤ人を無視してきわめて少数のドイツ・ユダヤ人のことばかりに焦点をあてているというものだった。ポーランド側は用心深く、(これもいずれにせよ生じなかった事態だったが)パレスチナをドイツ・ユダヤ人だけに開放するのは、ポーランド国内では不公平と見なされるだろうと主張した。一九三九年春にポーランドの外交官たちは、ユダヤ人国外移住の問題を、迫り来る戦争というきわめて重要な問題の序でに持ち出すことができたのだった。[*42]

ベックが一九三九年四月に、ドイツのヨーロッパへの脅威に関して議論するためと思われるがロンドンに飛んだ際には、彼はユダヤ人問題を、あたかも取り組むべき最初のことのように扱った。ベックとイギリス外相ハリファックス卿とはほとんど面識がなかったためもあり、これを最初にというのは「シュールな」やりとりになってしまった。ベックが夢中になっているのを知って、ハリファックス卿はワルシャワ駐在イギリス大使に、ポーランド側に向けて、両国間には議論すべき「植民地問題」など存在しないと説明させようとした。ハリファックス卿はベックがパレスチナ問題を取り上げたときにも、ベックに顧慮しなかったし、イギリスの政策はポーランドの望みとは反対の方向に動いていた。同じ四月に、チェンバレン首相が、仮にイギリスがパレスチナで一方の側を怒らせなければならないなら、それはアラブ人でなくユダヤ人の方だと発言した。アラブ人、ムスリムの忠誠心については、全体としてのイギリス帝国においてて、しかも戦雲垂れ込めるなかでは、藪をつつくには重要度が高すぎた。一九三九年五月のイギリス政府の白書は、将来のユダヤ人のパレスチナ移住はアラブ側の承認事項とすべきだとまで勧めていた。ロンドンは、ポーランドをドイツの脅威から守ること、その意味では間接的にポーランド・ユダヤ人を守ることに決していた。けれど、イギリスは、パレスチナが即座に大量のユダヤ人の定住に開放されるべきだというポーランド側の考えには、まるで動かされなかった。[*43]

ワルシャワがロンドンと新たな関係を築いても、一九三九年の春にも、ポーランドのパレスチナ政策の陰謀を好む傾向が止むわけではなかった。ポーランド政府は、修正主義シオニストの指導者ゼエヴ・ウラディーミル・ジャボチンスキーとの友好関係を維持していたが、ジャボチンスキーはクリスタルナハトの後では一九三九年のうちに一〇〇万人のユダヤ人の「避難《エヴァキュエーション》」を望んでいた。ジャボチンスキーは、ポーランドの彼の保護者が自分の言い分をイギリス側に伝えてくれることはわかっていた。その年の初めの何ヶ月間かは、ポーランド側のパートナーと同じくジャボチンスキーも、戦争勃発の見込みがロンドンでの打開を導くのではと信じていた。彼はイギリスのためにドイツと戦うユダヤ人軍団の結成を望んでいたが、これはそうやって得た政治的資産が、戦後になってのイスラエル国家建設においてイギリスからの支持に転化するのではと願ってのことだった。ただし、彼に追随する者たちにも、軍団でなくテロリズムを戦略として考える傾向が強まっていった。それというのもテロリズムで、戦禍で弱体化した帝国を自分たちユダヤ人のホームランドから追い出せるという読みからであった。ポーランド側の政策は、イギリス側が恐れる理由に事欠かないユダヤ人叛乱者たちと歩調を合わせていた。[*44]

イギリスとポーランドとが対ドイツで提携していたまさにその時期、一九三九年の二月から五月の間に、ポーランド軍情報部はアンドリフフ近くの秘密の場所で、選抜されたイルグンの活動家たちを訓練していた。ポーランド軍将校は、第一次世界大戦中とその後の戦争でポーランド軍が使って成功した手段をとりわけ重視した。サボタージュ、爆弾の使用、そして占領軍へのゲリラ戦である。訓練されていた二五人のユダヤ人はパレスチナから来ていたが、教練用語はポーランド語であった（ヘブライ語の通訳・翻訳付きだったが）。訓練の終わりに、アヴラハム・シュテルンがやって来て熱のこもった演説をした。ポーランド語でシュテルンはポーランド軍将校の支援に謝意を表し、ユダヤとポーランドのそれぞれの解放闘争には共通点があることを指摘した。ヘブライ語でシュテルンは将来のユダヤ人のパレスチナ侵攻について語った。そこに参加していた者の一人が後年控えめに述べているように、「ポーランド政府のイルグン支援は、ポーランドが条約に調印したがっていたイギリスにとって非友好的な行為と受け取られかねなかった」のだが。[*45]

シュテルンが語りかけた男たちはイルグンの将校になり、イギリスに対する叛乱を指導することになった。彼らが一九三九年五月にパレスチナに戻ると――これはイギリスの白書が出されたまさにその時機にあたったし、ポーランドがイギリスからの安全保障を勝ち得た直後だった――こうしたユダヤの急進派は、ポーランドの新同盟国イギリスに対する作戦で、ポーランド製の武器とポーランド軍将校による訓練を実地で使い始めた。イギリス側はその訓練に気づいていたし、武器のいくらかは押収したが、ワルシャワと関連づけることはしなかった。[*46]

ポーランド軍情報将校がイルグンに訓練を施していた分野の叛乱活動で卓越していたのは、彼らが防諜活動のいくつかの側面で実際に行っていたからだった。たとえば、軍情報部の特殊部隊は「エニグマ」として知られるドイツの暗号機の仕組みを解明できるようになっていたし、暗号メッセージを平文に直すために暗号機の複製も造っていた。一九三九年七月にはポーランドの暗号学者たちは同盟国イギリスとフランスとに、自分たちの知識も複製も渡した。この仕事は後になって戦時中のイギリスにとって重要になる。ブレッチリー・パークの暗号解読基地での基礎となったからである。けれど、戦争の展開に限っての判断では、ポーランド軍情報部の男女は大きな誤りを冒した。[*47]

一九三三年以降、参謀本部の第二局であるポーランド軍情報部は、ソ連もナチス・ドイツも共に脅威と見なしていたが、ソヴィエトの方をより気にかけていた。第二局の上層部の議論は、ソヴィエトとドイツとどちらの侵攻が可能性がより高いかだった。ポーランド自体がナチス・ドイツと同盟をしないという決断を下したといって、速やかなドイツのポーランド侵攻に結びつくと考えていた将校はまずいなかった。イギリスとフランスがひとたびポーランドの主権を保証したのだから、ドイツは東西からの包囲戦に直面することになるからだった。ヒトラーは、少なくともしばらくの間は、自分の望んでいた配置を布こうといういかなる希望も失っていた。つまり、ソ連に対してドイツが戦争している間はイギリスが素知らぬ顔をしてくれるか、支援してくれるのではという希望である。どのみちさしたる違いも生じないとされていたポーランドが、『わが闘争』にある基礎的な計算を変えてしまっていた。論理的に言って、包囲戦を避けるドイツにとっての唯一のチャンスは、ポーランドの東方にありとなった。ソ連そのものである。そしてヒトラーは、現実にこの論理に従ったのだった。[*48]

ポーランドがこれを予期しなかったからといって咎められない。ポーランドは、ドイツがソ連に侵攻する計画だと固く信じていたのだから。もっとも、ワルシャワにせよどこにせよ、ヒトラーの戦術の急速な変化を予期できた者はまずいなかった。最終目標のみを重要と見なすヒトラーは、その途次ではほとんどんなことでもしてのけた。よって、半生を反共産主義を通し、五年間というものポーランドを対ソ連戦に引きこもうとしていながら、ヒトラーはソ連に対ポーランド戦に加わるよう頼んだのだ。一九三九年八月二〇日に、ヒトラーは、外相リッベントロップとソヴィエトの指導者たちの会合を要請した。スターリンもずっとそうした類のものを求めていた。ベルリンは、ロンドンやパリが提供できないものを提供できた。すなわち、東欧の再編成である。ドイツの政策が、その年の春に明らかに反ポーランドに移行するにつれて、スターリンはヒトラーに向けて外目にもわかるジェスチャーを見せた。ヒトラーがユダヤ人共産主義者と和解することはないと誓ってきたのを知っていたので、スターリンは、ドイツとポーランドの間の断絶がはっきりした数週間後に、ユダヤ人であった外務人民委員のマクシム・リトヴィノフを解任した。ヒトラーは軍司令官たちに「リトヴィノフの解任は決定的だった」と述べた。リッベントロップがモスクワに着くと、交渉相手は、ロシア人のヴャチェスラフ・モロトフに代わっていた。[*49]

一九三九年八月二三日にリッベントロップとモロトフの間で調印されたモロトフ＝リッベントロップ協定は、不可侵条約の域をはるかに超えていた。秘密議定書がついており、フィンランド、エストニア、ラトヴィア、リトアニア、そしてポーランドを、ソヴィエトとドイツの勢力圏に分割するというものだった。ポーランドは両国によりカーゾン線に沿って分割されたが、ソヴィエトがドイツと共にポーランドに侵攻し、国家と、政治組織を持つ社会とを壊滅させるうえで協力するという明白な意味合いが込められていた。ポーランド軍情報部が協定の意味するところを明確に理解するのに、秘密議定書の方の詳細な内容を知るのを待つ必要はなかった。ソ連と和を通じることで、どう低く見積もっても、ヒトラーはフリーハンドを与えられたのだ。

偶々、モロトフ＝リッベントロップ協定が世界中の新聞で報ぜられた時に、世界シオニスト会議がジュネーヴで開かれていた。ヨーロッパを始め世界の隅々から集まってきていたユダヤ人は衝撃を受けた。ゼネラル・シオニズムの指導者ハイム・ヴァイツマンは次のような言葉で会議を締め括った。「友人諸君、私には一つだけ願いがあります。我々皆が生き存《なが》らえんことを！」ここにはメロドラマ的な要素はない。独ソの協定の秘密議定書が対象とする地域は、世界のユダヤ人全体の心臓部だったし、五〇〇年以上にわたってユダヤ人が継続して定住してきたのだった。この心臓部が、ユダヤ人の歴史を通して、ユダヤ人にとって最も危険な場所になろうとしていた。ホロコーストがそこで二〇ヶ月後に始まることになる。三年以内に、そこに住んでいた数百万のユダヤ人のほとんどは亡くなることになる。[*50]

スターリンにとって、ヒトラーとの取引は大いなる安堵をもたらした。スターリンとたくさんの同志たちは、ヒトラーの著作を読んでいたし、それらを真面目に取り上げていた。スターリンは、ヒトラーがウクライナの肥沃な農地を標的にしているのを理解していたし、しょっちゅう、そのように話していた。東欧をヒトラーと分割するのに同意して、スターリンは武力衝突を西欧に向かわせることを願った。そうなったら、イギリスとフランスがドイツの相手をせざるをえなくなる。ソヴィエトのイデオロギー的な観方からは、これは、ソヴィエト外交がちょっと突ついてやることで、資本主義の矛盾が戦場で正体を現すことを意味した。スターリンの戦術的な観方からすれば、戦うのに最良の方法は、他の国々に(戦費を含めて)大出血を強い、しかる後に戦利品を手に入れるべく動くことだった。

スターリンの将来の戦争についての目算と同じくらい的を射ていたのは、現在のヒトラーとの利害の一致だった。一九三九年にヒトラーは、スターリンが一九三四年に達していたのと同じ結論に達していた。ポーランドはもはや同盟国として考えられないから、存在する理由がないという結論だった。モロトフはポーランドのことを「醜い子」と呼んだし、ヒトラーは、ヴェルサイユ条約の「現実とは思えぬ創造物」と呼んだ。スターリンは「旧来の均衡を取り除こうという共通の欲求」を宣言した。スターリンには、旧来の均衡を破ることは、無政府状態とユダヤ人にとっての苦痛を意味することがわかっていた。スターリンは、ポーランドを半分に割るのは二〇〇万人のユダヤ人をヒトラーに渡すことだと自覚していた。ソヴィエトとドイツが一九三九年九月二八日に調印したドイツ・ソヴィエト境界友好条約は、その日ドイツの包囲に屈したワルシャワを、ソヴィエトの勢力範囲からドイツの勢力範囲へと移した。スターリンはこうしてヨーロッパで最も重要なユダヤ人の都市をヒトラーに与えたのだった。スターリンは、協同してのポーランド侵攻は、「血をもって」印蝋に代えた友好条約を意味すると述べた。戦時下のポーランドで流された血のかなりが、ワルシャワの三〇万人のユダヤ人を含め、ユダヤ人民間人の血であった。[*51]

手を携えたソヴィエトとドイツのプロパガンディストたちは措いて、モロトフ＝リッベントロップ協定の中に好ましいものを見出せる人間はまずいなかった。一つ例外は、数千マイル離れたところにいた、ディスペンセーション主義者と呼ばれるアメリカ人の福音主義者たちだった。彼らは来るべきハルマゲドンを信じていたが、そのなかで彼らは天国へと連れてゆかれるのだった。ディスペンセーション主義者はナチスとスターリン主義者の間のありえない協定を、イスラエルの地を攻撃しそれによってキリストの再臨の前提条件の一つを用意した、（「エゼキエル書」三八章に出てくる）ゴグとゴメルの間の協定という聖書の預言が具体化したものだと見なした。[*52]

パレスチナのアヴラハム・シュテルンは、モロトフ＝リッベントロップ協定から、ヒトラーは外見《そとみ》よりも実際的だと結論づけた。仮に指導者《フューラー》がつねにユダヤ人勢力の前線と非難していたソ連に対処できるなら、どうしてユダヤ人自体には対処できないのか？　おそらく来たるべき戦いは、何を差し置いても、ユダヤ人に何らかの種類の救い《リデンプション》の機会を与えることだろう。世俗的メシアニズムを浴びすぎているシュテルンは、オリーブの枝でなく剣を携えた、敵を愛するのでなく虐殺する救世主としてのイエスの復活を夢想したアメリカ人ら（ディスペンセーション主義者）と、そう変わらなかったのかもしれなかった。シュテルンにインスピレーションを与えた詩人ウリ・ツビ・グリーンバーグは、メシアが戦車に乗って現れると謳った。シュテルン自身は、ユダヤ人の血は、メシアのためのレッドカーペットになるだろうと予言していた——頭蓋骨から飛びだした脳髄が白いユリの花として彩っているレッドカーペットに。[*53]

アヴラハム・シュテルンは、この上なく暗い詩に描かれた白日夢に劣らぬ血塗られた悲劇のなかで、保護者を失おうとしていた。一九三九年八月二二日に、ヒトラーは将軍たちに向かって「ポーランドの崩壊」は「前方にある。目標は、どこか特定の戦線に達することでなく、動き回る部隊をやっつけることだ」と述べた。ここに、仮に予期していなかったとはいえ、人種戦争を始めるきっかけがあった。ヒトラーは続けた。「憐れみに対しては心を閉ざせ。獣のように行動せよ。八〇〇〇万国民は当然の分け前に与《あずか》るのだ。彼らの存在は保証されねばならない。強者こそが権利を持つのだ」。ドイツは、ヒトラーが一九三八年に戦争なしでオーストリアとチェコスロバキアから獲得したもののおかげで、実際に並外れて強大だった。[*54]

ポーランド侵攻は四方八方から来た。九月一日には、ポーランドから見て北と西からドイツ軍が地続きのドイツから侵攻し、南からはドイツ軍がスロバキア軍部隊の支援を受けながら少し前までチェコスロバキアだったところから侵攻。そうして九月一七日には、赤軍が東から侵攻してきた。ブレストでは、遭遇したドイツ軍とソヴィエト軍は合同の勝利パレードを組織した。ハーケンクロイツの後にハンマーと鎌が続いた。"Deutschland über alles"(「ドイツよ、すべてのものの上にあれ」)に"Internationale"(「インターナショナル」)が続いた。ソヴィエトの司令官は、ドイツの記者に向かって、協力しての「資本主義のアルビオン(イギリス)」への勝利の後で、モスクワに自分を訪ねて来なさいと招待した。ブレストの通りでほれぼれと眺められていた戦車のいくらかはチェコスロバキア製の可能性も高かったし、ポーランド侵攻を果たしたドイツ軍兵士やSSのいくらかはオーストリア人だった。ヒトラーが人種的な優越性と見なしたドイツの技術面での優位は事実であった。ドイツ空軍がブレストのパレードの上空を飛んだときには、空軍パイロットたちはポーランドの町や都市をテロ爆撃するのを小休止していたのだ。民間人の爆撃は、ヨーロッパ人が、植民地で用いるかぎりではおおむね合法と見なしていた戦術だった。それが今ではヨーロッパ大陸本土で使われていた。一九三九年九月のドイツによるワルシャワへのテロ爆撃で、ヒトラーが政権の座に就いてからの六年間に採られたあらゆるドイツの政策の結果をはるかに上回るユダヤ人が殺された。同様に、ドイツ侵攻に抗戦して死んだ七万のユダヤ人兵士は、その時点までのドイツで殺されたユダヤ人の数をはるかに上回っていた。[*55]

ドイツのポーランド侵攻は、ポーランドは主権国家として「存在していず」「存在したこともなく」「存在しえない」という理屈から着手された。捕虜にしたポーランド兵は射殺しても構わなかった。というのも、ポーランド国家がない以上ポーランド軍なるもの自体が現実に存在したはずがなかったからである。作戦が終了しても、始まったのは占領ではなかった。というのも、ナチスの論理では、そもそも領土が占領されるような政体がそれ以前にも存在していなかったからである。ポーランドは奪取されるべき土地を意味する「地理的な」呼称だった。ドイツの国際法曹家たちは、ポーランドは国家ではなく、ドイツが支配者になった「合法的主権なき土地」に過ぎないと主張した。ポーランドの法は無効と宣せられた――実際に、存在さえしなかったものとして。こうした事態は指導者《フューラー》の意志一つによるものだった。ひとたび戦争になると、それだけで、戦前のドイツの国境線の外側でも摂理として十分足りた。ほんとうのナチスの革命が始まっていたのである。[*56]

国家《ステート》としての地位《フッド》とか法を無効にするのは、専門的手続きの問題ではなく、生死の問題だった。伝統的にヨーロッパ諸国はお互いの体制を合法的なものとして理解してきた。干戈《かんか》を交えている間でも、お互いの存在とお互いの憲法の伝統の独自性を認めてきた。市民権は互恵的に認め合うときにのみ意味を持つ。ヒトラーは隣にある(元々はゲルマンの種族ごとの小国家を指す言葉だったが)「キヴィタス」を破壊したときに、ドイツをヨーロッパごと無法状態に追いやって、市民権の原理を破壊してしまった。ドイツのポーランドの扱い方は、ヨーロッパ諸国が最も破壊的な時機に入植植民地を扱ったやり方――統治されてもおらず定義づけられてもいない存在が居住する小さな土地として扱う――と同じだった。SSの刊行物は、三〇〇〇万人以上が住んでいるポーランドを「処女地」として扱った。イタリア人は速やかにそのメッセージを受けとめ、ポーランドを自分たちのアフリカの占領地エチオピアに比した。[*57]

こうしたユートピア的な植民地イメージをヨーロッパの真ん中の二〇世紀の政治的現実と結びつけるのには、人々の服従だけでなく、現に存在している体制の破壊をも必要とした。ドイツのポーランドにおける帝国主義的な所行の大部分は、何か新しいものを創るというより、現にそこにあるものを排除することになった。森林が一〇〇〇年前に開墾された国で「ジャングルの法」を復活させるのには、たいそうな作業を要することになった。
ポーランド国家の崩壊はインクと血の両方を用いて達成された。法曹家たちがタイプを打っているときに、殺人者たちは銃を操っていた。ヒトラーは「ポーランドのインテリゲンツィアの絶滅」を要求した。ポーランド文化などというものが残っているかぎり、比較的少数とはいえその「担い手」を物理的に排除することで消滅させればよいのだ、そうヒトラーは考えた。ヒトラーは、十分に人間的であると見なされる可能性のあるポーランド人集団を殺害することによっての「ポーランド問題の解決」を予見していた。ポーランド侵攻は、SSの国家破壊者たちが無法な使命を果たすのに戦争という遮蔽物を与えた。ハイドリヒは、長期間ナチス党やSSのメンバーだった者に普通は率いられる、警察とSSの特別行動部隊のアインザッツグルッペンを組織した。彼は、部下に対し、ポーランドの抵抗運動が不可能になるように、ポーランドの指導者階級を殺害するように指示した。かくして、たとえば、ポーランド軍団やPOW（ポーランド軍事組織）にかつて属していた人間は全員を見つけ出し殺害しなければならないこととなった。アインザッツグルッペンの主要な作戦は「タンネンベルク作戦」として知られているが、ほぼ六万一〇〇〇人のポーランド市民を殺害する計画だった。[*58]
アインザッツグルッペンは、一九三九年秋にポーランドで、期待されていた数の人間たちを殺害した。ただし、当初は彼らは特定の個々人を実際に追跡するのは得手でなかった。それにもかかわらず、アインザッツグルッペンは、一〇月に軍事作戦が終結し、ポーランドの都市の常設の警察として定着しつつある間も、標的にした集団の殺害を止めなかった。ハイドリヒは一一月までに「指導的ポーランド人の粛清」を完了することを期待していた。一九三九年に数万のポーランド人を射殺しただけでは十分でなく思えたときに、一九四〇年の春に主要都市の郊外の森林での大量射殺で「粛清」されるべく、さらにまた「指導的要素」の面々が確認された。ハイドリヒの夢想では、エリート層を殺害することで、ポーランド人は労働者の群れとなるのであった。ヒムラーは、ポーランド民族という考えそのものが消滅するだろうと予言した。[*59]

軍事的、政治的、人種的なドイツの攻撃が最初に繰り出されたのは、ポーランドのユダヤ人市民に向けてというよりも、政体としてのポーランドへ向けられたものだった。けれど、ポーランド国家の崩壊は、ポーランドのユダヤ人に由々しい結果をもたらした。マイノリティは国家の保護と法の支配にいちばん依存しているし、無政府状態と戦争でいちばん苦しむのもたいがいはマイノリティなのだ。なるほど、ポーランドのユダヤ人は、一九三〇年代末のポーランドにおいて、公的なものも一般民衆のものも含めて反ユダヤ主義を恐れなければならなかった。それでも、彼らは、ポーランド国家の崩壊で他のポーランド人に比べて失うものがずっと大きかった。ナチス権力によるポーランド国家の完全消滅は、たんに消えたわけではなく、現存する制度が粉砕されたのであって、砕け散った破片は鋭利で抉るような刃《やいば》を蔵していた。

最初に粉砕されたのは、国家機関だった。一九三九年九月のドイツ・ソヴィエト境界友好条約は、「ポーランド国家の崩壊」を文言にしたが、それ以降のドイツ側の法的な言い回しは、苟《いやしく》もポーランド国家なるものが存在していたことを否定していた。突如としてユダヤ人たちは、もはやどこの市民でもなくなった。そういうことなら、ポーランド人、ウクライナ人、ベラルーシ人などのポーランド国家の書類を携えていた者が皆そうだった（例外は、突然特権を与えられた「民族ドイツ人」というマイノリティだった）。隷属する人々の中には、ドイツの人種主義的な期待に即座に順応した者がたくさんいた。ドイツ

ポーランドの分割統治
1940年12月

人が食糧を配ろうとポーランドの都市に入るとすぐに、ポーランド人の取り分を増やしユダヤ人の取り分を減らす（あるいは無しにする）ために、列に並んでいるユダヤ人を指さすポーランド人がいくらも出てきた。人種主義と物質主義とはそもそもの始まりから相俟《ま》っていたのだった。市民権の原則が廃棄され人種の原則が確立されると、ユダヤ人以下の扱いを望む者は誰一人いなかった。[*60]

　ポーランドの西部のかなりが第三帝国に併合された——あるいは公的には、分離され第三帝国に復した。ポーランド領から奪った新たなドイツ領である大管区（Gaue）はヒトラーの旧友、古参のナチス党員らによって統治された。こうした指導者たちは、法と官僚機構とに対処しなければならなかった戦前からのドイツ領の同僚たちに比べて、はるかに大きな行動の自由を持っていた。新たな大管区の中で最も大きくかつ重要だったのは、ヴァルテラント帝国大管区であって、四二〇万人のポーランド人、四三万五〇〇〇人のユダヤ人に比べ、ドイツ人はわずか三二万五〇〇〇人だった。これは新しい種類のドイツの行政単位であった。戦前のドイツは、圧倒的に大きなドイツ人人口を抱えていた。ところがここでは、ドイツ人は植民地エリートであり、人口の大多数は「庇護下の被統治者」だった。たとえば、ポーランドの子どもたちは学校でピジンのドイツ語を教えられることになるが、これはその子どもたちが劣等人種として区別でき、かつドイツ人からの命令は受けられるようにするためだった。ポーランド中央部のかなりは「総督府」として知られる植民地に一変した。これは当初は「占領下ポーランド総督府」と呼ばれていたが、「占領下ポーランド」という留保は、それがかつてポーランドが存在していたことを示唆するものだとして名称から省かれた。ナチスの論理では、占領などでなく、法的には「無人の」領土への植民だった。この総督府での自由の程度は、新たな大管区よりもさらに大きかった。というのも、見せかけだけのドイツの法でさえここにはなかったからである。[*61]

大管区でも総督府でも、ポーランドの民法は、戦前のドイツではありえなかったペースで加速してゆく反ユダヤの抑圧にとって代わられた。一九三九年一〇月に、ドイツは「以前のポーランド国家の資産」とすべてのユダヤ人の資産を押収した。ユダヤ人は専門職を開業するのが禁じられたし、ユダヤ人男性は労働のために出頭する必要があった。ユダヤ人は自分の居るところに留まる権利を失った。ハイドリヒも、新総督のハンス・フランクも、ポーランド・ユダヤ人をゲットーに押し込めるよう命じた。地域ごとに進捗状況が異なっていたとはいえ、一九四一年末までにはほとんどのポーランド・ユダヤ人はゲットーの壁の中にいた。どこでも最も重要だったのは、ユダヤ人は法の保護から切り離しうるとする、単純な前提だった。彼らには、どこに行こうか決める力もなく、何かを所有する権利もなかった。ポーランドを皮切りに、ドイツは国家を破壊しようとするどこの国においてもゲットーを設けたが、伝統的な形での占領を実施していた国家ではゲットーを設けなかった。ゲットーは、国家破壊が都市において表現されたものであった。[*62]

都市にゲットーを設けることは、ポーランドの光景を一変させた。戦前のポーランドではどこにでもいたユダヤ人が、今では都市の僅かばかりの区画に集められていた。これは、ドイツ人が手に入れられるかぎりのユダヤ人の財産を盗むのを可能にした（幼い娘を含めてユダヤ人女性の陵辱もだが）。周辺の住民への合図は明々白々だった。ユダヤ人は戦間期ポーランドでしばしば道徳的関心の埒外にいたが、今では法の及ぶ範囲、また実際に日常生活の範囲からも追い出されてしまった。ゲットーが設けられユダヤ人がそこに移送されるまでには、彼らのポーランド人の隣人たちはほぼ一年間ドイツ支配により貧窮を強いられてきた。おそらくこのことがあって、ポーランド人は、隙あらばユダヤ人から盗もうとするきらいがあったのだろう。どこでも事情は同じだったが、ポーランドの人々も、自分たちが盗みを働いた相手を、奴らユダヤ人はこれまで自分たちから盗んできたんだから、として憎む傾向が強かった。[*63]

ほとんどのポーランド人にとって、一九四〇年と一九四一年のゲットー隔離は、ユダヤ人が自分たちの暮らしから姿を消すことを意味した。数百年間も入り混じって生活していたのが、ある日を境に突然終わってしまったのだ。かつては毎日あらゆる局面で見かけていたユダヤ人が、今では労働に向かう列の中とか、壁越しにしか見えない——あるいはきわめて希だが隠れているとか。村にあった家も、都市にあったアパルトマンも、手に入れよとばかりにそこにある。商売や専門職などにおける、伝統的にユダヤ人の仕事だったものは、今では他の人間がやっている。ドイツの占領は明らかに、ポーランド人そのものの社会的向上には繋がらなかった。というのも、教育のあるポーランド人は殺害されたし、残りはもの言わぬプロレタリアートとして扱われたからである。総督府にいるポーランド人は、街中《まちなか》でつかまり、強制労働のために収容所に送られた。こうしたことすべてが相俟って「相対的剥奪」の背景となったが、そこではたくさんのポーランド人が、ユダヤ人が消えたのだから、ユダヤ人から奪えるものは奪ってしまえというのをもっともだと思っていた。ユダヤ人の財産をポーランド人が盗むことで、ポーランド人はドイツ人の盟友にはなれなかったが、それはポーランド人に自分たちのやってしまったことを正当化するのを促し、ユダヤ人には元の持ち物を取り戻させないというういかなる政策も支持する傾向を強めさせた。いずれにせよ、ゲットーを出たユダヤ人を救助するのは、総督府では死罪であった。[*64]

ドイツによるポーランド国家崩壊により二番目に粉砕されたのは、戦前の村や郡の役場も、ユダヤ人の自治的集団のもあったが、地元当局であった。ポーランドの中央政府は破壊されていたし、ポーランドの法は廃され、ポーランド国家は存在したことさえなかったと宣言された。ポーランドの地元当局は実際にそこに残っていたが、今では以前の法や伝統からいわば纜《ともづな》を解かれてしまっていた。ドイツの慣例により、以前の制度面でのヒエラルヒーから排除されたそれらは、機能面では、基本的にナチスの優先順位次第と改変された。地元当局はもはや中央省庁からの命令を実行するわけではなく、地元住民の利益を代表するわけでもなかった。もはや、省もなければ市民もいなかったのだ。代わりに、地元当局はドイツの人種政策遂行に直接個人的な形で責任を負うことになった。彼らは、ポーランド・ユダヤ人のゲットーへの移送と、ドイツ人によって持ち去られなかった資産の配分とを監督した。

ゲットーに送られたユダヤ人は、戦間期にあったユダヤ人自治機構の気の滅入るパロディに迎えられた。一九三九年一一月に総督ハンス・フランクの命でつくられたユダヤ人評議会（ユーデンラート、Judenrat）である。ピウスツキの下では、ポーランド・ユダヤ人は、地元の自治体（ユダヤ人の共同体のケヒラ、あるいは国のヒエラルヒー上では県・郡の下にあるグミナ）の当局を選出することを許されてきた。そうした自治体の当局にあたるケヒラ協議会は、信仰、結婚、埋葬、儀礼に則った屠殺、それにある程度は社会福祉や教育といった事柄に責任を有していた。ケヒラ評議会は国外からこうした活動のための資金を受け取る権限も与えられていた。ドイツの下で、こうした地元の自治機構は、おおむねメンバーもそのままに、ドイツの命令を実行する責任を持つユダヤ人評議会になった。彼らはもはや存在していないポーランド国家と互恵的な関係を持つわけでもなく、以降は世界中の他のユダヤ人コミュニティと関係を維持することも妨げられた。ドイツにとっては、ケヒラ評議会をそのまま取り入れるのが、ポーランドの地方の市長・町長や郡政委員をそのまま取り入れるのと同じく、いちばん簡単だった。たいがい最も重要だったのは、ポーランド国家の崩壊とドイツの政策の特徴とで、職責にある個々人の人品骨柄などどうでも良かった。実際に職責を離れる者もいたが、すぐに穴埋めができた。[*65]

新たにできたユダヤ人ゲットー警察は棍棒で武装し、厳密にはユダヤ人評議会に従属していたが、重要な場合にはドイツ人から直接命令を受けた。ワルシャワ・ゲットーの二〇〇〇人強のユダヤ人ゲットー警察の長はユゼフ・シェリンスキーで、戦前はポーランド警察に勤めていた。ポーランド国家によって武器の使い方を訓練されていたベタルの若者たちも、ユダヤ人ゲットー警察に加わる傾向を、ある程度示していた。しばしばユダヤ人警察官は、ドイツ当局に頼るのを避けるために、ユダヤ人間の諍いを自分たちで解決しようとした。一九四〇年からユダヤ人ゲットー警察は、すべてのユダヤ人に課された強制労働の監督をするようになった。一九四一年からは、彼らはゲットーから労働収容所に移送するために同胞のユダヤ人を狩り集めたし、一九四二年には死の施設への移送となった。ドイツの犬を務めるユダヤ人の密告者は、戦前ポーランド警察への密告者であった記録が残されていた可能性が高かった。当然のこと、彼らは今度は違ったことについて密告をしていたのである。[66]

ポーランド国家で三番目に粉砕されたのは、かつての集権的な組織が崩れたヒエラルヒーから分離されることとなった、ポーランド警察だった。常設のポーランド警察は、内務省所管でヒエラルヒー的構造を備えた組織だった。一九三〇年代には、ポーランド警察は、ユダヤ人の生命、商業、政治を保護するうえで機能していた。ユダヤ人商人は、町の市場を守る責任のある警察官と、しばしば袖の下の形で、友好関係を築いていた。ポーランド警察は時として、ポーランド人とユダヤ人の間の諍いではポーランド人の肩を持ったが、ポーランド人ナショナリストは警察官はベタルの肩を持つと苦情を言った。ポーランドの裁判官はしばしば、ユダヤ人の側から彼らに向けられた暴力を誘発したのだとして、ユダヤ人を有罪にした。けれども、概してポーランド警察はポグロムの発生を防ぐものと期待されていたし、一般的にそう振る舞った。一九三〇年代のポーランドでは、ポグロムは共有財産の侵害、国家が弱体であることを示す試みであった。ほとんどの警察官は、ユダヤ人に対する個々の観方はさておき、そうしたブルジョワ的な秩序を守るという自分たちの任務を理解していた。

それから秩序が変化した。暴力を専有しようという伝統的国家は、無政府状態をもたらそうとする人種主義体制によって破壊された。一九三九年九月にポーランド国家が破壊されたとき、警察官にはもはや命令をしてくれる上司がいなくなった。ポーランド国家の最高指導部は、警察官には自分で進路を決めろと言って、ワルシャワから避難した。その時点でポーランドの警察官がドイツ人の側についたとはいえない。ポーランド中からかなりの警察官が集まり、ワルシャワが包囲されている間ドイツ軍と戦った。降伏後、彼らは警察官の古典的なジレンマに陥った。その職を放棄すれば混沌と犯罪を誘発するだろう。職に留まれば侵攻した外国人のために働くことになる。ほとんどのポーランドの警察官が後者を選んだ。ドイツ秩序警察は、それから、(「青い警察」として知られる)従属的なポーランド秩序警察となる部隊を人種で編成した。ユダヤ人は警察官に復帰できなかったし、ポーランド人はドイツ人を逮捕できなかった。ドイツ人警察官は民間人を射殺しなかったと言って罰せられることはなかったが、ポーランド人警察官なら罰として射殺されただろう。ポーランド人警察官は、初めのうちは理解したくないと願っていたあるドイツの組織に服従させられることになった。それがすなわち、ドイツ秩序警察で、究極的にはヒムラーに服従することになるのだった。来るべき年月に、ほぼ三万人のドイツ秩序警察官がポーランドでユダヤ人殺害に関わることになる。ポーランド警察は、時が経つにつれて、ドイツ人種戦争のメカニズムの従属的要素となってしまった。[*67]

ポーランド国家は、一九三九年にはヒトラーが怒り狂い、もどかしがるようになっていたし、ソヴィエトとの国境に達するにはその間に横たわる国家を痕跡も残らぬように消してしまうことがいちばんだったので、つまりは破壊される羽目になった。ヒトラーは、「自然」の名の下で国家破壊を夢見るイデオロギーを身に帯びていたし、自由になる堂々とした軍と特殊機動部隊を有していた。それら軍と特殊機動部隊の基本的な使命は、人種戦争が可能になるよう制度を破壊することだった。SSとアインザッツグルッペンがまず大規模に殺害を行ったのはポーランドであった——ただし、彼らの主たる標的は、ユダヤ人でなくポーランドのエリート層だったが。

ユダヤ人は人種として見られていなかったので、居住地から完全に排除されるべきだった。ドイツが新たに持ち込んだ無法状態は、ユダヤ人を家庭から都市のゲットーに追いやる際にいちばん極端な形をとった。ドイツ人にとってゲットーは、「自然」が然るべき途を辿るどこかエキゾチックな場所へと移送する前にユダヤ人が集められる「汚水槽」に過ぎなかった。人口過密なゲットーでは、死は誕生を上回ること一〇倍にのぼった。初めの数ヶ月間で死んだユダヤ人のほとんどは、田園部や他の町から移送されてきて、持ち物も無いに等しく、伝手もまた然りだった。ワルシャワのような大きなゲットーでは、人力車が自動車（ドイツ人に盗まれてしまった）や路面電車（ドイツ人によって制限されてしまった）に替わったので、ある種植民地の様相を呈してきた。服従させるという栄誉はドイツ人観光客を惹きつけ、彼らは帝国主義のご主人様の良い気分を抱えて帰宅することがしばしばだった。ベルリンで責任ある地位にいる者たちにとっての悩みの種は、ユダヤ人を移送してしまえる海外の現実の植民地がないことだった。*68

一九三九年から一九四〇年にかけてのナチスの人種政策、征服されたポーランド領土の「浄化」は、残酷な屠殺場だった。ヒムラーは一九三九年一〇月七日には、「ドイツ民族性強化国家委員」としての広範な権力を与えられた。ヒムラーにとって最良の考えは、ユダヤ人やポーランド人を、ドイツに併合された旧ポーランド領から総督府に移送することであった。現実にはそうはいかなかったのだが、仮にこれが何とか成功していたとしても、たんに人種的な敵を少しばかり東方に移しただけのことだったろう。ドイツに併合された旧ポーランド領の膨大なポーランド人人口がこの計画をディストピア的にしてしまった。第三帝国に併合されたこれらの地域では、ポーランド人が二〇対一でドイツ人より多く、ユダヤ人でさえ、僅かとはいえドイツ人を上回っていた。ナチス・ドイツに編入されたウッチ市は、人口でいえば、ユダヤ人人口もポーランド人人口もドイツで最大の市になったのだ。*69

実際に、ヒムラーは、最初にポーランド人を移送した。彼らは政治的な敵に該当すると見なされていたし、彼らの農場は、ソ連が侵攻した地域からやって来た民族ドイツ人に与えることができた。一九三九年一二月には八万七八三三人が併合された領土から移送され、翌年初めにも四万一二八人が移送されたが、ほとんどはポーランド人だった。こうした数字は、人々がたいへんな受難を被ったことを意味しているが、人口統計学上のバランスはほとんど変えなかった。第三帝国から総督府へのユダヤ人の移送は観念上も要領を得なかったし、現実に遂行されなかった。しかしながら、自分たちの住む土地からユダヤ人を移送せよとロビー活動を始めていた、戦前からの第三帝国の領土に住むいくらかのドイツ人にとっては、わくわくさせられることだった。ハイドリヒは、一九三九年一二月にそうした局地的な発議は止めさせざるをえなかった。ハイドリヒの部下のアイヒマンがスターリンに近づいたのは、その頃、つまり一九四〇年一月であった。おそらくソ連は喜んで二〇〇万人のユダヤ人をドイツ占領下のポーランドから引き受けるのではなかろうか？　否、スターリンは選別もされていない大量の人間をソ連に入国させるのには何ら関心を示さなかった。ユダヤ人引き受けは、スターリンがヒトラーと同盟している間に彼が断った、数少ないナチスからの要請の一つであったように思える。[*70]

ゲットーは、はるかに野心的な移送計画のための拘置所になった。ユダヤ人のマダガスカルへの「避難《エヴァキュエーション》」である。これは戦前、ドイツでもヨーロッパ中でもいちばんの関心を集めた、ユダヤ人の吸い込まれるブラックホールだった。それは、ヒトラーが一九三八年にポーランドの指導者たちに示唆した解決法だったが、彼らの方では、ヒトラーがそれを戦争とどう結びつけるのかがわからなかった。ドイツの指導者たちの願いでは、フランスに勝利することが、フランスの植民地の一つであるマダガスカル開放につながることになった。ポーランドを打ち破って、ヒトラーは、自身の戦争への基本的なシナリオにたち戻った。つまり、包囲戦という戦略的な難問を避けるべく西方からフランスの脅威を取り除き、その上で戦争の本来の目標である生存圏《レーベンスラウム》を確立すべくソ連を攻撃するというシナリオだった。一九四〇年六月一四日にドイツ軍部隊がパリに入城すると、アイヒマンは使節を送って、一九三六年のポーランド＝フランス間のマダガスカルについての議論の文書を探させた。ヴィシーに樹立された新しいフランス政府は、マダガスカル移送を支持した。けれども、数百万もの人間をヨーロッパからインド洋に輸送するのは、イギリス帝国の承認、実際には支持を必要とする計画だった。フランスは降伏しても、イギリスは戦いに踏みとどまっていた。*71

これは、たくさんの戦略的な予言で誤りを冒してきたヒトラーとはいえ、いちばん新しい驚きだった。並べてみれば、西側同盟国はチェコスロバキアを守るとされていたが、そうしなかった。ポーランドは戦わないとされていたが、実際には戦った。フランスももっと長く戦うはずだった。そして、イギリスは、フランスが降伏したら和を結ぶ理屈づけをするとされていたが、何とそうしなかったのだ。首相の座をチェンバレンから引き継いだウィンストン・チャーチルは、反攻の気概十分であった。一九四〇年七月一〇日に、ヒトラーは「イングランド航空戦」（Luftschlacht um England、イギリスから見れば「バトル・オブ・ブリテン」）に入ったし、イギリスの敗北がマダガスカル計画の最後の障壁を除くものだという確信を表明した。けれど、彼は連合王国を敗北に至らしめることはできなかった。老練なポーランドやチェコのパイロットを任官したイギリス空軍によって、ドイツ空軍は敗れてしまった。ドイツ海軍は、イギリスの海岸に水陸両用の攻撃を仕掛けるには小規模すぎた。他のたくさんのことと同じく、イギリス侵攻は実際は考え抜かれたものではなかった。マダガスカル移送の輪郭は、一九四〇年八月に完成された時点で、すでに手遅れだった。というのは、その時までに、ヒトラーはイギリスを支配しようとする意図をまったく放棄していたからである。*72

ヒトラーはマダガスカルでは目が無いと知ると、またソ連に思いを転じた。一九四〇年七月三一日、気乗りしないイングランド航空戦を始めてからわずか三週間後に、ヒトラーは将軍たちにソ連侵攻の計画を再吟味するよう要請した。ヒトラーは将軍たちに思い起こさせた。対ソヴィエト戦は、ドイツが「相手国家を粉砕し」しかも「一撃で」なした場合にのみ意味を持つのだ、と。一二月になると、ヒトラーは「迅速な作戦でソヴィエト・ロシアを粉砕」する戦争計画を具申するように公式の命令を発した。[*73]

そんなわけで、ユダヤ人の吸い込まれるブラックホールは、漠としたエキゾチックな帝国の植民地から他の場所へと、南の海に浮かぶ熱帯の島から北の凍結したツンドラへと移ったのだった。ヒトラーは、ソヴィエト国家なら数週間で粉砕できると踏んでいたし、その地のユダヤ人たちも、それにたぶん他の土地からのユダヤ人たちも、粉砕した後にシベリアに送れると夢想していた。これについても、ヒトラーは誤っていた。けれど、誤謬はナチスの論理の本質であった。すなわち、指導者《フューラー》が誤っているはずはない。ただ世界の方が誤っているのだ。そして、世界が誤っているときに、その責めはユダヤ人が負うことになるのだ。

特定の国家の行動様式についてのナチスの戦略的な予言はしばしば誤っていたが、ナチスはその国々が破壊されたときに概して何が起きたかについて、教訓を学びつつあった。実際に、近隣諸国民についての誤解は、国家の破壊という予期せぬ作戦を強いたが、国家の破壊が今度は実験の場を提供したのだ。オーストリアの併合はユダヤ人移送を加速させ、ポーランド侵攻はユダヤ人をゲットーに閉じ込めるという新たな機会をもたらした。そして、ソ連に対する絶滅戦争は「最終的解決」を可能にした。それは、他の帝国から攫った漠として遠く離れた土地に移送するという、それまで考慮されてきた類の最終的解決ではなかった。それは、東ヨーロッパでの、ユダヤ人のまさにホームランドでの大量殺戮という最終的解決だった。

一九四一年六月にソ連に侵攻すべく集結したドイツ軍三〇〇万将兵は、植民地化され、恐怖政治を布かれているポーランド領にいた。その三〇〇万将兵が見たポーランドは全く様相が変わっていた。その地のユダヤ人は辱められ、ゲットーに閉じ込められていた。残りの住民は、即興で生み出された無政府状態で搾取に晒されていた。八月の二二日に三〇〇万将兵がドイツ＝ソヴィエト国境を越えるとき、彼らが最初に足を踏み入れたのはきわめて特殊な地域だった。一九三九年九月にドイツがソ連に割譲した地域だったのである。ドイツによるソ連侵攻は、よってソ連に侵攻されたばかりの土地への「再侵攻」として始まった。ソ連が東ポーランドの他にも、一九二〇年代から一九三〇年代にかけての独立国家群のバルト三国の国家機構を一九四〇年に破壊してから間もなくのことだったので、ドイツのソ連攻撃は、新たにソヴィエト化された国家機能を破壊することを意味していた。二大強国による二重の侵攻は、まるで先例がないわけではなかったが、十分に劇的な侵攻となるものだった。

こうした類の二重の国家破壊の方は、それまで全く先例のないものだった。

第5章　二重の占領

戦時中、才能ある政治思想家ハンナ・アーレントは、何が起きているのかをおぼろげに関知していた。ドイツからのユダヤ人政治亡命者として、アーレントは国家社会主義イデオロギーがどのように具現化されうるのかを理解した。ユダヤ人がこの惑星から排除されるべきだというのなら、彼らはまず国家から切り離されなければならない。アーレントが後年記したように、「好き勝手をやれるのは、国家を持たない人間たちが相手の時だけ」[*1]。

次々と出てくるホロコースト史家と同じように、またドイツ・ユダヤ人の経験（その中のいくらかとはアーレントは経験を共有していたのだが）に則って、彼女はこうした国家からの分離を、徐々に権利を剥奪することと見なした。アーレントが観察したように、「完全な支配に達する本質的な最初の一歩は人間の中の法的人格を殺害することである」。もっとも、ユダヤ人から法律を奪い、無法状態にある非ユダヤ人に指図するいちばん楽な方法は、オーストリアやチェコスロバキアの場合のように、司法権全体を破壊してしまうことだった。アーレントが理解するに至ったように、ユダヤ人は「国民国家の体制の突然の崩壊により他の誰よりも脅威を受けていた」。とりわけ、ユダヤ人は、彼らがそこの市民である国家の崩壊によって危うい状況に置かれた。ドイツによるポーランド攻撃という一九三九年の戦争は、国家が新たな植民的な方向性に沿って粉砕されたので、新種の剥奪をもたらした。けれど、ゲットーに押し込めることや植民地的秩序を宣言することでさえ、ホロコーストを促すのに十分ではなかった。さらに何物かが必要だった。それが、国家の二重の崩壊である。[*2]

ヒトラーがスターリンと同盟を結んだ一九三九年に、彼は代理を使って国家群を破壊するのに着手していた。ヒトラーは、ドイツ・ソヴィエト境界友好条約によってモスクワに譲渡された土地——リトアニア、ラトヴィア、エストニアのバルト三国、そしてポーランドの東半分——にソヴィエト支配が持つ意味を鮮明に理解していた。どちらかといえば、ソヴィエトのテロルについての彼の観念は誇張されていた。有識者は一人残らず排除してしまうし、飢饉によって数千万人を殺害する、というのだった。ヒムラーは、「一国民の身体的絶滅」という「ボルシェヴィキどものやり口」を記していた。ソ連と同盟を結ぶに際して、ヒトラーはつねに、同盟国ソ連に譲渡した土地に侵攻することを計画していた。一九三九年にスターリンに国家群を破壊するように誘ったのは、一九四一年にそれに続いての同じ土地での彼自身の作戦の前触れとなるはずだったからだ。ドイツの指導者《フューラー》は、それゆえ、国家群の二重の破壊の胸算用をしていたことになる。まず、度外れて急進的なものに見えるソヴィエトの技法で戦間期の国民国家群を粉砕し、しかる後に、未だ発展中だがナチスの技法で、新たに創りあげられたいくつものソヴィエト化された国家機構を排除する、というのである。[*3]

ドイツ人は（アーレントの言う）「好き勝手をやれる」状況、大量にユダヤ人を殺害できる状況を、ソ連に侵攻した一九四一年に初めて見出した。「最終的解決」が形になったのは——ソヴィエト支配がドイツ支配の先触れになり、戦間期の国家群をソヴィエトが破壊したのに続いてドイツがソヴィエト化された国家機構を消滅させた——二重の占領が行われた地域だった。一九三九年にドイツの支配下に入ったほぼ二〇〇万人のユダヤ人はほとんどが死ぬ運命だった。一九三九年と一九四〇年にソヴィエト支配下に入った二〇〇万人のユダヤ人も、また然りであった。実際に、まずソヴィエトの支配下に入ったユダヤ人が、ドイツによって最初に「ひとまとめに《アンマス》」血祭りにあげられたのだった。[*4]

ドイツとソヴィエトとが一九三九年九月に協同してポーランド侵攻に着手したとき、ソヴィエトの方が政治的暴力の面では兄貴分だった。ソヴィエト秘密国家警察のＮＫＶＤは、ドイツの機関では太刀打ちできぬほど大量殺戮の経験があった。一九三七年から一九三八年にかけての大テロルの間に、六八万一六九二人のソヴィエト市民が逮捕され、射殺され、穴に埋められた。ＮＫＶＤは、その時期に戦争準備をしている間《ま》にも、ソ連領内で、ドイツ軍が一九三九年にポーランドに実際に侵攻した際にアインザッツグルッペンが射殺した倍のポーランド人を射殺していた。比率の面では対照はもっと甚だしくなる。一九三七年から一九三八年にかけてのポーランド人作戦で殺害された一一万一〇九一人のソヴィエト市民は、ソ連西部の民族構造を変えてしまった。徴兵年齢のソヴィエト・ポーランド人男性の三分の一がポーランド人作戦を含めたテロルで戦争前に殺害されたし、その妻や子どもたちはしばしば強制収容所や孤児院に送られ国籍を剥奪された。ポーランドと国境を接するソヴィエト共和国のソヴィエト・ウクライナやソヴィエト・ベラルーシは、そこに住むポーランド人マイノリティのかなりの比率を殺害や移送で失った。ウクライナでは五万九九〇三人、ベラルーシで六万一五〇一人にのぼった。[*5]

スターリンのポーランド民族のソヴィエト市民を大量殺戮する理論的根拠は、人種によるのでなく、民族戦略的《エスノストラテジック》なものであった。スターリンの命令一下、その指導を受けて、ＮＫＶＤは尋問を使って、ソ連に対する広汎なポーランド人による陰謀、しかもその指令はＰＯＷ（ポーランド軍事組織）が出しているという陰謀の仮説を発展させていった。これはとんでもない嘘っぱちだった。ＰＯＷにかつて属していた者たちがポーランド軍の情報活動できわめて活動的であり国の上層部にもいたとしても、組織そのものとしてもはや存在しなくなっていたし、ソ連領内で暗殺やサボタージュを企てることなどありえなかった。一九三〇年代末に共同謀議での暴力行為を謀っていたというなら、ＰＯＷにかつて属していた者たちは、パレスチナのイギリス人を視野に入れていた。けれども、大テロルの終わるまでに、ＮＫＶＤは拷問によって、ソヴィエト国家の指導者たちまでポーランドの秘密工作員だというお伽話をでっちあげられる量の自白を集めていた。これはＮＫＶＤ自体にとってもきわめてリスキーなものとなった。一九三七年から一九三八年にかけて毎週架空の陰謀が発生すると、ＮＫＶＤの指導者たちは、過去においてポーランド人の危険性をなぜ見逃していたのかとつねに責任を問われたからだ。

一九三八年、スターリンは、初期の粛清の対象であったソヴィエト共産党をＮＫＶＤに敵対させることに成功した。国家秘密警察の高官たちが自身逮捕され殺害されると、若者たちがその後を襲った。結果としてＮＫＶＤの民族構成は変化した。ＮＫＶＤは、ユダヤ人（とラトヴィア人とポーランド人）が高いパーセンテージを占める、革命時の特権を持った例外的にコズモポリタンなエリート集団ではもはや無くなった。ポーランド人作戦でポーランド人将校は排斥されしばしば処刑された。その後で、まず、用心に欠けるとして、ついで用心しすぎだとして、ＮＫＶＤ全体の粛清がやってきた。一九三八年末までには、ＮＫＶＤはロシア人（高級将校の六五パーセント）とウクライナ人（高級将校の一七パーセント）の支配する組織となった。ロシア人は今では、ソ連総人口に占める比率から考えると、ＮＫＶＤ内での比率が高くなりすぎた。ユダヤ人の比率は四〇パーセント程度から四パーセント以下へと急降下した。そして、ポーランド人はもはや一人もいなくなった。[*6]

一九三九年九月一七日のソヴィエトの東ポーランドへの侵攻の後、ポーランドの制度やエリート層を目の敵にしたのは、殺人の経験豊かで、スターリンに鼻をへし折られ、「ロシア化」されたNKVDだった。NKVDにとって東ポーランドで抵抗する可能性のある者たちを実際に攻撃するのは、ソ連内部のポーランド人作戦よりもずっと安全な任務だった。というのも、ポーランド市民の中には現実の敵が見つけられたし、現実の進捗状況を報告できたからだ。ドイツ軍とポーランド軍とによってもたらされたポーランドの崩壊は、現実の混沌を生み出していたが、それははっきりと制御できるものだった。東ポーランドでソヴィエト兵は金歯欲しさに男どもを叩き殺してしまったし、「おふざけが過ぎた子ども」として釈放されるだろうとわかっていたので女たちを陵辱した。ソヴィエトの侵攻は、その土地の共産主義者（しばしば、権威ある地位に就いていたポーランド人から奪ったり、彼らを殺したりしていた）やナショナリスト（東方にある民族の自由と赤軍による民族解放というソヴィエトのプロパガンダを、しばしば信じ込んでいた）による蜂起を促す結果となった。それは、ポーランドの役人や地主への攻撃になったが、体制が突然の暴力を伴って変わるときにつねに予期される「意趣返し」だった。[*7]

こうした背景があったので、ソヴィエトのNKVDはある種の静穏と秩序を、占領下東ポーランドにもたらすことができた。一九三九年に初めて殺害をし、それをしたのはドイツ人種の勝利につながる条件作りのためだったアインザッツグルッペンの隊員とは異なり、NKVDの将校たちは、その任務が特定の形態の国家の基盤をつくることにあった、生と死とを司る経験豊富な行政官だった。概ねがロシア人とウクライナ人だったNKVDの将校たちは、一九三九年も遅くに大挙して新たに征服された東ポーランドに連れてこられた。一九四〇年を通して、ソ連全体での逮捕と投獄の過半は、ソ連の中のほんの

モロトフ=リッベントロップ協定（1938年）で分かたれたヨーロッパのその後
1940年

ちっぽけな土地である占領下東ポーランドで行われた。典型的な刑としてはグラーグでの八年が宣告された。八五一三人が個々の事案で死刑を宣告された。[*8]

　ドイツと異なりソヴィエトは、大規模な移送の機構も経験も持っていた。植民地主義の夢想などでなく、彼らは時の試練を経た目的地を持っていた。グラーグとして知られる、懲罰収容所及び特別居留区が広汎な地域に多数散らばっていたのであった。ソヴィエトの内部の植民化はツンドラとステップに刻まれた。一九三九年一二月五日に、スターリンは、ポーランドの国家機構とその影響力のある支持者たちを標的にするために、第一の移送の波を準備せよ、という命令を下した。一九四〇年二月には、一三万九七九四人がそのおかげで家から狩り立てられて列車に乗せられ、たいがいがソヴィエト・カザフスタンへとグラーグ送りにされた。ポーランド・ユダヤ人が一九四〇年四月に資本主義者として大量にグラーグに送られ、一九四〇年六月にはさらに多くの数が、ポーランドの市民権を持っていたいと望んだ廉《かど》で送られた。ソヴィエトの侵攻の後の数ヶ月間で、二九万二五一三人のポーランド市民が四回の大きな波で移送されたが、おそらくはさらに二〇万人が小規模な移送や、個々の逮捕の後で送られた。大きな四回の波では、犠牲者のほとんど六〇パーセントがポーランド人（東ポーランドの人口に占めるのはほぼ四〇パーセントだったが）、二〇パーセントを少し超えるユダヤ人（同じくほぼ八パーセント）、ほぼ一〇パーセントのウクライナ人（同じくほぼ三五パーセント）、そしてほぼ八パーセントのベラルーシ人（同じく八パーセント）という民族比であった。[*9]

逮捕されグラーグ行きを宣告されたうちの一人が、キェルツェ出身の若き作家、グスタフ・ヘルリンク＝グルジンスキだった。ソヴィエト当局により彼に向けられた告発は、ヘルリンク＝グルジンスキがソ連と戦うためにリトアニアに向けて違法にポーランドを離れたというものだった。彼は尋問官に向かって丁寧に頼んだ。告発を、ドイツと戦うためにポーランドを離れる意図があったと修正してください、と。尋問官たちは彼に、そうしたところで同じことになると請け合った。ヘルリンク＝グルジンスキは後年、ソヴィエト強制収容所での生活について最も説得力ある記述の一つを残すことになる。グラーグでは、やっと手に入れた一人でいる時間がありえない自由の唯一の代替であったし、まったく異なった状況では統合されていたパーソナリティがそこでは構成要素にばらばらにされてしまうことが起きうるのだ。グラーグでは、「肉体がその忍耐の極に達すると、かつて信ぜられていたようには、人格の力とか意識の上で認めていた精神的価値などに頼ることはできなくなる。実際に、飢えと苦痛とで従わせられないことなど何も無いのだ」。彼は「人間は人間的条件の下《もと》でのみ人間たりうる」と確信するに至る。[*10] 将校階級は、ソヴィエトの観点からは、いちばん危険なポーランド人の集団は、将校クラスだった。将校階級は、三重の脅威となっていた。敵軍の指導層であったし、先任将校の中にはポーランド＝ボルシェヴィキ戦争の古強者もいくらかいたし、予備役将校はポーランドの教育を受けた階層を代表していた。ソヴィエトは、ポーランドの教育を受けた階層を、政治的な意味でのポーランド民族の礎と見なしていた。そうした将校クラスの逮捕と排除の当面の目標は、政治的抵抗を困難にすることだった。降伏したり捕らえられたりしたポーランド軍の将校たちは収容所に入れられ、そこで個々に調査され尋問された。NKVDの指導者ラヴレンチー・ベリヤは、その集団を一括して審査する「トロイカ」を送り込んだ。ベリヤはスターリンに対し、「彼らの一人一人が、ソヴィエトに対する戦闘に積極的に加われるように釈放を待っています」と書き送った。ベリヤは「究極の処罰――射殺」を勧め、スターリンはそれを承認した。[*11]

一九四〇年四月に、カティンの森と他に四ヶ所で、二万一八九二人のポーランド軍将校とポーランド市民がNKVDの将校により射殺された。ポーランド軍は社会的流動性のある組織だったために、犠牲者のかなり、ほぼ四〇パーセントが小農、労働者階級の出身だった。ポーランド軍の将校クラスは多民族だったので、犠牲者のかなりが民族的マイノリティであって、ユダヤ人も含まれていた。たとえば、イルグンのメンバーだったヘンリク・ストラスマンは、カティンで首の付け根に一発喰らって殺害され「集団墓地」に投げ込まれた一人だった。医師で予備役将校だったヴィルヘルム・エンゲルクライスもカティンで殺害された。後年イスラエルから文章を寄せた彼の娘は、父親を失ったことによる子ども時代の絶望について回想している。医師のヒエロニム・ブランドヴァインはカティンで殺害されたが、妻のミラは夫の身に何が起きていたかを知らずに二年後ワルシャワ・ゲットーで死んだ。ミェスチワフ・

プロネルは、薬剤師兼化学者で、ユダヤ人にしてポーランド人で、予備役将校にして戦闘員だった。彼はポーランド軍でドイツ相手に戦ったが、結局はソヴィエトに逮捕されNKVDの同じ作戦で殺された。数ヶ月後彼の母親はワルシャワ・ゲットー行きを命ぜられ、二年後にはトレブリンカに移送されてガス殺された。[*12]

ただ一人の例外を除いて、NKVDによって殺害された二万一八九二人は男性だった。右のようなポーランド・ユダヤ人たちのように、家族の方はドイツ占領地域にいた者も多かった。家族は、今や家長もいぬままドイツの抑圧に喘いでいた。ソヴィエトはドイツと同じカテゴリーのポーランド市民――教育を受けたエリート層――を殺害していたので、ドイツ人の作業を簡単にしていたのだった。殺害された将校の家族がソヴィエト地域にいたならば、NKVDは家族をグラーグに移送した。ドアを叩く音で仰天させられたそうした人々には、逃げるすべはまず無かった。希な例外の一つは、ポーランド軍将校の妻であって、彼女は子どもたちを信頼できるユダヤ人のお隣さんへと預けたのだった。もっとも、これはNKVDが失敗を犯したかなり特異な例だった。一九四〇年のこうしたソヴィエトの移送は、規模は小さくなったが、大テロルの繰り返しだった。「ポーランド人作戦」においても、ポーランド人の男たちは射殺され、家族は搾取され国籍を剥奪されるべく移送されてしまったものだった。[*13]

人員の点でも連続性があった。ポーランド将校を処刑した一人のワシーリー・ブローヒンは、大テロルの間に数千のソヴィエト市民を殺害した。革のキャップを被り、エプロンと肘までの手袋を着けたブローヒンは、毎晩一人でおよそ二五〇人を殺した。ソヴィエトのシステムでは、処刑人の数はきわめて少なく、彼らは将校だったし、厳格なヒエラルヒーのなかで発せられた明確な文書による命令に従っていた。ソヴィエトのシステムでは、そのなかに法的な例外的事態というものを持っていたが、これはひとたび大規模なテロルを正当化するのに用いられた後では失効させてよいものだった。ドイツのシステムでは、発展するにつれ、下からの新機軸が上からの願いに合致するのであり、命令はしばしば曖昧であり、将校は実際の射殺の義務を部下に任せたり、現実にあったことだが偶々近くにいた非ドイツ人に任せようとした。それゆえ、ソヴィエトのシステムの方が殺戮作戦においては、はるかに正確で効率が良かった。けれど、ドイツのシステムは、大量の処刑者を生み出す点では効率が良かったと言えた。[*14]

ソヴィエト人は、少なくともそのいくらかは、自分たちのやっていることを信じていた。つまるところ、彼らは自分で手を下したのだし、自分のしたことを、整理された文書保管所に綴じ込む公的な文書に明瞭な言葉で記録したのだ。彼らは、自分たちを自分たちのしたことと結びつけることができたが、それは本当の責任が共産党にあったからだ。ナチスは人種的優越性について仰々しい言い回しを用いたし、ヒムラーは人種のために他者を殺害するのに関わる道義的な荘厳さを口にした。けれど、実際にその時がやってくると、ドイツ人は、計画も正確さも責任感もなしで行った。ナチスの世界観では、起きることというのはただ起きるのに過ぎず、強者が勝利するはずなのだった。けれども、そこには、確実なものは何も無く、過去、現在、未来の関連性が無いのは確かだった。ソヴィエト人は、「歴史」は自分たちの側にあると信じ、それに従って行動した。ナチスは、自分たちで生みだした無秩序以外のすべてを恐れていた。両者のシステムもメンタリティも異なっていた。奥深いところで、大変興味深い異なりを見せていたのだった。[*15]

もっとも、二つの体制の行動は時と所を同じくしていた。ソヴィエトが何をやろうとも、またどんな動機でやろうとも、彼らが相手にしていたのは、仮に殺害されたり移送されたりしなかったなら、今度はナチスとそのやり方に面と向かう人々だった。ＮＫＶＤが与えたダメージは、人間の移送とか死の問題であったし、生活の中断や精神の改造といった問題でもあった。ソヴィエトがポーランドの自分の側の東半分でポーランド国家を破壊したことは、きわめて重要であった。彼らがポーランドという国家の地位とつながっていた者たちを物理的に排除したのもきわめて重要であった。けれども、おそらくいちばん重要だったのは、ソヴィエトの政策が、生き延びてそこに残った者たちへどのような影響を与えたかだった。破滅させられた国家群のそうした市民たちは、今では新たにソヴィエト市民になっていたが、一九四一年にはドイツ国防軍とSSに面と向かうことになる。

ナチスと同様に、ソヴィエトも、一九一八年に創建されたポーランド国家は存在する資格が無く、それゆえ布告によって消滅させ、しかる後には嬲《なぶ》りものにすることもできる、そう決めてかかって事を始めた。けれど、嬲りものにするやり方は、明らかに異なっていた。ソヴィエトも、ドイツと同様、ポーランド国家の象徴を破壊したが、その論拠は、それらが「ブルジョア」「反動」「白色」「ファシスト」のポーランドを示しているからというものだった。ソヴィエトの観方では、ポーランド国家の問題点は、それが上流階級の生み出したものということだった。これは、ポーランド人を含め劣等人種は政治的な存在に値しない、というナチスの観方とは大きく異なっていた。

ナチス・ドイツに占領された西部・中央部ポーランドでは、ポーランドの高官たちは追い詰められ、収容所に収監され、しばしば殺害されたが、他方で、市長・町長、郡政委員、村長などの地位の低い役人は、ドイツ当局からの新しい種類の命令に従うよう期待された。総督府として知られるドイツの植民地の総督ハンス・フランクは、この任務をこう描いていた。「我々が現在ポーランドで確認を済ませた指導層的要素は、粛清されるべきものである」。これは人種戦争であり、敵の活力ある人種的要素は絶滅させ、しかる後に下層の人種的要素は搾取するのだ、と。[*16]

ナチスの原理に則った帝国は、劣等人種の公然たる服従と、それゆえの「ドイツ人の政治的存在」と「ドイツ人以外の者たちの政治的存在」の間の途方もない、目に見える差異を必要とした。「ソヴィエト帝国」の方は、元々あったソ連に領土が次々と加わったものだった。ソ連占領下の東ポーランドでも、ポーランドの高官は、ドイツ占領地域でと同じようなひどい目にあった。けれど、少なくともしばらくは、彼らの役職を、社会的下層の出身者や、はては投獄されていた地元共産党員に取って代わられるに留まった。この町からあの町へと、次々と政治犯が地元当局に加わった。これは体制変化の一時的とはいえ重要な局面だった。というのも、ソヴィエト革命に対する責任を、表面上地元住民に転嫁したからだ。ポーランド市民のいくらかは、それゆえにソヴィエト型の階級闘争に巻き込まれた。敵であるブルジョアや封建的支配層といった上層部を排除し、労働者と小農とを昇進させ、しかる後に誰をも、独自の平等主義を標榜するさらに大きな秩序に服させたのだった。[*17]

ソヴィエトは、社会の上層部を排除したのに続いて、社会構造をゾンビと化させた。ソヴィエトは、ポーランドのレジスタンスの可能性をドイツよりもずっと深刻に受けとめていた。というのも、ソヴィエトにとって、レジスタンスは、窒息しかかっている人種の最後の喘ぎではなく、国際資本主義の恐るべき力の一例であったからだ。NKVDは、ドイツのゲシュタポよりずっと洗練された遣り口を使った。普通は、レジスタンス・グループを観察し、一人ずつメンバーを逮捕しては味方につけ、そうやってゆっくりと組織全体を解体させるか、もっと理想的な形としては、メンバーが何が起きているか気づかぬうちにソヴィエト側に寝返らせる、という遣り口だった。レジスタンスは定義上ソヴィエトにとって国際的陰謀の一部だったので、ソヴィエトの願いはつねにポーランドの地下運動を手づるにして、ポーランド亡命政府、そして同盟国イギリス、フランスとの繋がりを辿ることにあった。陰謀を企んでいたポーランド市民はお互いを信頼できず、どの地下運動グループが正統で、どれがＮＫＶＤの一線部隊かを識別できなかったので、実際にソヴィエト支配は不信の醸成を意味した。ソヴィエトの感覚でのこうした平等が、占領下の東ポーランドに出現した。ポーランド市民は「平等に」お互いを信頼しないことを学んだのだ。誰もが裏切る可能性があったし、外見《そとみ》では信用できなかった。こうした新しい現実は、数週間のうちにそれ以前の現実を土台から蝕んでいったのだ。[*18]

ドイツがポーランド市民を自分たちの新秩序への参加から閉め出したのと対照的に、ソヴィエトはポーランド市民を、「解放の演習」として提示した政治的儀礼に力づくで参加させた。ソヴィエトは、ソヴィエト版民主主義を導入したが、そこでは参加は公開のうえ強制的なものだったし、有権者には選択肢が無かった。一九三九年一〇月二二日に、元の東ポーランドの住民は、議会への代表を選ぶようにと召集された。ソヴィエト占領地域ではポーランド人が最大の民族集団だったが、過半は占めていなかった。南部ではウクライナ人の、北部ではベラルーシ人の数が多かったし、ユダヤ人の数はどこでも多かった。ソヴィエトの思惑では、占領下の土地のほとんどを、北部のベラルーシ地区、南部のウクライナ地区に分割し、それぞれを分割後には既存のソヴィエト・ウクライナ共和国とソヴィエト・ベラルーシ共和国に併合させてしまう、というものだった。そして、これが実際に起こったことだった。

強制的で屈辱的で捏造された投票の後で、一九三九年一一月の初めに開かれた議会は、自分たちの土地がソ連に編入されることを望むと宣言した。これでソヴィエト市民権が東ポーランドの全住民に拡大される道が開けたが、ナチス帝国では考えられなかっただろう平等の象徴的な表れだった。もちろん、それは、遙か東方から、ほとんどはロシア人やウクライナ人だったが、本物の権力を握ることとなる数千人のソヴィエトの役人の到着の道をも開いた。たいがいはウクライナ人、ベラルーシ人、ユダヤ人といったマイノリティの共産党員だが、地元住民は、見せかけだけでも自分たちで解放したのだというアリバイとして役に立っていた。けれども彼らの解放なるものは、単純に、独自の優先順位を持つ権力構造に組み入れられることに過ぎず、優先順位の一つはナチス・ドイツとの同盟を維持することであった。一つ衝撃的な例を挙げれば、ユダヤ人の肉屋は自分の屠殺場の所有権を失い、ソヴィエト国家の使用人として、西側民主主義諸国に対して戦っているドイツ軍部隊のために精肉をせざるをえなかった。[*19]

ソヴィエトは、あたかも東ポーランドが「社会主義の祖国」にずっと帰属していたかのように振る舞った。むろん、これはそのとおりにはゆかなかった。というのも、領土の新たな配分を許した同盟国ナチス・ドイツの指導者たちは、折りあらば即座にソ連を攻撃する腹だったからだ。スターリンはヒトラーの裏切りを予期していたが、一九三九年、一九四〇年、はては一九四一年になってまで、同盟国ドイツのことは、声高に忠誠を叫び定期的に物資を送っていれば宥められると信じていた。かくてソ連はドイツに、東方での安全保障だけでなく、一九四〇年に西ヨーロッパで戦争を遂行するのに用いる、石油、鉱物資源、穀物などの物資もいくらか供給した。イギリス空軍は、ヒトラーが西ヨーロッパに軍を進めるのを遅らせるために、ソ連の飛行場を空爆しようと提案したこともあった。ソヴィエト・ウクライナの小農たちは歌ったものだ。

ウクライナは肥沃さ
穀物をドイツにやって
自分は飢えてゆくのさ。

新たに獲得した土地で、ソ連はドイツのために物質面、心理面、政治面での資源を生み出したのだし、それらが一九三九年までは東ヨーロッパでプレゼンスを持たなかったナチス権力の将来のための緒《いとぐち》を与えた。ソヴィエトはそうした資源を生み出そうと意図していなかったにせよ、そうした資源を利用できることが、ドイツがそれらの地域に侵攻した後の事態の経過にとって決定的なものとなった。これは一九三九年の東ポーランドにあてはまったし、一九四〇年夏にソ連による占領と併合の憂き目にあった後のバルト三国にはいっそう当てはまることになった。[*20]

資本主義にとどめを刺すに際して、ソヴィエトは「物質面での資源」を生み出した。ソヴィエトの観点からは目標は平等であったが、平等化とは、ある者は失いある者は手に入れるということだった。赤軍が到着する前でさえ、地元の「共産主義者は熱狂し、夜陰に乗じて修正《リヴィジョン》を実行し、ポーランド人から盗み、殺害した」。自分の車でドイツ軍の侵攻から逃げてきたユダヤ人のジョエル・ツィギエルマンは、手榴弾で脅すソヴィエト軍将校に車を奪われた。コーヴェリでは、赤軍をユダヤ人が花で歓迎したが、兵士たちが関心を持つのは彼らの店の商品だけだった。ソヴィエト兵たちは初めは盗めるものは盗み、それから店に残っていた物を、額面に価値が伴わないルーブルにものを言わせて買った。当局の一員に据えられた地元の共産主義者たちは、武器捜索に名を借りて隣人たちから奪った。[*21]

ポーランド民法の失効は、ほとんどの人間に盗みの合法化として経験された。財産が国家によって取り上げられるなら、たぶん国家からそれを取り返しても良いんじゃないか、というわけだった。財産への法的な保証がなくなったことで、新しい土地や住まいの所有権を主張する者たちは、自分たちで以前の所有者が二度と帰って来なくなるように念を入れなければと思うようになった。ユダヤ人は失うべき都会での財産をいちばん持っていたし、たいがいは失ってしまった——商品は国有化され、自分たちはソヴィエト・カザフスタンに移送されるという二重の意味合いで。ソ連はユダヤ人をカテゴリーとして差別はしなかった。民族差別を有罪かどうか決めるのが、反ユダヤ主義の当局というだけだった。けれども、東ポーランドの市場経済という社会構造下では、資本主義に対するソヴィエトの対策がいちばん影響を与えたのはユダヤ人だった。なるほど、東ポーランドは概してたいへん貧しい地域だったが、東ポーランド社会はソ連社会に比べてははるかに豊かだったので、やがて均《なら》されねばならなかった。ウッチで酪農をしていたメンデル・シェフは、こんな風に状況を記している。「占領の後では、金持ちも貧乏人も全員が平等だと言われていたが、わかったのは全員が貧乏になったことだ。というのも、金持ちは逮捕されてロシアの奥深く連れてゆかれたからだ[*22]」。

大規模なソヴィエトによる移送と処刑は、人々が何万という突如空き家になった農場や家屋を奪い合ったので、田園部と町とで社会革命を可能にした。一九三〇年代には田園部失業率が五〇パーセントを超えていた東ポーランドの田舎では、人々は土地に飢えていた。誰もが隣人たちの土地を取り上げたわけではないが、たくさんの者がそうした。そうした場合すべてにあてはまるが、ここでも、そうした場合つねにそうであったように、小農たちは、仮に自分たちが空いた建物付きの農場を奪わなくとも、誰か他の人間が奪ってしまうとわかっていたのだ。移送されたポーランド人の隣人の土地の所有権を主張するのを拒んだウクライナ人の小農は、銃口を突きつけられては、そうせざるをえなかった。たくさんの町では、石造りの立派な家のほとんどはユダヤ人の所有だったが、彼らはしばしばグラーグに移送された。木造の家や掘っ立て小屋に住んでいた隣人たちにとって、町の中心の立派な石造の家に移るのは、想像できるかぎりの社会的上昇の極みだった。ソヴィエトは、人種集団としてのユダヤ人から収用はしなかった。たとえしなかったとしても、多数のユダヤ人からの土地などの収用が予めあって、後になってやって来るドイツ人に（予期せざるものだったにせよ）好機を与えたのだった。ソヴィエト権力がドイツに取って代わられると、非ユダヤ人は財産の返還を請求しようとすることができたが、ユダヤ人には許されなかった。ユダヤ人がすでに失った財産は、他の者たちが所有権を主張できた。迅速で組織だった当初のソヴィエトの収用は、次いでやって来たドイツによって「人種化」されたのだった。[*23]

東ヨーロッパのほとんどのユダヤ人は資産とてつましいものだった。それにもかかわらず、ユダヤ人は、小農と市場、田園部と都市との橋渡しをしていた。言い換えれば、ソヴィエトの役人が、投機、不当利得などと見なすだろうもののかなりが、たいがいがユダヤ人による商業活動だった。たとえば、ポーランドのヴォルイーニ地方では、登録された商人の七五パーセントはユダヤ人だった（一万九三三七人のうち一万四五八七人）。一九三九年のポーランド通貨の過激なほどの切り下げと、それに次いでの一二月の流通停止は、貯蓄や投資をしていたユダヤ人の社会的地位を滅茶苦茶にした。ポーランド通貨立ての借財が消えたことはたくさんの人間にとって安堵できることだったが、金を貸していたユダヤ人にとっては苦しみの種になったし、実際に共同体における権威の源が失われたのだった。商業そのものを敵視する止むことのないソヴィエトのプロパガンダは、意図するところは措いても、事実上ユダヤ人に向けられたし、ユダヤ人の立場を弱めたのだ。[*24]

政治の性格を変えるなかで、ソヴィエトは「心理面での資源」も生み出した。ユダヤ人は見かけは兎も角現実の権力は与えられなかった。一九三九年九月の赤軍の到着後、地元のユダヤ人は戦間期と比較するとずっと多くの、目立った責任ある地位に就けられた。ポーランド中央政府は、ユダヤ人が多数派である市でも、市評議会では必ずやユダヤ人を多数派にせぬよう計らってきた。ポーランド警察とポーランド行政機構とでは一般的にユダヤ人の数は少なかったが、傾向としてその数は低く抑えられていたのだ。それゆえ、一九三九年秋の変化は劇的と感ぜられた。司令官や官吏の中にはユダヤ人の方がポーランド人より信頼できるという意見を吐く者もいたが、ソヴィエトはユダヤ人をカテゴリーとして昇進させる特別な希望は持っていなかった。それでも、ユダヤ人は利用できる者たちの中に入れられていたし、新しい地位で働く意欲も技能も示していた。ユダヤ人はソヴィエト体制への地元協力者の多数派だったことは一度もなかった。ベラルーシ人とウクライナ人が、全体的に言ってはるかに数が多かった。地元ユダヤ人は、一九三九年秋の数週間を除けば本当の権力を握ったことはなかったし、それとてきわめて局所的な規模であり、しかも非ユダヤ人の協力者と一緒にであった。それにもかかわらず、体制の変化は、ユダヤ人全般を非難に晒せやすくした。ドイツが侵攻してきた際に、新たなソヴィエト領土の本当の行政官たち、すなわち東方から来たソヴィエトの役人たちだったが、彼らは逃亡するのに必要な資源を整えることができた。けれど地元ユダヤ人は、ソヴィエトに協力した者も、そうでなかった者も、概ね後に残された。[*25]

他の点でも、ソヴィエトの政策は報復行為の条件を創り出していたのだ。一九三九年に、ソヴィエトは、世俗のもの、宗教的なもの双方の伝統的権威を、打ち負かし、破壊し、信用を損なわせた。彼らは意趣返しと混沌の時機を統括したが、そのなかから(次の暴力的な移行の時機に意趣返しされるような)新たなたくさんの恨みが生み出されていたのだった。彼らは、総人口が一三〇〇万人をちょっと超えた地域で五〇万人を移送したり射殺したりした。これは、ほとんどの家族に何らかの形でNKVDの力が及んだことを意味していた。ポーランド国家の急速な破滅は、たんに事実であるだけでなく、恥辱の源泉であり、スケープゴートを願う大災厄でもあったのだ。[*26]

ソヴィエト権力が恥辱や怨恨といった感情を生み出していたとはいえ、ソヴィエト権力は社会に、外国勢力には協力しないというタブーを無理矢理破らせた。いくらかの人々は初めから協力するのを選んだ。ずっと多くの者たちは、忠誠心を示さなかったら、移送や、いっそう悪いことが起きるのを恐れて、自分たちの地位にしがみ続けることで協力をしたのだ。時が経つと、ほとんど全員が、何らかの形でソヴィエト体制に関わりを持つようになった。ソヴィエト体制の体質自体がそれを要求していた。東ポーランドを自分たちの国家の一部に変えようとするなかで、ソヴィエトの指導者たちは地元住民をまさに力づくでその過程に引き入れた。強制された投票、弾劾の慫慂《しょうよう》、尋問と拷問と裏切り、を通してである。ソヴィエト体制は包摂的な体制だったから、しばしば犠牲者と協力者の間のはっきりとした線引きができなかった。拷問を受けたり投獄されるといった、「協力」につながってしまった経験自体が、「犠牲者」であることを意味することも多かった。これは心理面での資源を、特殊なやり方で洗練した。ソヴィエトの条件下では、犠牲者であることと協力することは、広汎な現象であり、定義しづらかった。それだからこそ、次の権力者ドイツが、それらを定義する役回りになるのだった。[*27]

最後に、国家を破壊するに際して、ソ連は「政治面での資源」も生み出していた。ポーランド、エストニア、ラトヴィア、リトアニア諸国は脆弱で欠陥だらけに見えただろうが、数千万人のヨーロッパ人のホームランドだった。成熟した政治的国民を抱えた近代国家を十把一絡げに破壊してしまうのは、度外れた抜本的な処置であった。もちろん、これらの（前）国家群の（前）市民のすべてが民族独立を重要視していたわけではないが、かなりはそうだったのだ。ソヴィエトが、自分たちが望んでいた国家を除去してしまった以上、そしてドイツが自分たちの国家の復活を願う者たちの同盟国の振りをするかぎり、ドイツは強力な願望を操作することができた。この好機の本質は、むろん、民族集団の指導者が占領者から得ることも失うこともできると考えるもの次第だったのだが。たとえば、ドイツ＝ソヴィエト協同してのポーランド侵攻は、ドイツにとってのポーランドの政治面での資源をさして生み出しはしなかった。一九三九年に一度ポーランドに侵攻したドイツなので、一九四一年にドイツのポーランドにおける植民地からソ連へ侵攻した際に、ポーランドの解放者の振りをすることはまずできなかった。ドイツは局所的にはソヴィエトの圧政を終わらせる功を誇れたのだが、ポーランドに対して政治的自治を約束することはできなかった。

ポーランドの民族的マイノリティの政治指導者のいくらかが持つ見込みは、まるで異なったものだった。ポーランドは、ソ連国外でウクライナ人が最も多く居住しているところだったし、世界でもユダヤ人が最も多く居住しているところだった。ポーランドにいたウクライナ人のほぼすべてと、ポーランド・ユダヤ人の三分の一以上が、一九三九年にソヴィエト支配下に入った。ウクライナ人もユダヤ人も拡大されたソ連の中での暮らし向きは良くなかった。おおむね、彼らの体験は、予期していたよりもずっと悪かったのである。

ウクライナ人の場合、そのことがドイツ人にもたらした好機はかなり強力なものであった。ポーランドにおけるウクライナ人マイノリティは、相当な数を誇り、ソ連のウクライナ共和国に隣接して地理的にも集中していた。ウクライナ・ナショナリズムは、ポーランド在住のウクライナ人の政治面において、主要な政治的志向性であったことは一度もなかったが、近隣諸国の首都では関心を惹いていた。その地域のすべての国々が一九二〇年代、一九三〇年代にウクライナ問題を自分たちの目的に合わせようと試みていた。ソヴィエトは一九二〇年代にソヴィエト・ウクライナのウクライナ人にアファーマティヴ・アクションを適用し、ポーランドのウクライナ人をソ連に惹き寄せようと願って、ポーランド領内に「西ウクライナ共産党」を創立した。ポーランドも、ソ連領内のウクライナ人をポーランドに惹きつけようと、自国内のヴォルイーニ地方でこのやり方を模倣した。ドイツは、たいがいはウクライナ人ナショナリストであったが、ポーランド領内にウクライナ人の工作員を開拓していた。彼らは正しくも、ドイツこそが二つの敵、ポーランドとソ連とを破壊できる唯一の国家だと信じていたのである。[*28]

　そうは言っても、ドイツと繋がったウクライナ・ナショナリストは、彼らが地元で支持される大きな要因は、主として農地の再分配だが、社会問題にあるということをよく弁えていた。そして、ソヴィエトも、西ウクライナ共産党が民族問題に本気で取りかからねばならないことをよく認識していた。大農場を収用するのに関心があるナショナリストと国旗を振る共産主義者とが共存し、ある程度まではイデオロギー面での混交《シンクレティズム》が一九三〇年代の決まりだった。たとえば、地元のウクライナ共産党の指導者の一人はフリダ・シュプリンゲルという名のユダヤ女性だったたし、一方で、彼女の最も腕の立つ地下活動家は偽名が「ヒトラー」だったということが起こりえたのだ。[*29]

　一九三九年のソ連の東ポーランド侵攻は、ポーランドで合法的に機能していた主流のウクライナ人政党の破壊をもたらした。たとえば、法的制度の中で活動しようとし、公的な反ユダヤ主義には異を唱えていたウクライナ民族民主主義同盟（ＵＮＤＯ）である。ソヴィエト支配は、違法であった集団にとって比較的好条件をもたらした。すなわちナショナリストと共産主義者だが、前者は地下活動に慣れていたからであり、後者は地下活動から姿を現し体制と協力できたからだった。もっとも、ユダヤ人もポーランド人も気づいている可能性が高かったことには、ソヴィエト当局の地元でのポストを得たのは、しばしば（こうした区別がそもそも意味があるとして）共産主義者よりもナショナリストの方だった。ウクライナ・ナショナリストもウクライナ共産党員もどちらも地元のポーランド人をソヴィエト当局に告発できたが、紛れもなく政治的動機と利己的な動機とが混じり合っていた。東南部ポーランドのほとんどの村では、ＮＫＶＤが探している人間の範疇を知っているウクライナ人活動家がいたし、喜んで当てはまるポーランド人を差し出した。こうして空になった農家や農場が生み出された。告発と移送とは、土地改革のヴァージョンの一つだった。[*30]

ソヴィエト支配の最初の数ヶ月間で、国外からの社会革命はたくさんのウクライナ人を惹きつけた。ポーランド当局者はしばしばウクライナ人に取って代わられた。ただし、重要な地位は、ウクライナ人と言ってもソヴィエト・ウクライナから来た者たちが占めたが。少数のユダヤ人市長も東方から来たウクライナ人に取って代わられた。当初のソヴィエトの移送は主としてポーランド人、現実にはポーランド人地主であったので、ウクライナ人小農にとっては社会的上昇を経験することになった。ソヴィエト型の革命は普通二段階からなっていた。まず、小農への好意的ジェスチャー、次いで彼らの土地を強奪することである。一九四〇年に、ソヴィエトは、ちょうど一〇年前にソ連全土で行ったように、ポーランドから併合した地域でも農業集団化を始めた。ウクライナ人の中には、ソ連で集団化に続いて起こった大飢饉を思い出す者もいた。実際のところ、自らの土地をソヴィエト国家に差し出したい者はいなかった。集団化は人々の間でのウクライナ共産主義者の評判を大いに損なったし、ウクライナ共産主義者の中にはウクライナ・ナショナリストに転向する者も出てきた。[*31]

ウクライナ・ナショナリストの側も、一九四〇年には、ウクライナ国家を創ってくれるかもしれないとしてドイツのソ連侵攻を願っていた。彼らは崩壊まではポーランド市民であって、自分たちをポーランド領内の数百万のウクライナ人とソ連領内の数千万のウクライナ人を代表する者とみなしていた。彼らの観方では、ドイツのみが、ポーランドとソ連とを破壊してウクライナ国家の条件を整えてくれるのだった。一九三九年の段階でポーランドはもはや存在しなくなった。一九四〇年にはウクライナ・ナショナリストの中には、ソ連を消滅させようとするドイツの準備に手を貸す者が出てきた。ドイツは、バルバロッサ作戦として知られる侵攻の準備をするためにウクライナ人の密告者を使ったし、ソヴィエト・ウクライナで使うための先遣隊として、数百人のウクライナ人を徴募し訓練をした。一九四一年初めに、NKVDは脅威を感じ取り、多数のウクライナ人を逮捕し始めた。ソヴィエトの移送の第四の波は、一九四一年五月から六月にかけてだが、ウクライナ人がごく多かった。数千ではきかないかもしれないウクライナ人が、投獄の憂き目に遭いもした。一九四一年六月に現実にドイツ軍がやって来ると、ソヴィエトの監獄に残されたそうした人々の死体を発見したのだった。

概ねのところ、ソヴィエトの占領はユダヤ人の可能性を閉ざしてしまった。ソヴィエト占領が、ドイツにとってユダヤ人についても政治面での資源を生み出したなんてことがあろうか? ウクライナ人の場合と同じく、戦間期のポーランドにはユダヤ・ナショナリスト右翼のベタルがいて、革命と暴力を手段として独立した国民国家を創ることに専心していた。ただし、ウクライナ・ナショナリストの場合と違って、ユダヤ・ナショナリストはポーランド国家の敵ではなく庇護される身だった。彼らは、ポーランド国土の中に領土を持とうとするのではなく、ポーランドを出て行きたがっていたのだ。彼らは一九三九年九月一日のドイツの侵攻後、ベタルの指導者たちはドイツから逃れて東方に向かった。彼らはそこでソヴィエトの網に引っかかった。ユダヤ人過激派は、ウクライナ人過激派と違って、地下運動の経験がなかった。ソヴィエトはあっという間に身元を割り出し逮捕した。ＮＫＶＤは、ベタルがイルグンの実戦部隊だと気づいていたし、イルグンの地下組織も同様に破壊した。ポーランドのベタルの指導者メナヘム・ベギンは、ワルシャワからヴィリニュスに逃れ、しばらくは身を隠しおおせた。彼も結局はＮＫＶＤに逮捕され――チェスを指している間にだった――ヴォルクタ強制収容所での八年間の重労働を宣告された。[*32]

ベタルは占領下ポーランドではすぐに無力化された。二〇〇〇キロ離れたパレスチナに本拠を置いていたが、姉妹組織のイルグンはそうではなかった。イルグンの陰謀家たちはほとんどがポーランド・ユダヤ人だったが、戦争がもたらした好機、けれどそうした好機のためにこれまで準備させてくれていた後ろ盾を取り上げられたことを考え合わせ、予期せぬ窮状に陥っていた。彼らは資金や武器を得るだけでなく、ポーランドによってある程度の訓練も受けていた。もっとも、そうしたことすべてがたんなる準備に過ぎなかった大がかりな計画――ポーランドの支援を受けてパレスチナの地にベタル数千人を上陸させるという――は、もはや考えられなくなってしまった。これ以上ポーランドからの支援は望めない。イルグンを訓練したポーランド軍将校たちは、死んだか、収容所にいるか、身を隠しているか、亡命したかだった。一九三九年八月にグディニャ港のドックに置かれた、パレスチナのイルグンに向けてのポーランドからの武器のいちばん新しい積み荷は、ポーランド人が己が身を守るためにも争ってそれらの武器を開梱しようとしても、ドイツ軍の攻撃で駄目にされてしまった。イルグンはイギリス帝国との戦闘に備えてきたが、ポーランドという保護者を欠いた闘争の準備はできていなかった。一九三九年終わりに、ベタルのメンバーは同志に向けて悲嘆に暮れてこう書き送ったものだった。「僕らは、後ろ盾が誰もいないように感じているよ」[*33]。

一九三〇年代にパレスチナに積極的な関心を抱いていたヨーロッパの三ヶ国のうち、一九三〇年代末まで残ったのは、ナチス・ドイツとイギリスの二ヶ国だけだった。両国は戦争をしていたが、これはパレスチナのユダヤ人闘士たちがどちらか一方に荷担することでいくらか影響力を持てるかもしれないことを意味した。ナチス・ドイツはヨーロッパではユダヤ人の敵だった（どの程度までそうなのかは、一九三九年になってさえ十分にははっきりしなかったが）。ナチス・ドイツはイギリス帝国の敵でもあったが、このイギリス帝国がパレスチナを支配し、ユダヤ人の移住を妨げていた。イルグンは、ユダヤ人を守る義務と、ユダヤ国家のために戦う義務との間で決めかねていたので、ドイツとイギリスとの間で中立を決め込んだ。アヴラハム・シュテルンが今やイルグン内部に分裂を導き、レヒとして知られる分派を最終的に創設した。彼に合流したのがやはりポーランド・ユダヤ人のイツハク・シャミルで、ポーランドでいっそうの訓練を受けたがっていたが時間切れになってしまっていた。レヒはその後、まさに他の極右集団が当時やっていたことをしてのけた。ヒトラーに申し出をしたのである[*34]。

ユダヤ・ナショナリストとウクライナ・ナショナリストがヒトラーに送った訴えはきわめて似通っていた。ウクライナ民族主義者組織（ＯＵＮ）は一九四一年六月にこうした言い回しを用いた。「この新たに出現するウクライナ国家は偉大なナチス・ドイツ帝国と密に協力し合います。第三帝国は指導者《フューラー》たるアドルフ・ヒトラーの下でヨーロッパと世界の新秩序を形成しつつあり、またウクライナ民族が自らをモスクワの圧政から解放するのに一臂《いっぴ》の力を貸してくださるでしょう」。パレスチナでは、レヒがイギリスを、ウクライナ・ナショナリストがソヴィエトを見るのと同じように見ていた。一九四一年一月、アヴラハム・シュテルンは「新生ドイツと、再興される人種国家たるユダヤ人共同体の間の協力」を呼びかけたが、その協力とは「中東における将来のドイツ勢力の地位を保護し強化するために、第三帝国との条約締結関係に立脚する、民族的かつ全体主義的基盤を持つ歴史的ユダヤ国家の建設」を意味することにつながるはずだった。[*35]

シュテルンはヒトラーがヨーロッパからユダヤ人を排除したがっているし、それを果たす論理的な方法は全員をパレスチナに送ることだと決めてかかっていた。おそらくポーランドのエリート層との接触から誤解してしまったのだろうが、シュテルンはポーランドとドイツのやり方とを混同していた。ポーランド体制は、実際にユダヤ人のパレスチナへの大量移住とユダヤ人国家を支援してくれたものだが。

レヒは、ナチス・ドイツの良きパートナーとなるユダヤ人国家の建設のためには信頼できる存在です、そうシュテルンは続けた。なぜなら「その世界観と構造において、それはヨーロッパの全体主義的運動に密《みっ》に結びついているからです」。シュテルンはベルリンに、レヒの保護者としてワルシャワに代わって欲しいと請うた。彼は役に立とうとして（しかも正確を期して）、ポーランドの公的なシオニズムに関わる文書が、今ではドイツ占領下にあるポーランド文書保管所に納められていることにも言及した。[*36]

ウクライナ、ユダヤと、これら二つのナショナリストの宣言は、それぞれの民族の願い、それどころか書き手の確信でさえ、そこに表明されているなどと理解されてはならない。ポーランド国家の崩壊と、ドイツ勢力の前進とがあったので、ナチスとの同盟は、少なくともどんな形であっても旧秩序が崩壊するのを願う過激派にとっては論理的に見えたということだろう。もちろん、そうした申し出をした者たちは、こうした算段がいかに実現性を欠くものかは措いて、ナチスによって利用されるつもりではなく、むしろ自分たちの目的のためにナチスを利用しようと企んでいたのだ。イデオロギー上の共感でさえ字義どおりにとらえる必要はない。ウクライナ人ナショナリストにはかつて共産主義者だった者もいくらかいたし、レヒも数年後には親ソヴィエト派に移行するのだから。

世界を変えるやり方は、どれもが利点も不利な点も持っていた。異なった戦術は異なった必要を生み出す。ジャボチンスキーが依然パレスチナのユダヤ人にそうするよう促していたように（ポーランド軍団のような）軍団を選んだグループは、占領しているイギリス帝国が戦争に勝ち、それから勝利の後で、抑圧されているが支持してくれたマイノリティに恩義を感じることに望みをかけていた。（POWの戦術に倣った）テロルを選んだ集団は占領しているイギリス帝国が破壊される必要を感じていたが、自身でそうしたことを実行するだけの力はいつでも欠いていた。それゆえ、外部の支援者が客観的にも必要だった。この支援の必要は、理屈では、ドイツにとっての「政治面での資源」であった。[*37]

こうしたユダヤ人とウクライナ人のナチス・ドイツへの協力の申し出は失敗して然るべきだったし、現に失敗した。それも国家建設への願望ゆえに共に失敗したのだった。ヒトラーに申し出をする際に、ウクライナ・ナショナリストは、政治面での資源の手のうちを見せてしまった。それはヒトラーがある程度まで現実に利用した彼らの脆さだが、「国家への願望」であった。ドイツ軍は実際にウクライナ人が住んでいる土地に侵攻しようとしていたので、ドイツの指導者たちにとって、国家を持ちたいというウクライナ・ナショナリストの願いを自分たちの目的に沿わせるのは可能だった。パレスチナのユダヤ人については、事態はまるで違っていた。パレスチナに侵攻するドイツ軍部隊はなかった。仮に侵攻したとしても、彼らが遭遇するのはユダヤ人の多数派などでなくアラブ人の多数派だった。ドイツが地元の政治勢力を利用したかったとしても、一九三〇年代にパレスチナ・アラブ反乱ですでに実践されていたように、アラブ民族主義をイギリスとユダヤ人の両方に対抗させる方がはるかに簡単だった。[*38]

ナチスの指導者たちは、ユダヤ・ナショナリストとウクライナ・ナショナリストの訴えを、独特のやり方で調和させた。ヒトラーは、シュテルンが理解していたように、ヨーロッパからユダヤ人を排除することには好意的な態度で接したが、たとえユダヤ人をヨーロッパから連れ出す便法としてでも、ヨーロッパの外にであれユダヤ人国家の建設はしたくなかった。ドイツは、ウクライナ・ナショナリストの願うとおりウクライナ人を喜んで利用しようとしたが、それというのもドイツがウクライナ征服に熱心だったからに他ならない。ナチスはウクライナが国家の地位を持つことに反対で、独立を宣言したウクライナ・ナショナリストを投獄することになる。ウクライナ人がドイツ人に協力していても、政治的権威を持たない地元の役人や警察官としてだった。ウクライナでの（そしてどこでも）政治的活動としてナチスの代わりとして役立つだろうものは、まさにユダヤ人殺戮であった。一九四一年に、ナチスは野心的な政治的協力者に、彼らが貢献できる解放はユダヤ人からの解放であり、将来いかなる政治的協力があるかはこの計画に参加するかどうかによる、と告げることになる。かくして、ベルリンは、人種的殺戮に政治的野心を絡ませ、そのことで血塗られた最終的解決を開始することで、ユダヤ人問題とウクライナ人問題とをまとめて扱って見せたのだ。

一九四〇年に、ドイツが西ヨーロッパを征服している間に東ヨーロッパでソヴィエト勢力が専念していたのは、ユダヤ人を、にっちもさっちもゆかない立場に追いやることだった。ユダヤ人はソヴィエト支配下で、受難の点では他のどの民族集団にも劣らなかった。ユダヤ人は、たくさんの者がそれで生計を立てている商業と、都市での生活の基盤となる所有権主張との根拠になるポーランドの法が廃棄されたことで、多くのものを失った。彼らは、ポーランドの支配下では享受していた共同体自治も、それと結びついた信仰を実践し、学校を運営し、世界中のユダヤ人と連絡を取り合う権利も失った。ユダヤ人は一九四〇年の四月と六月に大量にグラーグに移送された。六月の方ではユダヤ人はポーランドのドイツ占領地域からの難民で、戦争は終結するだろうし、そうなったら今はドイツに占領されている土地にある家や仕事に戻れると夢想していた連中だった。彼らはよって、自分たちに提示されているのが市民権とグラーグ行きの選択だったとも気づかずに、ソヴィエトの市民権を断ってしまったのだった。[*39]

一九四〇年の前半、東ポーランドがソヴィエトに併合されていても、リトアニアはまだ独立国だった。ユダヤ人は拡大されたソ連から、万という単位でリトアニアに逃げ込んだ。ユダヤ人がソヴィエトからドイツ占領地域に大挙して戻ろうとしたこと、ユダヤ人がソヴィエトのパスポートを大量に拒絶したことと並んで、このことも、ほとんどのユダヤ人が実際に自分たちへのソヴィエト支配を望んでいなかったという、きわめて強力な兆候だった。ＮＫＶＤは、ユダヤ人難民がとりわけソヴィエト支配に敵対的だと報告した。けれど、ユダヤ人の選択肢は狭まっていった。一九四〇年六月のドイツのフランスに対する勝利は、戦争の長期化と、よってポーランドが復活する速やかな見込みがないことを意味した。同月のソヴィエトによるリトアニア占領は、隣り合い、かつ比較的協力的な国家の中に避難所を持つ可能性を排除してしまった。ユダヤ人が逃げたことで意思表示をした度合いから判断すると、一般的な優先順位は、一にリトアニア、二にポーランド、三にソ連、四にナチス支配、の順だった。一九四〇年夏現在で、東ヨーロッパのユダヤ人の支配者として考えられるのは、ナチス・ドイツとソ連の二つに絞られた。パレスチナもアメリカも閉ざされていたので、国外移住が東ヨーロッパのユダヤ人にはほとんど考えられなくなっていたため、彼らの頭の中の地図にはもうこの二つの選択肢しかなかった。[*40]

広い世界は高嶺の花、伝統的な国家群は破壊され、ナチス・ドイツが進軍してくるとあっては、ユダヤ人はソ連を「ましな悪《レッサーイーブル》」として見るしか選択肢がなかった。彼らのほとんどにとって、これは実際にさまざまの悪《イーブル》の間の選択だった。ウッチのユダヤ人の間で流行ったジョークでは、ソヴィエト勢力が維持する生命《ライフ》とは終身刑《ライフインプリズンメント》だと。ガリツィア地方のユダヤ人の一人が回想したように、すでにソヴィエト体制下で「家父長たる者が操り人形のようなものとなっていた。生活の枠組みはばらばらにされた。家族も不安定だし、社会への願望も失せたし、ユダヤ人としての良心の拠り所は砕け散ったのだから」。ナチスのユダヤ人への特別な敵意が、一九三九年から一九四〇年にかけてソヴィエト支配下にあった隣人たちの誰とも異なった立場へと彼らを押しやった。隣人たちは少なくとも、ドイツ侵攻がソヴィエトの圧政に終止符を打つだろうと夢想できたのだから。ドイツの脅威とソヴィエトの現実が相俟《ま》って、ユダヤ人を二重に脆弱な存在とした。ナチス・ドイツのより大きな脅威を眼前にしては、ユダヤ人は集団としてソヴィエト権力の同盟者になったと思えたことだろう。そのソ連は、実際にユダヤ人の伝統的な共同体を取り壊し、ユダヤ人の中でも最も積極的な男女を、移送するか、殺害したばかりだったのだが。[*41]

ユダヤ人問題、ウクライナ人問題は、ソヴィエト占領がナチス・ドイツに与えた政治面での資源をささやかに示したものにすぎない。ウクライナ民族主義者組織（ＯＵＮ）もレヒも、国家群の破壊がとにもかくにも好機を与えてくれるものと想像できる民族マイノリティをそれぞれ代表する過激派グループだった。はるかに大きな政治面での資源は、ソ連がリトアニアやラトヴィアのような国民国家を全体的に破壊したときに生じた。ソヴィエトによる国家破壊は、周縁部に位置していた右翼の民族主義テロリストの政治的見解を、主流をいくように見せることになった。

リトアニア人とラトヴィア人とは、戦間期は国家《ステートフッド》としての地位を享受していたが、モロトフ＝リッベントロップ協定の結果としてそれを失った。この点で、リトアニアとラトヴィアの地位はポーランドの地位と近くなった。もっとも、ナチス・ドイツとソ連の両方によって分割され破壊されたポーランドと違って、リトアニアとラトヴィアはソ連一国によって支配され消滅させられた。ポーランド人と違って、リトアニア人とラトヴィア人とはそれゆえに、ドイツがソ連から解放してくれることを夢想できた。ポーランド人は同時の二重の占領を経験した。リトアニア人とラトヴィア人が経験したのは、引き継がれる形での二重の占領だった。ドイツ占領の間、リトアニアとラトヴィアのユダヤ人には、よってソヴィエト時代に起きたことへの責を負わすことができた――たんに局所的な圧政にではなく国全体の災厄への責を。これは悲劇的なほどユニークな状況だった。

ソヴィエトとドイツという引き続いての占領になる前は、リトアニアやラトヴィアのユダヤ人も、彼らに降りかかる運命を予期する理由はなかった。戦間期のリトアニアは右翼独裁だったが、反ユダヤ主義ではなかった。独裁者のアンタナス・スメトナは、国内外に人種的、宗教的な差別について警告し、とりわけヒトラー流の「動物学的ナショナリズムと人種主義」とスメトナ自身が呼ぶものに反対するキャンペーンを張った。極右にいた彼の政敵はスメトナを「ユダヤ人の王様」と呼んだ。そうした者たちをスメタナはおおむね投獄していたのだ。戦間期のリトアニアではただ一人のユダヤ人もポグロムで殺害されなかった。反ユダヤの暴力の大きな事件が一件あったが、逮捕、裁判、刑の執行といったことに繋がった。[*42]

一九三〇年代末のヨーロッパでの基準に照らせば、リトアニアはユダヤ人の避難所だった。一九三八年から一九三九年にかけて、およそ二万三〇〇〇人のユダヤ人が、ある者はナチス・ドイツから、ある者はソ連から、リトアニアに逃げ込んだ。そのなかに後年「ジェノサイド」という語を考えたラファエル・レムキンもいた。一九三九年九月に、ドイツは、第三帝国に編入されることになっていたリトアニアとの国境線沿いのポーランドの町、スヴァウキからほぼ一五〇〇人のユダヤ人を放逐した。これは四半世紀の間にそうしたことが起きた二番目の例だった。アヴラハム・シュテルンの家族を始め多くの者たちが、一九一五年ロシア帝国の軍隊によってスヴァウキから追放されたことがあったのだ。こうしてスヴァウキから入国するユダヤ人は、リトアニア当局により歓迎されたし、手厚く世話された。ドイツ＝ソヴィエト協同してのポーランド侵攻の間も、ドイツの指導層はリトアニアを促してポーランドへの領有権を主張させようとしたが、リトアニア政府はこれを拒絶した。これは、リトアニア政府が二〇年間にわたって、ポーランドからヴィリニュスの領有権を取り戻そうと主張してきたことを考え合わせると、なおさら意義があった。ソ連と違って、独立リトアニア国家は、戦争が始まった時にドイツの同盟国となることを拒んだのだ。[*43]

けれども、ドイツ＝ソヴィエト協同しての侵攻が勝利に終わりポーランド国家が崩壊した結果として、リトアニアはいくらかの領土を獲得した。ソ連は北東ポーランドからヴィリニュス市をリトアニアへと割譲した。これでさらにほぼ一〇万人のユダヤ人がリトアニア人口に加わった。たくさんのユダヤ人が、リトアニアの支配は、少なくとも彼らユダヤ人に関しては、ポーランドの支配に比べてナショナリズムの色彩が薄いと感じたし、実際にもそうだった。一九三九年一〇月終わりにソヴィエト軍がヴィリニュス市から撤退し、リトアニア軍が入城すると、ほとんどがポーランド人だったが市の住民はユダヤ人を攻撃した。それに続くヴィリニュス市の「リトアニア化」は、ユダヤ人というよりむしろポーランド人に向けてのものだった。リトアニアはヴィリニュス市を首都とすることに定め、民族リトアニア人を数万も市の中に入れるのに着手した。[44]

一九三九年末から一九四〇年初めまで、シオニストとユダヤ教徒は、当時まだ独立国家の内部にあったユダヤ人にとっての主要な都市ヴィリニュスを、安全な場所として見ていた。シオニストは、そうしなければソヴィエトは彼らの組織を破壊し彼らを逮捕するだろうという正しい前提から、ポーランドのソヴィエト占領地区を逃れてきた。拡大するソ連からの避難所を探すユダヤ人にとっては、ヴィリニュスは特別な希望だった。作家ベンツィオン・ベンシャロームは、ドイツとソ連とから逃れようとするユダヤ人たちの雰囲気をこう回想した。「顔は興奮し、目は輝き、心は熱狂していた。ヴィリュナ（ヴィリニュス）だ！」（皮肉なことにベンシャロームの弟ユリウス・カッ＝スヒは共産主義者だった）。ベタルの指導者たちはドイツ占領地域から逃れ、ソ連占領地域を抜けてヴィリニュスへと向かったが、彼らはその後ヴィリニュスを拠点とした。彼らの一人が回想した。「ここまで来てやっと自由に息をつけたのだ」。ロンドンではジャボチンスキーが、リトアニアに辿り着いたベタルのメンバーを「救われた」と評した。[45]

戦間期ラトヴィアでのユダヤ人の地位は、どちらかといえば良い方だった。ラトヴィアも右翼全体主義体制に支配されていたが、人種とか反ユダヤ主義に向かう体制ではなかった。ラトヴィアの指導者カールリス・ウルマニスは、ネブラスカ大学の出身だったが、自分の国家の多民族的性格を当然と見なしていた。ラトヴィアでの主だった民族衝突は、ラトヴィア人とユダヤ人との間でなく、ラトヴィア人と民族ドイツ人との間で起こった。それにもかかわらず、ドイツ人もユダヤ人同様、戦間期のラトヴィア政府では閣僚を務めた。伝統派ユダヤ人の政党「アグダット・イスラエル」は、ユダヤ人左翼のブントが左翼政権に対して持っていたように、右翼ラトヴィア政権に対しいくばくかの影響力を持っていた。ラトヴィアはリトアニアと同じで、戦前に人種主義的とか反ユダヤ的な法案は通過させなかったし、一

ソヴィエト・リトアニアとソヴィエト・ラトヴィア
1941年5月

九三〇年代末には、ドイツやオーストリアからユダヤ人難民を受け容れた。リトアニアにおけると同じようにラトヴィアでも反ユダヤ的な姿勢をとる極右の動きもあったが、リトアニアにおけると同じように、それは戦前は違法だったのだ。[*46]

ラトヴィアとリトアニアは、その政策が一九三〇年代末のヨーロッパの基準ではユダヤ人に寛容だった全体主義体制に統治されていたし、かなりの数のユダヤ人口を抱える小国（総人口はそれぞれ二〇〇万人と三〇〇万人程度）という点で、似通っていた。両国の運命は、ソ連が両国を占領・併合するというナチスとの同盟の条項を盾に取った一九四〇年六月に、一緒のものとなった。きわめて迅速に、ソヴィエトは、ラトヴィアとリトアニアの政治に携わる階層の指導者たちを、まだ逃げていない連中のほとんどをシベリアに移送することで、排除してしまった。

二つの主権国家を続いて迅速にソヴィエトが引き継ぐことは、ポーランドでよりもはるかに大規模に、心理面、物質面、そして何より政治面での資源を、ラトヴィアとリトアニアで生み出した。物質的な資源は膨大だった。ソヴィエト支配は直ちに全国民の資産所有権についての問題を公にした。よって、ソヴィエトは、資産の究極的な所有権の問題を提起して、（ユダヤ人としてではなく、ビジネスマンとして）ユダヤ人の資産を収用した。心理面での資源もまた度外れたものであった。両国の崩壊は、恥辱の感覚、屈辱、報復の欲求を生み出した。リトアニアでもラトヴィアでも、政治秩序がまるごと破壊され、全国民がそれが復活することを願っていた。リトアニア国家とラトヴィア国家とを破壊することで、ソヴィエトはドイツ人に解放戦争を約束する力を与えてしまったのだ。これはそれ以上ない純粋な形態の政治面での資源だった。[*47]

政治面での資源には、幹部の供給も含まれていた。ソヴィエトの政策で追放された者たちをドイツは利用できた。ソヴィエトが資本家階級を管理し、政治エリートを大量に殺害したことで、ドイツはある重要な選別を行うことができた。実際にリトアニアとラトヴィアを支配してきた者たちはたいがいグラーグ送りか、殺害された。けれども、戦間期の体制やソヴィエト勢力から逃れたリトアニアとラトヴィアのナショナリストたちのいくらかは、ベルリンへと向かった。その他にも、かなりの数のリトアニア人やラトヴィア人が一九四〇年には民族ドイツ人の振りをした。そうすることで、ドイツ＝ソヴィエト間の協定の下、ドイツに「本国送還」されることが可能になったからだ。ドイツは、いざラトヴィアとリトアニアにソヴィエトに次いで侵攻する際に、そのような連中の中の誰を伴うかを決めることができた。[*48]

ソヴィエトがラトヴィアとリトアニアを併合したタイミングが、悲劇的な暗合につながった。ソヴィエトがリトアニア市民とラトヴィア市民をグラーグに大移送するための列車を手当てし終える頃までに、ドイツはドイツでソ連侵攻のための列車を仕立てていた。リトアニアからの移送は、一九四一年六月一四日の早朝に始まった。およそ一万七〇〇〇人が有蓋貨車に詰め込まれた（戻れたのは三分の一程度に過ぎなかった）。ドイツの侵攻は一週間後だった。ドイツが侵攻してきたときにソヴィエトは大規模な圧政を用意していたので、監獄は一杯だった。スターリンは最後の最後まで、ドイツの侵攻というすべての報告をプロパガンダだと言い張っては猛り狂った。結果として、誰一人避難や防衛の準備ができなかったし、むろん囚人は優先順位が最後だったうえ、危険と見なされた。リトアニアでもラトヴィアでも、また前線の至る所で、囚人たちはほとんどが看守によって射殺された。その結果、リトアニアとラトヴィアに到着したドイツ軍は、殺されたばかりの死体をソヴィエトのテロルの目に見える証拠として見世物にできた。一九四一年六月に、バルト三国では、ソヴィエトによる国家破壊の計画が、ドイツによる国家破壊計画と時も所も重なったのだった。[*49]

ドイツの国家破壊者たち、一九四一年夏に東ポーランド、リトアニア、ラトヴィアで、ソ連に次いで占領するためにやって来たアインザッツグルッペンにとって、ソヴィエト勢力との遭遇は、まさに奇貨であった。ドイツは、政治面での資源がどれほど豊富かを事前に知りうるはずもなかったが、それというのも、ドイツ人は、ソ連を政体として、またスラブ人やバルト人を政治的動機づけを備えた民族として見るような教育を受けてこなかったからである。ドイツが、ソ連がどれだけ深く占領下の社会に食い込んでいたのかを知る由もなかったので、一九四一年夏以降の新政策は、ドイツと、彼らが侵略した地の住民とによってソ連支配とは関わりなく創りあげられたものとなった。

ドイツの暴力の起業家たちは、新たな情勢に反応し、それがもたらす可能性を利用した。彼らは、何を見出すことになるのか知らなかったし、期待していたいくつかの点でも誤っていた。ドイツの暴力の起業家たちがもたらしたのは外国人のところにのみ持ち込める無秩序への渇望であったし、彼らが学んだのはソヴィエト支配の経験のさらに先を行って自身のこれ以上ない過激な目標に応用することだったし、彼らが考案したのは「レッサー・イーブル」ならぬ「グレイター・イーブル」の政治だった。ナチスの独創性がソヴィエトの正確さと出逢った「二重の暗黒」の地域に、ブラックホールが見出せたのだった。

第6章　グレイター・イーブル

「国家の地位などという時代は終焉を迎えた」。ドイツの法理論家カール・シュミットはそう宣言した。ヒトラーのキャリアを通じて、シュミットは、ヒトラーがドイツ国家を突然変異させ、隣国群を破壊し始めるのに付き合って、内政、次いで対外政策で指導者《フューラー》のために手際よく理論的な支持を与えた。ヒトラーがバルカンから引きだした教訓を、シュミットは純粋にドイツ的なアイデアとして示した。すなわち、独立した国内政治などという代物はない。というのも何ごとも選んだ外敵との衝突から始まるからだ。国内という定義は、外国という異質なものを破壊するために操るべき定義なのだ。ドイツの定義自体が内実がない。民族（Volk）という考えは、ドイツ人が人種としての血塗られた運命に身を投じるよう得心させるためにあるのだ。民族は自らがそうあると証明するものに過ぎず、そこに闘争がなくば無になる。[*1]

操ること以外に政治の目的も題目もなかった。カール・シュミットのような天賦の頭脳が不合理なまま邪悪さを覆い隠す時に完《まった》きものとなる「暗黒」があるだけだった。ドイツがオーストリアとチェコスロバキアを破滅させ、ソ連がリトアニア、ラトヴィア、エストニアを占領し併合し、ドイツとソ連とがそろってポーランドを破壊した際に、シュミットは国家のない状態という法理論を準備していたのだった。それは、国際法は規範からでなく力から生まれたのだという自明の理から出発していた。支配が興味深いのは、誰が支配にとって例外たりうるかを明らかにする場合のみだった。シュミットにとって、「時代遅れの国家間の国際法」など虚構《マスカレード》に過ぎない。というのも、重要なことは誰が国家群を破壊できるかだけだったからだ。ドイツが指導者《フューラー》に従い「国家の領土などという空疎な観念」を無視するなら、ドイツの権力はその「自然の辺境」へと流れゆくだろう。その結果は、シュミットが「ユダヤ的」として描き出す政治的・軍事的な活動への規範に則った抑制などには煩わされない「分別をもって分割された地球」になることだろう。[*2]

シュミットは、ドイツ人の法理解においてユダヤ人の「悪影響」からの浄化が必要と考えていたが、ユダヤ人の悪影響という際にはシュミット自身の結論やそれに類する結論を阻む原理を指していた。国家の終焉を断言することは、ジャングルの法を応用し、それを現実の法として提示することになる。実践においてだけでなく原理の問題としても、力は正義を生んだ。そしてむろん、この結論は、原理という考え方そのものを廃棄するのにきわめて近かった。同じような主張が、ヴィクトル・ブルンスやエトガル・タルタリン＝タルンハイデンのようなナチスの法理論家によっても、異なった風にであったがなされた。オーストリア国家の終焉を即製の首相として統括し、占領下オランダでは国家弁務官（ライヒスコミッサール、Reichskommissar）として内政のトップに立ったアルトゥル・ザイス＝インクヴァルトは弁護士であり法学博士だった。その二つの要職の間には、彼は占領下ポーランドの総督であったハンス・フランクの下で副総督を務めた。アルトゥル・ザイス＝インクヴァルトはこう述べた。西ヨーロッパでは我々には職務がある。そして東ヨーロッパでは「我々には国家社会主義の使命があるのだ」、と。[*3]

ヒトラーお抱えの弁護士ハンス・フランクは、占領下ポーランドで自分のしていることの「合法性」について回りくどくもっともらしい擁護論を倦まずに繰り出した。「法は人種に奉仕するものであり、法のない状態は人種を傷つけるものである」。非人種主義的な規範は単純にユダヤ人の仕業であり、「連中は本能的に法理学の中に、彼ら自身の人種的な所行を実行する最良の可能性を見出している」。ハンス・フランクは人種の勝利は人種に安楽をもたらすものであり、生存圏《レーベンスラウム》は家庭の居間の喜びに関わるのだということを決して忘れなかった。フランクは居所にすべく王宮を盗むだけでなく、自分の食卓に並べるために実際に他の城を回って銀製品を盗んで回るような男だった。彼は妻をクラクフのゲットーに買い物のために足を伸ばさせたが、そこでは価格はいつでも好都合なものだった。ポーランドを離れるに際して、フランクは、ポーランドにあったレンブラントの絵画をいくつも持ち出した。[*4]

法曹家は、ドイツから無秩序状態を輸出した者たちの間で突出した存在だった。たとえば、ブルーノ・ミューラーは、一九三九年ポーランドではアインザッツグルッペを指揮したし、一九四一年ソ連ではアインザッツコマンドを指揮した。彼は国家を消滅させる二つの作戦でポーランド人とユダヤ人とを大量殺戮した。二番目の作戦で最初に処刑する際に、ブルーノ・ミューラーは二歳のユダヤ人の赤子を抱き上げて言った。「我々が生き延びるためにお前は死ななければならないのだ」[*5]。

これが、人種を尊重し国家に背を向けた法が成り下がった姿だった——実際にずっと意図してきた姿だったのだ。

戦争中のドイツも、修正は加えられたとしても国家のままだった。ほとんどのドイツ人にとってほとんどの場合、まったく伝統的な意味合いでの法は、国家の裁判によって施行されたが、依然社会を組織化していた。ユダヤ人差別などのドイツ市民に主として向けられた政策は、より大規模な闘争に向けての準備としてきわめて重要だった。強制収容所の無法地帯のような、ドイツ国家を弱体化するかに見える政策は、東方で生じるだろう大規模な「国家のない地域」のための鋳型《テンプレート》だった。SSと伝統的な警察とを結びつけて雑種形成されるような、国家を変容させると思える政策は、戦前の国家群が破壊された東方における組織をつくるドイツの可能性を明らかにした。ドイツの国外に出てはじめて、カール・シュミットが願ったように、例外が現実に規則になりうるのだった。というのも、ドイツの国外に出てはじめてノーマルな政治活動は消滅させうるのだし、ニヒリスティックな権力という新しいエートスが生み出されうるからであった。[*6]

アインザッツグルッペンがドイツ軍に従って東方に向かい、まずは二重に占領された地域、次いで戦前のソ連領へと進むにつれ、司令官たちはときおりベルリンと連絡をとった。ポーランドの暗号専門家の助けを借りてイギリス当局は、自分たちでも、ドイツが暗号化しそれを平文に直すのに用いていた「エニグマ」機の複製を作ってみた。イギリス人が認識するに至ったように、彼らが平文に直したのは獲物の数だった。ウィンストン・チャーチルはこう述べた。「我々は名前のない犯罪に立ち会っているのだ」。その加害者たちは、自ら造りあげた政治的環境で主導権と創造性とをもって活動している人間たちだった。国家の破壊はいつでも政治を修正するに留まるわけではなかったし、むしろ新種の犯罪を可能にする新種の政治を生み出したと言えた。[*7]

ホロコーストは、人種的ステレオタイプを我々の頭に沁みこませてきた。けれど、いかなるステレオタイプをもってしても、ドイツのソ連侵攻後の六ヶ月間に、ユダヤ人大量殺戮の技法が発達し、ほぼ一〇〇万人のユダヤ人が殺戮された「理由」と「経緯」とを説明できないでいる。ドイツ人のステレオタイプは、彼らが秩序立っていて計画に従うというものである。けれど、ソ連侵攻が一九四一年六月二二日に始まった時点では、ベルリンは、ドイツ支配下のすべてのユダヤ人については言うまでもなく、ソヴィエト・ユダヤ人についても絶滅の計画を持っていなかった。一つの考えとして、ソヴィエト・ユダヤ人は、赤軍に対する迅速で勝利に終わる軍事作戦の後で、シベリアに送るというものがあった。その戦争の間に起こす最終的解決についての議論はなかったし、議論のありうるはずもなかったのだ。というのも、ドイツ人指導者たちは、戦争は数週間しかかからないが、最終的解決は年単位だと当然の如く考えていたのだから。[*8]

時として国防軍に続いてソ連に入ったアインザッツグルッペンは、全員を殺戮するという明確な計画を携えた止めることのできない「悪の代理人」だと描かれる。この主張では、アインザッツグルッペンの兵士たちは、計画があったか否かにかかわらず、そもそもの始めからユダヤ人全員を殺害するものとされていたことになる。完璧な知識と排他的な権限を有する特殊な反ユダヤ部隊としてのアインザッツグルッペンのイメージが立ち現れる。けれど、これは実際には、あてはまるものではなかった。アインザッツグルッペンは当初からいくらかのユダヤ人の殺害は命ぜられていたが、全員を射殺せよということではなかった。彼らの受けた最初の指示では、ユダヤ人はいくつものカテゴリーの一つだった。アインザッツグルッペンのソ連侵攻開始時の基本任務は、ポーランドでやってのけたように国家を破壊することであった。よって、彼らの標的はソヴィエト体制の大黒柱と目される集団だった。ポーランドでは、それは教育を受けたポーランド人を指した。ソ連では、ナチスの観るところ、それは共産主義者とユダヤ人男性だった。[*9]

反ユダヤ主義では、アインザッツグルッペンの隊員たちの振る舞いの十分な説明にはなりえない。一九三八年にオーストリアとチェコスロバキアに送られたアインザッツグルッペンは、ユダヤ人を殺害しなかった。一九三九年にポーランドに送られたアインザッツグルッペンはユダヤ人など比較にならない数のポーランド人を殺害した。ソ連に送られたアインザッツグルッペンでさえ、ユダヤ人以外をも殺害していた。ソ連占領を通して、アインザッツグルッペンは、身体障害者、ジプシー、共産主義者、そして地域によってはポーランド人を殺害した。その点について言えば、ユダヤ人射殺を専門にするドイツ人（ないし対独協力者）はいなかった。つまり、ユダヤ人を射殺するだろうと思われる者なら誰でも、ユダヤ人以外も射殺するだろうと思われていたし、現実にそうしたのだった。ユダヤ人を射殺したアインザッツグルッペンの数千人の隊員と数万のドイツ将兵のうち、ユダヤ人は殺害するが、ジプシー、ベラルーシの民間人、ソヴィエトの戦時捕虜を殺害するのは拒んだ殺害者などは知られていない。また、ベラルーシの民間人やソヴィエトの戦時捕虜、ジプシーを殺害するのには同意したが、ユダヤ人の場合には首を横に振った殺害者もいなかった。人々を殺害する者たちは、人々を殺害したのだ。[*10]

アインザッツグルッペンはユダヤ人以外も射殺した。そしてアインザッツグルッペン以外の者もユダヤ人を殺害したのだ。アインザッツグルッペンが最初にユダヤ人を大量に殺戮したとはいえ、彼らはドイツ人加害者のなかではほんの一握りだった。もっぱらアインザッツグルッペンに責任を負わせるという神話は、ドイツ連邦共和国での戦後の裁判で、ドイツ人殺害者の大多数を守り、殺害行為をドイツ社会そのものから切り離す便法として立ち現れた。実際に、ドイツ人警察官は東部戦線においてアインザッツグルッペンよりもずっと数が多かったし、殺害したユダヤ人の数も多かった。これら警察官は、たいがいはアインザッツグルッペンの備えていた装備を持っていなかったが、ドイツ国外での破壊や人種戦争が可能になるようにドイツ国内に雑種形成された組織を創設しようとするヒムラーとハイドリヒの試みの中心にあった。信頼できないと見なされた警察官たちは、その職から外されていた。ソ連侵攻時までに、将校の地位を持つ警察官のほぼ三分の一はＳＳに所属していたし、ほぼ三分の二は国家社会主義党に所属していた。彼らが党員とかＳＳの隊員であったかにかかわらず、ドイツの警察官は東方に派遣され、ユダヤ人を殺害した。ドイツ兵もまた多数のユダヤ人を殺害したし、一九四一年のずっと大規模な大量射殺を組織する際には、アインザッツグルッペンや警察に手を貸した。

一九四一年には、アインザッツグルッペンのドイツ人隊員、ドイツ人警察官、ドイツ兵たちが、ソヴィエト支配を経験してきた多様な民族からなる地元住民と力を合わせた。一緒になってこれらの集団は、ドイツのソ連侵攻後の半年間で大量殺戮の技法を発展させた。その技法はそれ以前の計画を何一つ反映していなかった。実際に、そうした技法のいくらかは当初の命令に違背するものもあったのだ。アインザッツグルッペンはヒムラーとハイドリヒが命じたところを実行したが、アインザッツグルッペンの司令官たちは殺戮の技法も洗練させたし、殺戮の合理化も開発した。司令官たちは、自分たちの作戦や合理化が他のドイツ勢力にも受け入れられるかどうかをテストしなければならなかった。彼らは自分の部下たちに女子どもを殺せと説得せねばならなかった。また、彼らは、仕事が巨大でしかも難しくなって来たので、地元協力者を確保する手段も探さねばならなかった。

一九四一年の殺戮が地元住民を巻き込んだとして、それはドイツの政策でなく地元での反ユダヤ主義のためではないか？　これが政策なきホロコーストを説明するのに人気のあるやり方である。東ヨーロッパの野蛮さの、歴史的に見て意外性のない噴出としてとらえるのである。この種の説明は安心感を与える。というのも、ごりごりの反ユダヤ主義と結びついた民族だけが破滅的な暴力に溺れるのだという考えを成り立たせるからだ。この心地よいが誤った考えは、ナチスの人種主義と植民主義が残した遺産である。ホロコーストは原始的な反ユダヤ主義の単純素朴な爆発として始まったという人種主義的で植民主義的な考え方は、ナチスの使うプロパガンダやキリスト教的弁証法として立ち現れた。ドイツ人は東部戦線でのユダヤ人殺戮を、抑圧された諸民族がユダヤ人の大権力者と目されるものに対して抱いた正当な怒りだとして描きたかったのだ。

どれほど偏狭なナチスでさえ理解したことは、ひとたび東ヨーロッパに到着したら、事態はこれほど単純でなかったことだ。ドイツ軍部隊の到着に続いた本当に自発的な意趣返しは、人種的な動機からというより政治的なものであったし、ごく少数のユダヤ人しか殺害しなかった――それに非ユダヤ人も殺害したのだ。アインザッツグルッペンの司令官たちに与えられた指令は、地元での自発性を装えということだったが、これはむろん現実がそうでなかったことを示している。実際に、ドイツ軍が数週間のうちに結論づけたのは、ソ連に支配されていた人々の間で起きたポグロムの興奮は、最終的解決への道などではないということだった。ソ連、ドイツが連続して占領した、ホロコーストがそこから始まったリトアニアでは、殺害されたユダヤ人でポグロムの犠牲者は一パーセント未満であった。序でながら、ドイツ人はどんなポグロムであってもその場に立ち会ったが。[*11]

戦後になって、ソヴィエトのプロパガンダはナチスの事例を繰り返し採り上げた。ソヴィエトのプロパガンディストにとって対処しなければならない不快な現実の一つ目は、ホロコーストが、一九三九年、一九四〇年とまさにソ連が新しい革命秩序をもたらした地域で始まったことだった。二つ目は、あらゆる民族のソヴィエト市民が、しかもそのなかにはかなりの数の共産党員も入っていたのだが、ドイツと接触があったどこにおいても、ユダヤ人殺害においてドイツに協力していたことだった。一九三九年から一九四〇年にかけてソヴィエトが併合した土地、ソヴィエト・ロシアを含めて戦前からのソ連領のどちらにおいてもだった。よって、ソヴィエトのプロパガンディストはジョージ・オーウェルばりの明確さをもって、歴史を「民族化《エスニサイズ》」し、ホロコーストの責任を（厳密にはソ連が一九四〇年に破壊した国家の住民である）リトアニア人やラトヴィア人、そして（民族的野心がこちらもソヴィエト勢力によって砕かれた）西ウクライナ人だけに押しつけようとした。こうやって道義的責任をソ連国外に放出してしまうことは、戦後になってこれらの土地を一新されたソヴィエトが取り戻すのを正当化するように思えた。つまるところ、まずナチス、次いでソヴィエトが、ユダヤ人殺戮の責任を、両国共が侵攻した国々に向けようと努力したのだった。[*12]

確かに東ヨーロッパには土地土地に反ユダヤ主義がいくらでも見られた。ユダヤ人にとっての主要なホームランドでのユダヤ人への敵意は、数百年にわたって宗教的にも文化的にも政治的にも重要な風潮だった。とりわけ戦間期のポーランドにおいて、ユダヤ人は国家体制にとってよそ者であり、領土を出て行くべきだという考えは、一九三〇年代にこれまでになく高まった。もっとも、反ユダヤ感情と殺害の間の関係について短絡するわけにはゆかない。古くからあった反ユダヤ主義は、ポグロムがなぜまさに一九四一年の夏に始まったのかを説明できない。そういった説明は、ドイツがソヴィエト勢力を駆逐したところでいちばん多発しているという示唆に富む事実、そうした場所でポグロムを煽動するのは明らかにドイツの政策だったというはっきりとした具体的な事実を無視しているのだ。ポグロムや他の形での殺戮への地元住民の協力は、反ユダヤ主義が戦前盛んだったポーランドでは、反ユダヤ主義が戦前そこまで盛んではなかったリトアニアやラトヴィアでよりも少なかった。戦前反ユダヤ主義が犯罪であったソ連においては、ポーランドにおけるよりも、ユダヤ人殺戮への直接的な協力がずっと多く見られた。占領下にあったソ連では、ユダヤ人殺害はドイツ軍と接触してすぐに始まった。占領下のポーランドでは、ホロコーストはドイツの侵攻から二年以上経ってから始まったし、地元住民からはおおむね隔てられたものだった。占領下にあったソ連では、ユダヤ人殺戮は、屋外で、それも住民の前で、若いソヴィエト市民の男たちの手を借りて行われたのだ。

何十年も前の、何千マイルも離れたところの、単純な人々の胸中の単純な考えが、複雑な事件を説明できると想像してみたくなるものだ。東ヨーロッパの地元の反ユダヤ主義が東ヨーロッパのユダヤ人を殺害したのだと考えることは、他の人間たちに、ナチスがかつて感じたものと相通ずる優越感を与えるものだ。それら他の人間たちはきわめて原始的であると、我々は考えても良かろう。こうした解釈がホロコーストの説明として失格だというだけではない。その解釈に潜む人種主義のおかげで、我々は、ドイツ人とユダヤ人だけでなく地元住民までも、政治に反映される複雑な目標を抱えた個々の人格なのだろうという可能性を考えられなくなってしまうからだ。我々が「民族化」だの「集合的責任」だのといった罠に陥ると、我々は、政治的思考を放棄し、個人の人格を棚上げにする点で、ナチスやソヴィエトのプロパガンディストと結託してしまうのであるから。[*13]

一九四一年の後半に起きたことは、一〇〇万人のユダヤ人の生命を奪った加速する殺戮作戦だったし、はっきりとドイツ指導層に彼らの支配下にあるすべてのユダヤ人は消滅させうると確信させることになった。この大災厄は、ステレオタイプでは説明できない。受動的であるか共産主義者のユダヤ人。秩序立っていて計画づくめのドイツ人。獣のようだったり反ユダヤ主義だったりする地元住民。それだけでなく、当時いかにも強力だったし現在いかにも便利である、他のどんな決まり文句を繰り出してきても差し支えないが、ステレオタイプでは説明できない。この先例のない大量殺戮は、ある特殊な性格を帯びた政治がなければ、起きえなかっただろうはずのものであるのだ。

二重に占領された地域での大量殺戮の開始は、ヒトラーがドイツで政権の座に就いた八年前に始められた新政策の最新の発展段階だった。ナチスがドイツ国内の生物学的な政治を発展させるためにナチス以外のドイツ人に接触しなければならなかったのとちょうど同じで、ドイツ人は、ナチスのイデオロギーがドイツ国外でも具現化されるように非ドイツ人に接触しなければならなかった。[*14]

ある意味で、一九四一年の侵攻は、ドイツにおけるヒトラーの権力奪取を映し出していたのだ。血塗られた人種闘争の惑星規模のヴィジョンというほとんどの人間にほとんどの場合本質的に魅力を持たないものが、緊迫した時機には、政治的な支持を生み出すような観念やイメージに翻訳されたのだった。一九三三年のドイツでは、ユダヤ人は共産主義者で、共産主義者はユダヤ人だというヒトラーの観念は、左翼による支配はドイツにとって混沌と飢えしかもたらさないという月並みだが取っつきやすい考えに翻訳された。一九四一年の東ヨーロッパで、「ユダヤ・ボルシェヴィズム」もヴィジョンから政治へと翻訳されたが、それは住民がすでにソヴィエト支配を経験している土地においてであった。この二つのケースにおけるイデオロギーの政治への翻訳の鍵となるのは、きわめて重要な時点で人間の経験に効率的に訴えることであった。一九三三年のドイツでは、ヒトラーは、恐怖の先を東方の近隣の国ソ連に向けさせた。一九四一年には、二重に占領された地域では、ドイツはソ連による占領の経験のはけ口を、隣人のユダヤ人に求めさせた。

皮肉も極まれりだが、ナチスは自らの基本的な誤りから恩恵を被っていた。彼らの本質的な考え方は、ソ連はユダヤ人の帝国であり、ドイツ帝国によって破壊されることになるだろうというものだった。けれど、一九四一年六月にドイツがソ連に侵攻したとき、侵攻したドイツ人が目の当たりにした社会はユダヤ人の支配者とクリスチャンの犠牲者とに分かたれてはいなかった。一つには、ソヴィエトは、標的にした人間たちを社会から身体的に一掃する点にかけては、それまで、ドイツ人よりも効率的にこなしてきた。たくさんのユダヤ人や他の民族マイノリティも含めてだが、五〇万人程度の、ポーランド市民やリトアニア市民やラトヴィア市民がグラーグに送られていた（そしてそこでかなりがすでに亡くなっていた）。さらに（繰り返しになるが）ユダヤ人や他の民族マイノリティも含めてだが、数千のポーランド市民やリトアニア市民やラトヴィア市民の死体が、隠されたソヴィエトのいわば合同墓所に埋められていた。こうした議論の余地のないソヴィエト支配の犠牲者たち全員が、死んでいるか、数千マイルの彼方にいた。ＮＫＶＤの囚人たちでさえたいがいは徴募できなかった。というのも、彼らのほとんどは、ドイツ軍が到着したのと時を同じくして、射殺されるか移送されるかしたからだった。[*15]

ドイツ人には想像できぬほど、ソヴィエトは地元住民を自分たちの体制に組み込んでいた。これによって――彼らがソヴィエト体制内である程度の力を発揮していたにもかかわらずというべきか、まさに発揮していたがゆえにというべきか――二重に占領された地域では住民は自分たちを犠牲者と見なすことができた。犠牲者であることを強く主張することで、何としてもとり繕おうとする心理的、政治的理由付けは強くなった。当初はソヴィエト体制を支持した左翼だったが、それから転向し、今では最初のソヴィエト体制との関わり合いを忘れたがっている人々がいた。当初はソヴィエト体制に抵抗したが、それから工作員や密告者としてソヴィエト体制に徴募された男女もいた。そうした人々は、ソヴィエトに協力することで、死や移送を免れていたし、よってドイツ軍が到着したときにまだ故郷にいた――そしてふたたび協力することで過去を消し去りたいと願っていた。赤軍に徴兵され、その後ドイツ軍が到着した際に脱走した若者たちもいた。戦間期の政府に仕えた後はソヴィエト体制に仕え、よってソヴィエトに実際に抵抗した者たちを移送する手助けをした警察官たちもいた。ドイツ軍が到着した際、そうした警察官たちが、自分たちが協力的であると証明して見せようとするのも無理からぬところだった。ソヴィエトの公安機関で高官として働いていた者たちもいたが、あまりにも高官だったので他の人間たちは忘れてくれないと自分でもわかっていた。そうしたケースでは、問題の人物たちは、生き延びるためにはドイツに協力して重要な地位を維持しなければならなかったのだが、時としてそれをやってのけたのだ。[*16]

ソヴィエト体制は、ユダヤ人による共同謀議などではなかったし、共産党員、警察官、協力者たちはほとんどがユダヤ人ではなかった。けれども、ドイツは、ユダヤ人だと信じる必要があった。というのは、侵攻の大前提が、ユダヤ人の陰謀団は地元のユダヤ人協力者たちが一掃されるとすぐに崩壊するというものだったからだ。戦争中に自分だけ無事に逃れるために、あるいは後になってから自分たちの経験を「民族化」しようとして地元住民が何を言おうとも、彼らは一般的にそういった類の話は嘘っぱちだと知っていた。何せ、彼らはソヴィエト体制を現実に経験していたのだから。ソヴィエトの行政部門は、戦前の体制よりもずっと多数のユダヤ人を雇っていたし、ユダヤ人の人口比率を考えると不相応であった。それにも関わらず、ソヴィエト権力はどこでも、地元の多数派に基盤を置いた。多数派がラトヴィア人、リトアニア人、ベラルーシ人、ウクライナ人、ロシア人、あるいはポーランド人であったとしても。非ユダヤ人が、ユダヤ人はソヴィエトの協力者であり、ソヴィエトの協力者はユダヤ人であると主張した場合（そうした主張が今日でもなされている場合もだが）、彼らはソヴィエト体制で非ユダヤ人住民が果たした不可欠な役割を極小化していたのだ。共産主義をユダヤ人的と、またユダヤ人を共産主義的と規定する際に、ドイツ人の侵攻者たちは実際上、ソヴィエトへの協力者たちの大多数に特赦を与えたのだった。[*17]

（それが政治的現実だったが）ソヴィエト体制に実質的にすべての者が関わったことは、（こちらは政治的ファンタジーだったが）少数の罪あるユダヤ人という考えに収斂することができた。「ユダヤ・ボルシェヴィキ」という神話は、ナチスが自軍の侵攻を正当化するために持たねばならなかった考えをいっそう強化したのだった。その考えとは、ソ連に一撃を食らわすことは国際的ユダヤ人の陰謀を台無しにする第一歩となるし、ユダヤ人に痛棒を喰らわすことでソ連を打ち倒せる、というものだった。その考えは同時に、現にソヴィエト権力に与《くみ》した者たちが、彼らの想像の中でも、新たな反ソヴィエトのナチスの支配者たちとの交流においても、自分たちから過去を切り離すのを可能にした。ハイドリヒが「自己浄化」の必要性について記すとき、彼は、その地の共同体に対しユダヤ人から自らを浄化するよう拍車をかけられると考えていた。実際に、地元住民がユダヤ人に対するナチスの政策に肩入れした場合、あるいはそう見せている場合には、地元住民は自分たちを過去から浄化しているのだった。ドイツがソヴィエトの支配と占領の政策について無知であったことは、地元住民にとってドイツ人を利用するある種の好機を生み出したのだ。

結果として、立ち現れた血塗られた政治というものは、ドイツ人と地元住民が協同して創りあげたものであって、ドイツ人、地元住民どちらもがソヴィエト権力を台無しにしようとしていたが、ソヴィエトの権力がかつてどのようなものであったかという考え方も違えば、利害も異なっていた。確かに、経験も物の観方も目標も異なった行為者たちの協調こそ、政治の範疇であったが。けれど、度外れて容赦のない体制がもう一つのやはり度外れて容赦のない体制に道を譲り、それまで広汎に観られたのはソ連への協力だったのが、人種的殺人へのナチスの命令が一般化したこの特別な時機と場所においては、指針となる政治的権威の源が見つからなかった。グレイター・イーブルの政治は、混沌の時代に、協同して創られたものだったのだ。

　ある意味では、一九四一年は、一九三八年にナチスが最初に国家破壊に成功を収めたオーストリアのアンシュルスの反復であった。ナチスの指導者たちのいくらかがウィーンで学んだように、国家の権威の停止そのものが政治面での資源を生み出す。というのも、突然ほとんどの者が旧体制と結びつけられないよう願い、誰もが新体制によって支持されるか、少なくともお目こぼしにあいたいと願うようになるからだ。新体制がナチスの体制であったときには、人種主義が多くの人間たちに、公に演じてみせることで自身の実際の政治的経験から己を切り離すのを可能にした。一九四一年占領下のソ連では、一九三八年のオーストリアと同じで、前体制の崩壊が政治的な舞台芸術《シノグラフィー》の美的要素をもたらした。それによって地元住民は、自分の利益と願望とを現在政権を担っている連中の傍目にもわかる考え方と融合させながら、ナチスのイデオロギーを演じてみせた。ユダヤ人を公的にも儀礼的にも前体制と重ね合わせるのは、多数派はその外の比較的安全なところに残しながら、閉ざされた有罪宣告の輪の中でユダヤ人と前体制の両方を同時に違法化することであった。仮に体制が崩壊し、ユダヤ人こそその体制であったなら、ユダヤ人の消滅は論理的帰結であった。「ひとまとめに《アンマス》」殺害するにはまず集めなければならないのと同じで、権限というのも廃棄するのにはまず集権化されねばならない。よってユダヤ人が、それもユダヤ人のみが、過去について責めを負うことになった。それでユダヤ人が集められ、殺害されるとき、責任も煙とともに消えたのだった。

　一九三八年のオーストリアではたくさんの地元ナチス党員がオーストリア・ユダヤ人のための計画を

練っていたので、国家が崩壊したときにも、即座に人種的な行動が取られた。一九四一年六月にドイツ軍が再侵攻した最初の地域である、二重に占領された東ポーランドにおいては、反応はそれほど的確ではなかった。というのも、地元住民にも当初は、ナチスが何を期待しているかはっきりしているわけがなかったからである。もちろん、ドイツがソヴィエト権力を排除したことは、ソヴィエトが二一ヶ月前にポーランド国家を排除した際に引き起こしたのと同じように、きわめて多くの地元での意趣返しを引き起こした。けれども、ドイツ軍到達とともに始まった、当初の打擲、辱め、殺害は民族の違いによって引き起こされたのではなく、占領期間においての個人的な不満に駆り立てられてのものだった。ドイツ軍が到着して直ぐの日々に、なるほどポーランド人はユダヤ人を殺害したが、ポーランド人は同じポーランド人も殺害したのだ。ユダヤ人の大規模なポグロムは、ソヴィエトの撤退によってではなく、ドイツ軍の到達によって促されたのだ。

ドイツ軍は体制変化の基本的な舞台芸術を思い描いていたように見えた。ソ連への侵攻に伴ってアインザッツグルッペンとドイツ秩序警察によってもたらされた舞台芸術は、ウィーンでのSAの儀礼的な暴力に酷似していた。一九三八年春の「舗道こすりパーティー」に当たるものは、一九四一年夏に二重に占領された地域でのレーニンとスターリンの銅像の儀礼的な破壊だった。ユダヤ人に描かれたプロパガンダをこすって消させたのは、ユダヤ人にそれについての責任を負わせることだった。ユダヤ人に強制してやらせたり、その光景をじっと眺めていた者たちは、旧秩序から自分を免責させていたのだし、新秩序のご主人様に取り入ろうとしていたのだった。

地元住民が一九四一年のドイツ軍侵攻に期待していたものは、一九四〇年のソヴィエトによる支配の経験如何によった。そして、そのソヴィエト支配の経験が意味したものは、戦間期の政治次第であったのだ。東ヨーロッパのさまざまな民族――ポーランド人、ウクライナ人、ベラルーシ人、ユダヤ人――が一九四一年六月にドイツ侵攻にまことにさまざまな反応を示したのは、民族が異なっていたからというのではなく、それまでの経験から生じた希望と目標が異なっていたからだった。ドイツ軍侵攻の後の数日間、数週間というもの、東ポーランドの中でも南の方が北の方よりドイツへの協力者が多く見られたのは、東ポーランドの南部にはドイツ軍の侵攻が自分たちの政治的利益を亢進してくれると信ずるウクライナ・ナショナリストたちがいたからだった。[*18]

ウクライナ・ナショナリストは、一九四一年夏に再侵攻された東ポーランドの南部でポグロムを組織するのに手を貸しながら、同時に、ドイツ人がソヴィエトによる支配の経験を「無辜のウクライナ人と罪深いユダヤ人」という夢物語に翻訳するのにも手を貸していたのだった。囚人の死体がNKVDの監獄の中で見つかったときにも、ドイツのプロパガンダは当然のことに、処刑したのはユダヤ人の仕業だと描いてみせた。六月三〇日に、ドイツ軍がリヴィウでNKVDによって射殺された数千人の囚人の死体をいくらか片づけた際に、ウクライナ・ナショナリストは、こうした殺戮はウクライナ民族に対するユダヤ人の犯罪であるとドイツが喧伝するのにも手を貸した。実際に手を下したほんもののNKVDの将校たちは逃げてしまったが、リヴィウのユダヤ人はリヴィウにそのまま残っていた。他のどことでも同じで、ここでも、死体はどこで見つかろうが晒しものにされ、恐怖はユダヤ人と結びつけられた。その瞬間の衝撃は、政治的な犯罪を民族的な犯罪へと変えてしまうのに役立った。そして、民族的犯罪は民族的責任を伴ったし、責任があると見なされた者たちを殺害するのは、報復というよりも、過去を変質させることだった。最新の歴史は、殺人を教訓《モラル》とする人種的寓話になっていた。むろん、個々の例においては、事態はこれよりもずっと単純なことがありえた。たとえば、ソヴィエトの監獄での射殺を生き伸びた一人のウクライナ人が、ドイツに仕えるある地域の警察署長になったとか、である。[19]

一九四一年七月二五日のことだが、リヴィウでは、NKVDが囚人たちを射殺して四週間以上経ってから、ユダヤ人たちが、地元のウクライナ・ナショナリストの助けを借りてドイツ人が組織した一回のポグロムで殺害された。このポグロムが自発的な反応のはずがなかった。一九四一年夏のポグロムを積極的に手助けするのは、それまで共産主義者だったかソヴィエトへの協力者だったか、あるいはどちらでもあったかする多数のウクライナ人にとって、役に立つ政治的な遮蔽幕を手に入れられたことであった。民兵によって地域に広められた「ユダヤ・ボルシェヴィキ」の神話は、現実にはユダヤ人でなくウクライナ人であったほとんどのソヴィエトへの協力者にとって完璧な逃げ道を与えてくれた。ウクライナ・ナショナリストは同胞のウクライナ人に、ユダヤ人を一人殺すことでソヴィエトに協力したという汚名をそそぐことができると説明した。始終あったことだが、ミゾチの町でのように、ソヴィエト支配への協力者のいくらかは、一九四一年夏までは、ソヴィエト統治機構の中でユダヤ人と協力してやっていたウクライナ人ナショナリストたちだった。[20]

実際のウクライナ人の政治的経験を「ユダヤ・ボルシェヴィキ」という抽象的なものに矮小化することで、ドイツはソヴィエトに協力してきたウクライナ人に機会を与え、ウクライナ人はさっさとそれに飛びついたのだ。再三再四、ウクライナ人は、ユダヤ人を共産主義者やソヴィエトへの協力者と同一視していたが、それによって自分や自分の家族を庇っていたのだ。たとえば、クレーヴェンの町では、ウクライナ人がユダヤ人の家を一軒一軒回っては、ソヴィエトへの協力者と思えると指摘していった。人口の四分の三がユダヤ人であるドゥブノの町では、一九四一年にドイツ軍により町の運営を任されたいくらかのウクライナ人は、一九三九年にはソヴィエトに仕えていたのだった。言い方を換えれば、戦争が起きて初めの二年間というもの地元のＮＫＶＤの司令官（ユダヤ人であった）がポーランド人、ユダヤ人、ウクライナ人を移送するのに手を貸していたウクライナ人が、彼ら自身実際にはソヴィエトへの協力者であったのにもかかわらず、ドイツ軍に対してソヴィエトへの協力者だったとして告発したユダヤ人、ウクライナ人、ポーランド人をＳＳが殺害するのに手を貸す側に回ったのだ。ドイツ軍は告発の嵐を処理することができなかったし、また自身の人種的幻想を拠り所にしていたので、しばしば目を眩まされてしまったのだ。二重の協力は、これらの場所ではユダヤ人やポーランド人には指摘されたが、ウクライナやドイツの戦史には現在も見当たらない。[*21]

二重に占領を受けた東ポーランドの北部では、民族問題はなかったし、よって政治面での資源もなかったので、一連の出来事はかなり様子が異なっていた。侵攻後の数週間、ドイツはユダヤ人に対する暴力を促すのに南部よりはるかに巨大な自身の資源を用い、対して成果の方ははるかに控えめなものだった。ユダヤ人はドイツ人に殺害されたし、結局はポーランド人によっても殺害されたが、殺害された人数も殺害が起きた場所も東ポーランドの南部より少なかった。

東ポーランドの北部の主要な都市ビャウィストクでは、ドイツ軍が一九四一年六月に自分たちで大量殺戮を始めた。この時点までにビャウィストクはすでに二度占領されていた。初めは一九三九年九月にドイツ軍がやって来た後、ポーランド作戦でいちばん血に塗れたドイツの特別行動部隊アインザッツグルッペⅣがすぐに続き、この都市のポーランド人とユダヤ人とを殺害した。その月の二八日のドイツ・ソヴィエト境界友好条約の条項のために、国防軍とＳＳはビャウィストクから撤退し、赤軍とＮＫＶＤ

に取って代わられた。ソヴィエト権力の下で、市の中心部のかなりが解体され、ユダヤ人の事業は（他の民族の事業もだが）閉鎖された。ソヴィエトによる支配は一九四一年六月にドイツ軍が再侵攻するまで続いた。一九四一年六月二七日に、秩序警察三二九大隊が、ソヴィエトの落伍兵と「敵」とを一掃せよという総合的な命令を受けてビャウィストクに入った。そこで起きたことが新種のドイツの大量殺戮で、おそらくは原型《プロトタイプ》とする意図があった。

ユダヤ人は背景にソヴィエトの音楽が演奏されるなかで、ビャウィストクからレーニンとスターリンの銅像を撤去するよう命ぜられた。ドイツ人警察官が、徴兵年齢のユダヤ人男性を全員捕まえるようにという命令を受けて市の隅々まで展開した。彼らは見つけると、たくさんの人数をその場で射殺してしまった。ドイツ人警察官は市中にたくさんある小さなシナゴーグの一つの内部で一〇人のユダヤ人を殺し、彼らの死体をシナゴーグの階段に残していった。彼らはいくらかの女子どもと、一〇〇〇人を優に超える男を見つけた。ドイツ人警察官の中にはユダヤ人女性を陵辱する者もいた。そうする間にも、他のドイツ人警察官がシナゴーグの周りの一画を封鎖し、シナゴーグの真ん前に機関銃を据え付けた。ドイツ人はそれからユダヤ人をシナゴーグに押し込め、周りにはガソリンを振りかけ、それに火をつけた。金切り声は何度も機関銃の掃射音で中断されたが、ほぼ三〇分続いた。この舞台芸術の論理はは

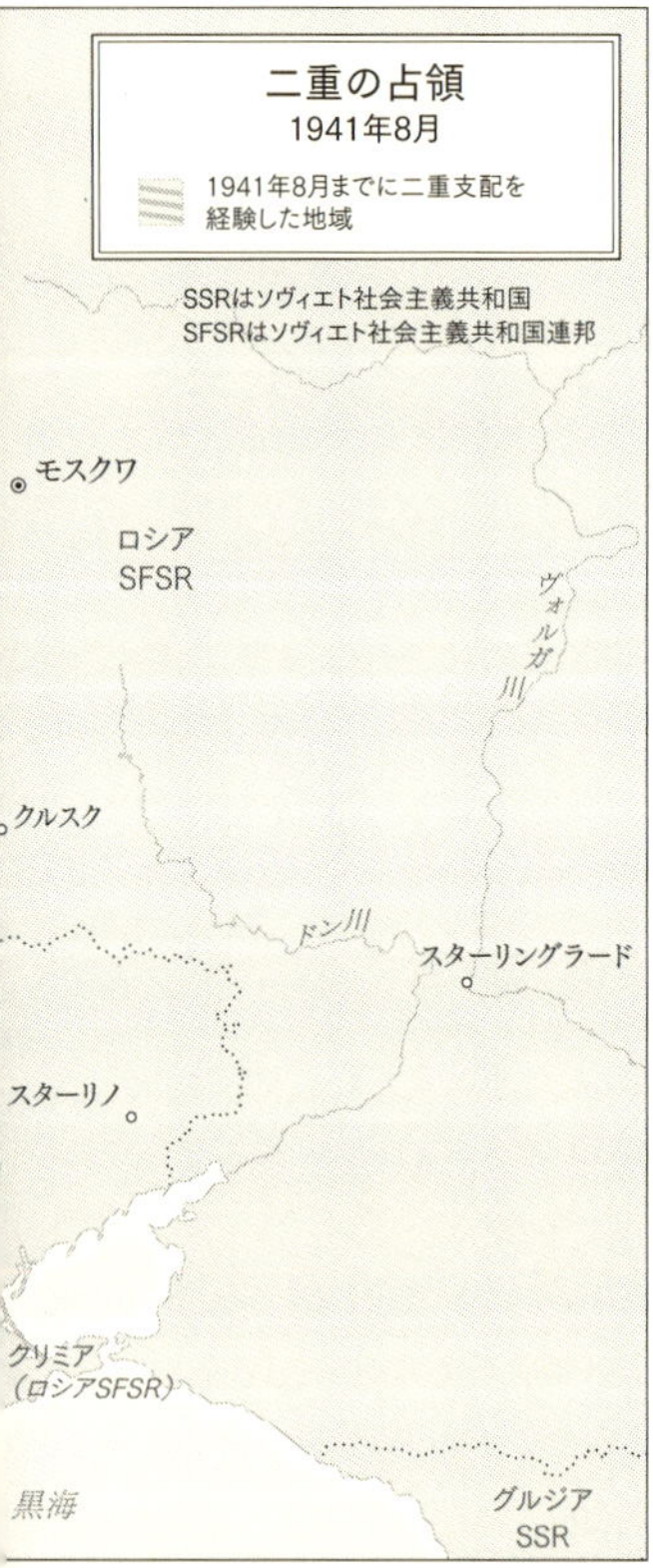

つきりしていた。すなわち、ユダヤ人はソヴィエトによる占領に責任があるから、解放とはユダヤ人を殺害することだ、と。この論理は、戦間期にポーランドの右翼によって普及されていた「ユダヤ・ボルシェヴィキ」の神話を完全に意識している住民にとって、間違いなく十分に明瞭だった。それにもかかわらず、六月二七日の犠牲《イモレーション》をもってしても、ドイツによる大量殺戮は即座の成果には結びつかなかった。ドイツはそれを期待していたように思えるが[*22]。

一九四一年の六月末から七月初めにかけての日々、ポーランド人は東ポーランドの北部でも意趣返しはしていた。ちょうど赤軍が二〇ヶ月前に到達したことが地元での暴力をもたらしたように、ドイツ軍の到達も同じであった。

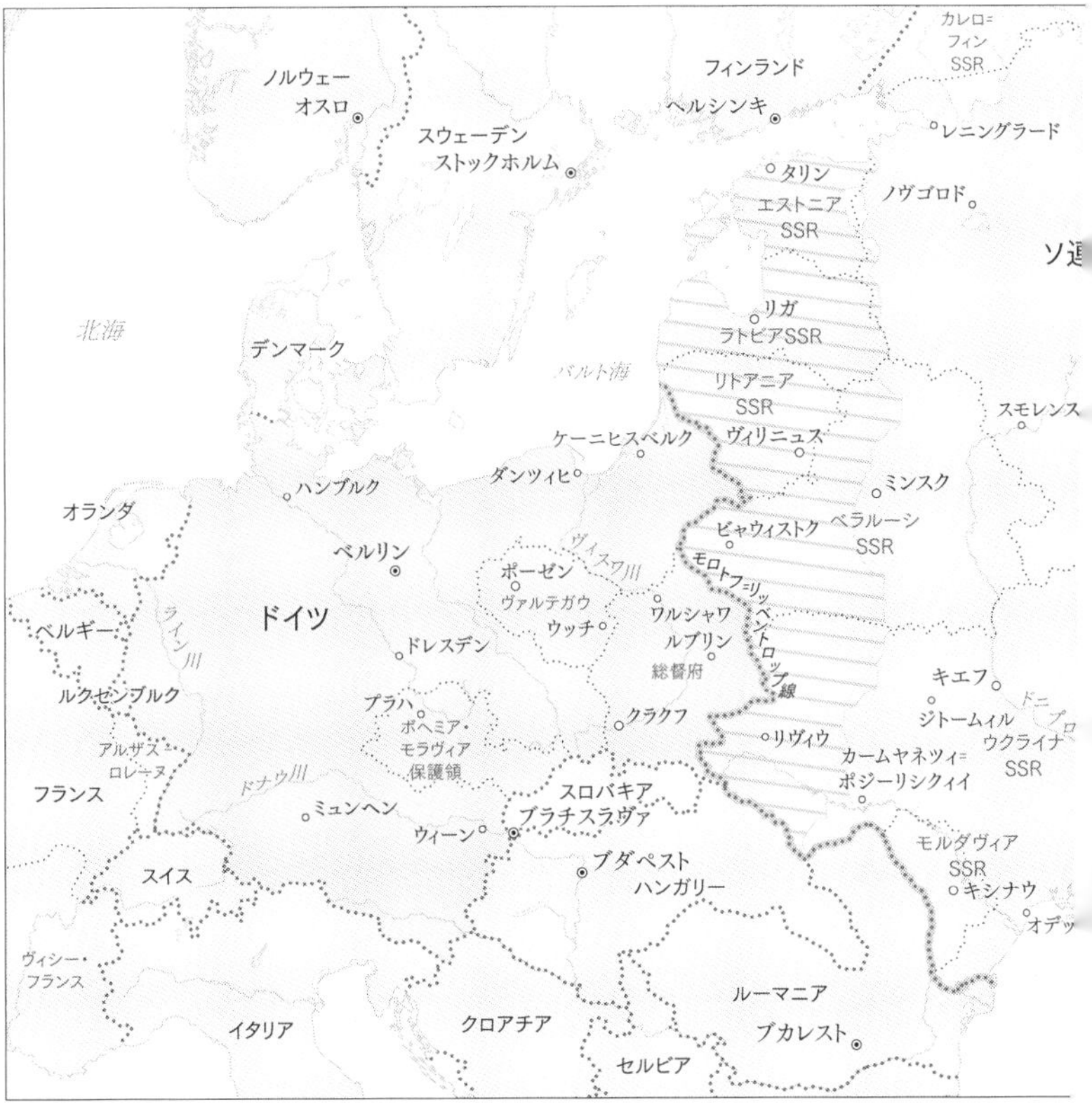

ポーランド人の中にはユダヤ人を殺害した者もいたが、ポーランド人には同じポーランド人を殺害した者もいたのだ。こうした自発的な個々の殺人は、何ら舞台芸術に沿ったものではなかった。ポーランド人は、それほど明瞭には、即座にビャウィストクの例に倣ったわけではなかった。ビャウィストクの大量殺戮から二日後、ハイドリヒは彼のアインザッツグルッペンに向けて、ソヴィエト当局が崩壊して混沌の中にある今だからこそ「鉄は熱いうちにうて」でポグロムを誘発させよ、という特定された命令を発した。内容は、そうした「自浄化努力」は「痕跡を残さずに煽動し、必要あらば火に油を注ぎ、正しい方向に導く」べきであったし、「地元の『自衛団』が後になって政治的な言質に言及する可能性は摘んでおかねばならない」というものであった。[*23]

ハイドリヒの命令が東ポーランドの北部でポグロムを広めるためのものだったとしたら、それは失敗に終わった。ウクライナ・ナショナリストが活動していた東ポーランドの南部と対照的に、はっきりとした政治問題はなかったし、それまで政治組織もなかったうえ、ドイツによるポグロムを地元社会の解放と翻訳できる選別されて訓練を受けているドイツへの国外脱出者の一団もいなかった。一九四一年七月初めに、東ポーランド北部は、ナチス指導者たちとドイツ警察の並々ならぬ関心を集めた。ハイドリヒはポグロムを誘発せよという命令を繰り返した。この地域でポグロムが見られなかったことに失望したヒムラーは、ビャウィストクにやってきて同じような命令を繰り返した。ゲーリングでさえその頃にこの地域を訪れ、自身で同じ命令を発している。[*24]

ナチスのまさに高官三名が出向いたことと、優先したことで、この地域にはドイツ警察がびっしりと集められた。経路は三方向からだった。アインザッツグルッペBの部隊は東方から戻り、拡大された第三帝国の領土からの警察力は北東から、総督府のワルシャワからの警察力は南西からやってきた。これら三部隊どれも隊員はポーランド人やユダヤ人の大量殺戮を経験していた。現に、ワルシャワから派遣されてきた警官にはすでにビャウィストクでの以前の殺戮を経験した者がいた。というのは、ワルシャワに置かれた警察力は、一九三九年にこの市を荒らしたアインザッツグルッペⅣによって構成されていたからである。ナチスのまさに上層部の寄せたこうした度外れた関心と、そこら中から集められたドイツ警察力をもってしても、政治面での資源の欠如を補うことはできなかった。ドイツは十指に余るポグロムを煽動したが、地元ポーランド人は数千のユダヤ人しか殺害しなかった。ドイツ側の観方からすれば、こうした成果は、政治的な動機を持ったウクライナ人が活動している東ポーランド南部での殺戮にはるかに及ばぬものだった。[*25]

殺戮規模は、ドイツ軍がリトアニアとラトヴィアとからソヴィエト勢力を放逐し、自らそれらの国々を占領するに至っても、ドイツが北東ですでに達成しつつあったものにも及ばなかった。実際に一九四一年七月初めにドイツ軍が東ポーランド北部に再侵攻したのは、おそらくは、リトアニアやラトヴィアで達成されていた結果に対抗させようとする試みであった。東ポーランド北部でのポグロムは、北東にあたるリトアニア全土でドイツ人とリトアニア人とがすでにユダヤ人を殺害しつつある後になって始まった。そのことについて言えば、東ポーランド北部でのポグロムは、北東にあたる二つの国の全土で、つまり（リトアニアだけでなく）ラトヴィアでもドイツ人とラトヴィア人とがすでにユダヤ人を殺害しつつある後になって始まった。そうした広い視野で見れば、東ポーランドの北部での殺害は、この地域での殺害がリトアニアやラトヴィアに比べてはるかに少なかったので、段階的拡大でなく段階的縮小だった。しかもそれは数週間後には終わってしまった。政治面での資源を伴わぬポグロムは、袋小路にはまるものなのだ。

ドイツは新しい政治を学びつつあったが、成功からも失敗からも教訓は得られた。ポグロムをそこここで起こさせたこと（これは成功したこと）と、本当に自発的なポグロムが起きなかったこと（こちらは失敗に終わったこと）とは、当初ナチスが地元住民がとるだろう行動として前提と考えていたものが誤りだったことを示していた。ナチスの論理は、人間以下の存在には自分たちを搾取しているユダヤ人を殺害するよう教唆できる、というものだった。実際に、東ポーランド北部でのポグロムは、非ユダヤ人がソヴィエト体制にそれまで協力していた地域で起こる傾向が強かった。ユダヤ人共産主義者の数が多い地域では、ポグロムは現実に少なかった。というのも、特定の狭い地域での共産主義は、ユダヤ人と非ユダヤ人の間の接触と共同謀議の慣例を伴ったからだ。共産主義者のユダヤ人は助言を求めたり、隠れたりする場所を持っていた。同じことが多民族的な活動といえた、ピウスツキの戦間期の「政府協賛超党派ブロック」についても言えた。特定の共同体の中で政府協賛超党派ブロックが重要であると、ユダヤ人もポーランド人も礼儀に適った関係を保つようになる傾向が強く、ポグロムも起こりづらくなった。[*26]

東ポーランドの北部で最も悪名高いポグロムは、一九四一年七月一〇日にイェドヴァブネで起きたが、ドイツ人の理解がいかに至らなかったかを示すものだった。ドイツ警察は、実際に体制が代わってから二週間以上経っていた、またビャウィストクの例からも二週間経っていたその日にイェドヴァブネに戻ってきた。イェドヴァブネで、ドイツ人は、自分たちでは気づいていなかったが、ポグロムには理想的な条件を見出した。戦間期に、共産主義もピウスツキの運動もこの一帯では勢力が弱かった。ということは、ユダヤ人とポーランド人の接触が伝統的にほとんどなかったということになる。イェドヴァブネで反ソヴィエトのポーランド人地下運動を裏切ってソヴィエトについたある人物は、ユダヤ人でなくポーランド人だった。ドイツ人はいざ知らず、ポーランド人は理解していたように、ドイツ人は「自浄化」の機会を与えていたのだ。その機会を捉えて、ソヴィエト体制への責任は地元ユダヤ人に転嫁できたし、ついては責任も消滅するのだった。[*27]

イェドヴァブネにおける舞台芸術は、ビャウィストクのそれに時を措かずに続いたものだった。違っていたのは、イェドヴァブネでは、ドイツ人が決まり事を設けてポーランド人がそれに従ったことだった。ドイツ人警察官のいるところで、地元のポーランド人は地元のユダヤ人にレーニン像を撤去させたのだった。それから、ほぼ三〇〇人のユダヤ人は、共産主義とのつながりを象徴するものとして一枚の赤旗を何人かで持たせられて納屋へと行進させられ、そこでポーランド人の隣人の幾人かによって生きたまま焼き殺された。そうした場合にはたいがいなるように、共産主義に協力していた人間たちが、協力していなかった者たちを確かに殺害していたのだった。大量殺戮は集合的なステレオタイプを生み出し、犯罪を「民族化」し、過去を再編成した。（ドイツではレーニンの標示が「ユダヤの」書物と一緒に焼かれたのに似て）レーニン像がユダヤ人と共に納屋の中で焼かれた。ドイツ人がポスターや拡声器を通してポーランド人についた嘘――ユダヤ人は共産主義者であり、共産主義者はユダヤ人である――を、燃えかすの中にいるポーランド人がドイツ人を相手に復唱した。[*28]

東ポーランドの北部では、ポグロムはビャウィストクでの振り付けに従った。ドイツ人がポーランド人を集める、そしてポーランド人がユダヤ人を集める。ポーランド人はユダヤ人を打擲し、辱める。ポーランド人はユダヤ人に、ソヴィエトの旗を持ちながらソヴィエトの歌を歌わせ、そして手近にあればレーニンかスターリンの記念碑を壊させる。こうした残忍な儀式は、今や過ぎ去った時代を粉々にしてしまう「経験の組成変更」だったが、その時代の受難への直接の無分別な反応ではなかった。こうしたポグロムは自発的な報復行為ではなく、ドイツ人と地元住民協同しての、どちらの顔も立つようにソヴィエト支配の経験を再構築しようとする努力だった。[*29]

イェドヴァブネでのユダヤ人殺戮方法は、いかにおぞましいものだったとはいえ、最終的解決にはなりえなかった。そこに政治面での資源がなかったからである。ドイツ人は心理面での、また物質面での資源に働きかけることはできた。つまり、ポーランド人はユダヤ人を殺害することでソヴィエト支配とのつながりについて身の証しを立てられたし、ユダヤ人の財産を奪えたからだ。ラバを飼っているのが裕福さの証しとされるイェドヴァブネ地域では、この動機を軽く見ることはできない。けれど、ドイツは、ポーランドをポーランド人に戻す振りさえできなかった。ドイツは一度すでにポーランドに侵攻していた。実際に一九三九年九月の最初の侵攻の間に、ドイツ軍は、一九四一年七月のポグロムが起きた東ポーランドの北部にあるイェドヴァブネを始めとする複数の場所にもやって来ていたのだ。一九三九年九月のその最初の頃は、ドイツ軍は主としてポーランド人を殺害するのに関心があった。その地域から撤退した後で、ドイツは、誰もが知っていたとおり、ポーランドの西部・中央部をかなり併合し植民地化した。ドイツが一九四一年に戻ってきたときには、彼らはもはや、ポーランド人に約束するといった手間もかけなかった。実際に、ドイツ人は、ユダヤ人を殺害するのにポーランド人を使った後で、そのポーランド人をも殺害する腹だったのだ。[*30]

二重に占領された東ポーランドでのポグロムの存否は、ごく最近の政治の歴史と、ひいてはナチスが人間以下の存在が持てるとは思っていなかった政治的感受性とに関わりがあった。もっとも、政治的な学習は速やかに行われた。政治面での資源が膨大であったリトアニアでは、ポグロムは、より組織化された大量殺戮の技法を行使するようにとドイツ人の選別を通った者たちにとっての訓練場だった。ドイツ軍がラトヴィアに達するまでには、彼らはポグロムは主として徴募の方法に役立てられると理解していた。大衆がポグロムに加わらないのに水を差されるわけでなく、ドイツ軍は彼らの案内をするのに興味がありそうな者たちを雇うことになったのだ。[*31]

ホロコーストが始まったのは、リトアニアとラトヴィアという、連続して占領された地域においてであった。東ポーランドにおいてとは違って、リトアニアとラトヴィアでは、明らかに混沌とした殺戮が実際に段階的に拡大してシステマティックな最終的解決になっていった。一九四一年末に、ポーランド・ユダヤ人の大半はまだ生きていたが、リトアニアとラトヴィアのユダヤ人は大半が死んでいたのだ。

ドイツ人は、リトアニア問題が存在することを理解していたし、それゆえ政治面での資源の十分な可能性を把握するようになっていた。リトアニア人はバルト人だったので、よってナチスの観点からは、ポーランド人のようなスラブ人よりも人種的に価値が高かった。ソヴィエトはリトアニア国家を破壊していたので、数千のリトアニア人がドイツに避難所を求めた。ドイツは、一九四〇年六月のソヴィエトによるリトアニア破壊と一九四一年六月の自らのソ連侵攻との間に一年間、それらの人間を選別し訓練して、ドイツの政策を実行させるリトアニア人の一団を準備する猶予があった。一九四〇年一一月にはリトアニア行動戦線（Lietuvos aktyvistų frontas, LAF）がベルリンで臨時政府として樹立された。関わったリトアニア人政治家たちは、リトアニアを解放するためにドイツ軍を利用するものと信じていたが、ドイツの側では、リトアニアの政治的エネルギーを自分たちの目的に向かわせることができると踏んでいた。[*32]

リトアニア行動戦線は一九四一年六月にドイツ軍と一緒に到達し、文字どおりにも象徴的にも、ドイツの意図の翻訳者として仕えた。リトアニア人は、ユダヤ人をソヴィエト支配やソヴィエトの犯罪と重ね合わせる（リトアニア語での）ドイツ側のポスターを吊した。これはドイツにおいてと違った響きをリトアニアでは持った。つまり、仮に共産主義がユダヤ人に制限されるなら、ソヴィエト当局に協力したリトアニア人を始めとする非ユダヤ人は免責されたのだ。リトアニア人の理解に比べて、ドイツ人が理解していなかったことは、ソヴィエト支配はすでにリトアニア・ユダヤ人から収用していたことだった。一九四〇年秋にソヴィエトがリトアニアで国有化した一五九三の事業のうち、ユダヤ人所有が八三パーセントにのぼる一三二七もあった。ソヴィエトが去ると、こうした事業はどれもリトアニア人が所有権を主張しえた——元々のユダヤ人所有者がまたまた顔を見せたりしないという条件付きだが。富裕なリトアニア・ユダヤ人はかなりがソヴィエトによってグラーグに送られていた。リトアニアに残っていた富裕なユダヤ人たちは、彼らが殺害されるのを望むドイツ人と、ユダヤ人の事業や役職に収まったリトアニア人(と、ポーランド人やロシア人を始めとするリトアニアの他の住民)の前では儚い存在だった。メディアでも、個人的にも、リトアニア人は他のリトアニア人に、ユダヤ人殺害というドイツの政策は、リトアニアの復活とリトアニアの中産階級の入れ替えに助力するという取引の一部なんだと伝えた。リトアニア行動戦線はリトアニアの独立を宣言した。[*33]

大量殺戮の政治は、リトアニア人の経験とナチスの期待とが出逢った協同しての作業だった。リトアニア人はソヴィエト支配に深く関わっていたので、ナチスの「ユダヤ・ボルシェヴィズム」は、ドイツ人自身が満足に把握していなかった機会をリトアニア人に与えた。リトアニア人とユダヤ人だけでなく、ポーランド人やロシア人も含めて、リトアニアのすべての民族集団のメンバーは、ソヴィエト体制に協力していたのだ。ユダヤ人の方がリトアニア人よりいくぶんその傾向は強かったかもしれないが、リトアニア人の方がはるかに数が多かったのだから、ソヴィエト体制の中でのリトアニア人の役割の方がはるかに重要だった。リトアニア人は即座に、「ユダヤ・ボルシェヴィキ」の神話は以前のソヴィエトへの協力に対しての集団的な政治的特赦になるし、ソヴィエトが以前にユダヤ人から奪ったあらゆる事業への所有権を主張することの可能性を広げるかもしれない、と理解したのだ。[*34]

実際の政治的経験は、寝返りだけでなく、それに伴う暴力行為においてもだが、無慈悲な人種的論理に道を譲った。リトアニア行動戦線は、夙《つと》に知られているソヴィエトへの協力者たちに、彼らが犯した政治的な罪が血で手を汚すことで赦免されるのだと告げた。ユダヤ人を殺害することで、ソヴィエト体制のために活動してきたリトアニア人も、他のリトアニア人――ドイツ人との伝手を持っていた人間で今では重要人物に見える人間――の目には、新たな政治的スタートを切れたと映るのだった。確実にソヴィエトのリトアニア併合を支持したグループであるリトアニア共産党員たちは、ユダヤ人でなければという条件付きでリトアニア行動戦線に加わることができた。非ユダヤ人の共産党員はかくて簡単に寝返ることができたし、それによってソヴィエトへの協力をなかったものにできたのだ。監獄に繋がれていたリトアニア共産党の若者たちは、自由の代償は、あるやり方で国家への忠誠を示すことだと教えられた。すなわちユダヤ人を一人殺さねばならない、と。ユダヤ人共産主義者は、ユダヤ人一般と同じく、リトアニア行動戦線に加わることはできなかった。ユダヤ人がいかに愛国的でリトアニアに忠誠であろうが、今ではユダヤ人はリトアニアの政治から排除されていた。一九四一年夏と秋とに、ソヴィエト支配にはほとんど関わりのなかった多数のユダヤ人が、ソヴィエト支配に関与していた多数のリトアニア人によって殺害された。[*35]

ソヴィエトが国民国家を消滅させたところでは、「ユダヤ・ボルシェヴィキ」の神話はドイツの期待を上回って機能した。ナチスにとって、「ユダヤ・ボルシェヴィズム」は世界の表現のし方だったが、ユダヤ人殺害を動機づけられたリトアニア人などはこの惑星を癒やすうえでは大して助けにはならなかった。むろんのこと、いかなる政治的な約束も不誠実なままなされた。ユダヤ人殺害が政治的取引の一部であるというドイツによる示唆は、偽りのものだった。一九四一年末までに、ドイツはすべてのリトアニアの組織を禁じた。政治面での資源は使い果たされていた。この時点で、リトアニアのユダヤ人は、ほぼ全員が死亡していたのだから。

むろんリトアニア人自身にも、ドイツ人にはうかがい知れない深いところでの政治があった。仮にユダヤ人に共産主義の責任があるのなら、リトアニア人に責任があるはずがない。ユダヤ人を殺害する個々のリトアニア人は、ソヴィエト支配下での個人的な過去を取り消していたのだ。集団としてのリトアニア人は、ソ連によって己が主権を破壊されるにまかせた屈辱的で恥ずべき過去を消し去ろうとしていた。殺害は、四の五の言わせぬ心理面でのおためごかしを生み出した。すなわち、ユダヤ人は殺されたのだから、有罪であったはずだし、リトアニア人は殺害したのだから、それ相応の大義名分があったはずだ、というのである。

リトアニアにおける二重の協力は、例外ではなく通例といえた。ドイツ人はソヴィエト化された国民に出逢うのだが、そのなかのいくらかがユダヤ人殺害を始めるまではドイツ人は彼らを大きく変えようとはしなかった。リトアニア行動戦線に叛乱を呼びかけられ応じたリトアニア人兵士は、赤軍部隊を脱柵していた。反ソヴィエトのパルチザンとして森の中に消えていたリトアニア人警察官は、ちょっと前までソヴィエトに仕え、ソヴィエトの抑圧政策を実行していた連中だった。ドイツ人は、ソヴィエトに仕えていたたくさんの地元当局者のすべてを粛清する意志も人員も持っていなかった――第一自分たちドイツ軍の到着と反ユダヤの暴力の噴出の間の短い時間にそんなことをできるはずもなかった。リトアニア人の視点からは、反ユダヤ主義の暴力の要点は、ドイツ軍が実際にソヴィエトに協力したのは誰かを割り出す前に忠誠心を示すことだった。[*36]

ドイツは地元当局を大幅に変えようとはしなかった。概して、ソヴィエト政策を実行した同じ人物がドイツの政策を実行していた。ドイツはソヴィエト協力者の大物を排除することには関心があったが、ここでは彼らはむしろ不運だった。ヨナス・ダイナウスカスは戦前のリトアニア公安警察の将校だったが、ソヴィエトのＮＫＶＤのために働いていた。ドイツ軍がやって来ると、彼はアインザッツグルッペＡの指揮官フランツ・ヴァルター・シュターレッカーと会い、自分の部下をユダヤ人虐殺に用いる取り決めをした。ユオザス・クニリマスは、ソヴィエトによるリトアニア市民の移送に手を貸していたが、今ではリトアニア警察に入ってユダヤ人を殺害していた。ソヴィエト警察のために働いていたヨナス・バラナウスカスは、リトアニア・パルチザンに加わりユダヤ人を殺害していた。[*37]

リトアニアのイェルサレムといえるヴィリニュスには、ほぼ一〇万人のユダヤ人が居住していた。ヴィリニュスは、ソヴィエトのポーランド侵攻後にリトアニアに割譲された一九三九年一二月から、ソ連がリトアニアを占領して併合する一九四〇年六月までリトアニアの首都だった。一九四〇年六月から一九四一年六月までは、ヴィリニュスはリトアニア・ソヴィエト社会主義共和国の首都になった。しかしこうした時期を通して政治的に姿は代わろうとも、ヴィリニュスは人口から言ってポーランド人とユダヤ人の都市だった。リトアニア行動戦線は、ヴィリニュスでは、ユダヤ人よりもポーランド人に大きな関心を抱いていたし、ドイツ人の保護者に向かって、ポーランド人問題こそ最優先されるべきだと説いたが、無駄に終わった。実際に、ドイツはリトアニア人を使ってヴィリニュスからユダヤ人を排除した。一九四一年七月までに、執拗な殺戮の場所は、市境《しざかい》を外れて直ぐのポナリーの森だった。そこでの殺戮作戦は、アインザッツコマンド9の司令官であり、SSの年若いインテリの一人であるアルベルト・フィルベルトが率いていた。フィルベルトの部下たちは早くから、ユダヤ人の男だけでなく女子どもも射殺し出した。[*38]

この刷新は、戦場での失敗の重圧下で行われた。たとえ、「ユダヤ・ボルシェヴィキ」という神話が、ソヴィエトが国家を破壊していた土地においては政治面で機能したとしても、軍事的戦略の基盤としては破綻した。ドイツは戦場で、リトアニア人が把握できていないし、ドイツ人自身は認めるわけにはゆかなかった困難に直面していた。ソ連は「カードで組み立てた城」とか「粘土の足をした巨人」のようには崩壊していなかった。リトアニアは北方軍集団の後背地になっていたが、北方軍集団は、戦争開始後の数週間、上の二つの言い回しを記したヒトラーによって最重要と見なされていたものであった。北方軍集団の司令官は、レニングラード進軍が目論見どおり速やかには進んでいないことを重々承知していた。一九四一年八月までに、ヒトラーは側近中の側近の幾人かに向かって、これ以上なく遠回しな言い方で、戦争が計画どおり進んでいないと合図を送った。同年九月には、ドイツ本国では、六歳以上のユダヤ人は、軍事作戦の勢いが失われた責任を表すものとしてダヴィデの星を身に着けるよう要求された。彼らは、ドイツ兵の勝利への人質としてその印をつけられたのだが、これは無理無体な転嫁であって、責任という論理的帰結に替えて予め責任を担保するものであった。[*39]

ソ連をユダヤ人に対する迅速な攻撃によって打ち倒せないのならば、ドイツは、ドイツ支配下のユダヤ人に対する系統だった作戦によって守られなければならなかった。陸軍の司令官たちは、アインザッツグルッペンの活動について持っていただろう制限を何もかも取りやめた。ヒムラーはユダヤ人の婦女子をも殺害するよう命令を下し始めた。これを実践するのは、さすがにSSの将校でさえ、いくらかに

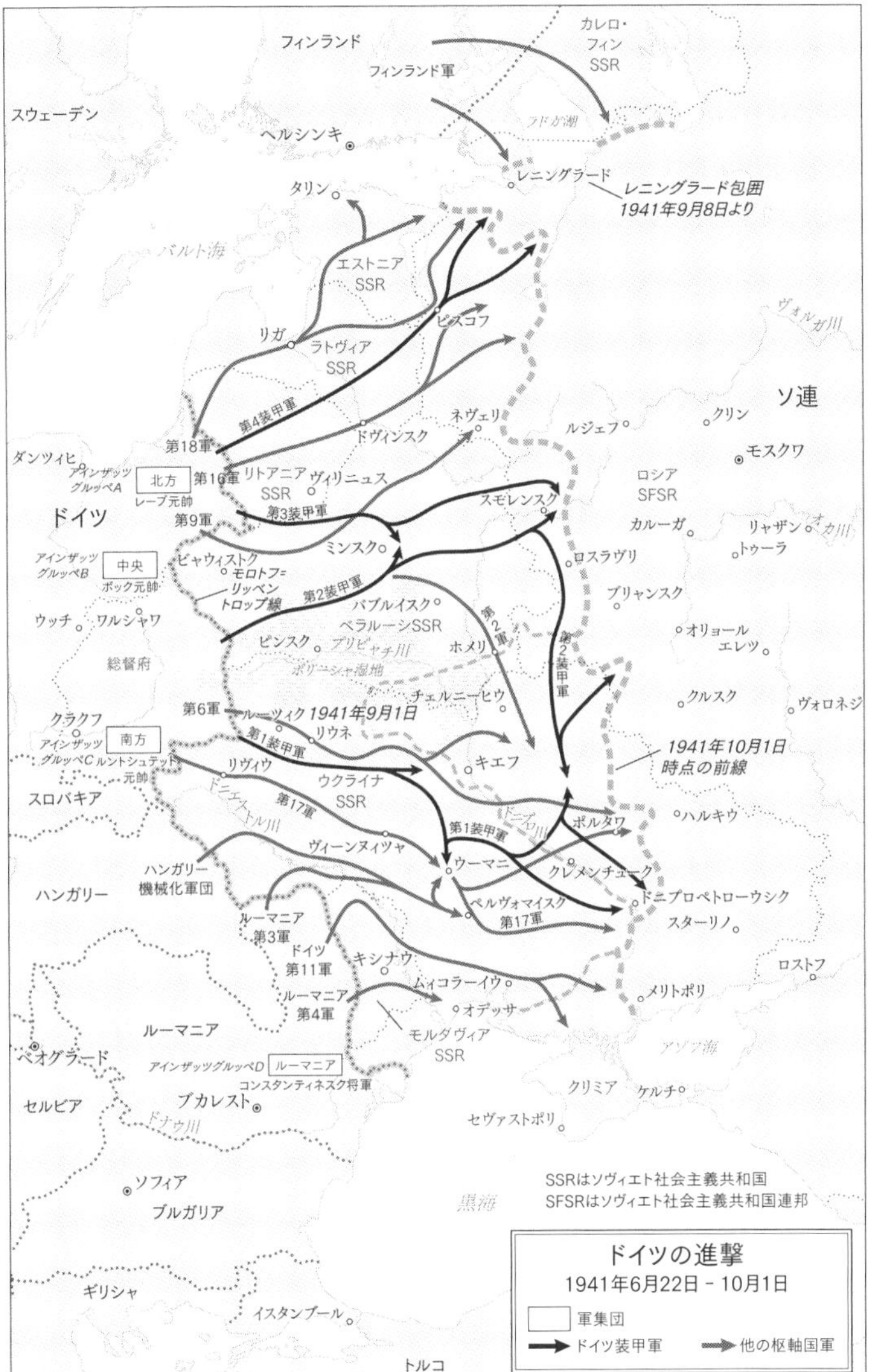
フィンランド
フィンランド軍
カレロ・
フィン
SSR
スウェーデン
ヘルシンキ
ラドガ湖
レニングラード
レニングラード包囲
1941年9月8日より
タリン
バルト海
エストニア
SSR
ヴォルガ川
リガ
プスコフ
ラトヴィア
SSR
ソ連
第4装甲軍
ネヴェリ
ルジェフ
クリン
第18軍
ドヴィンスク
モスクワ
ダンツィヒ
アインザッツグルッペA
北方
第16軍
リトアニア
SSR
ヴィリニュス
ロシア
SFSR
レーブ元帥
スモレンスク
ドイツ
第9軍
第3装甲軍
カルーガ
リャザン
オカ川
トゥーラ
ミンスク
アインザッツグルッペB
中央
ビャウィストク
ロスラヴリ
ボック元帥
モロトフ＝リッベントロップ線
第2装甲軍
ブリャンスク
ウッチ
ワルシャワ
バブルイスク
ベラルーシSSR
第2軍
オリョール
ピンスク
プリピャチ川
ホメリ
第2装甲軍
エレツ
総督府
ポリーシャ湿地
チェルニーヒウ
クルスク
ヴォロネジ
第6軍
ルーツィク 1941年9月1日
クラクフ
リウネ
アインザッツグルッペC
南方
第1装甲軍
ルントシュテット元帥
1941年10月1日
時点の前線
キエフ
リヴィウ
ウクライナ
SSR
スロバキア
ドニエストル川
第17軍
ドニエプル川
ハルキウ
ポルタワ
第1装甲軍
ヴィーンヌィツャ
ハンガリー
機械化軍団
ウーマニ
クレメンチューク
ハンガリー
ドニプロペトローウシク
ペルヴォマイスク
ルーマニア
第3軍
第17軍
スターリノ
ドイツ
第11軍
キシナウ
ロストフ
ムィコラーイウ
メリトポリ
ルーマニア
第4軍
オデッサ
モルダヴィア
SSR
ルーマニア
アゾフ海
ベオグラード
アインザッツグルッペD
ルーマニア
コンスタンティネスク将軍
クリミア
ケルチ
セルビア
ブカレスト
ドナウ川
セヴァストポリ
ソフィア
SSRはソヴィエト社会主義共和国
SFSRはソヴィエト社会主義共和国連邦
ブルガリア
黒海
ドイツの進撃
1941年6月22日 - 10月1日
軍集団
ドイツ装甲軍
他の枢軸国軍
ギリシャ
イスタンブール
トルコ

とっては困難を感じるものであった。アインザッツグルッペＡの司令官で、よってアルベルト・フィルベルトの直属上司であるフランツ・ヴァルター・シュターレッカーは、民間人の殺害は「情緒的な重圧」であると認めた。ユダヤ人の子どもを殺害するドイツ兵には特別な酒の配給があったが、それで事足りたわけではなかった。司令官たちは部下に向かって、基本的なタブーを犯さねばならぬ理由を説明しなければならなかった。彼らが何を話したかの証拠は大雑把なものだが、法学博士フィルベルトのような教育を受けたＳＤ（親衛隊保安部）の将校は、おそらくは故国ドイツで流布されている考えを伝えたり改変したりしたのだろう。ナチスの新聞では、ヒトラーの『わが闘争』の基本概念が一九四一年七月に一般国民の関心を惹いていた。すなわち、ユダヤ人はすべてのドイツ人を殺害しようとしているから絶滅されねばならないという基本概念である。この概念は、それからすぐに、ドイツ人の処刑者と家族の間の手紙のやりとりに出てくるようになった。「敵は我々の消滅を目標としているのだから、敵をこそ消滅させねばならない」とか「我々が殺害した子どもたちはソヴィエトが殺害する子どもたちより苦しみが少ない」といったように。殺人者たちは、絶滅政策全体の罪は敵にあるのだし、自分たちの行動はそれらの政策への局地的な自己防衛にすぎない、という考えに逃げ込んでいるように思えた。たとえばアルベルト・フィルベルト指揮下のアインザッツコマンドが、少しばかりの女とやや年嵩の子どもたちを殺害することから、全員を殺戮するに至るまで、数週間しか要さなかったのだ。[*40]

婦女子殺害に躊躇うからこそ、ドイツ人は地元住民を徴募した。フィルベルトは、地元のリトアニア人、ポーランド人、ロシア人を射殺の手助けに使うために雇うことで、アインザッツコマンドの権限を拡大した。彼が徴募した男たちのほとんどは赤軍にいた者たちだったので、証明せねばならないものを持っていた。フィルベルト自身は、こうした複雑な動機、過去からの影を超克する必要性について並外れた理解を示した。彼は共産主義者のすべてがユダヤ人でないことを知っていた。というのも、彼自身の兄オットーが、戦時中をドイツの収容所で過ごした共産主義者だったからだ。[*41]

ドイツ人は、ポグロムはユダヤ人を絶滅する効果的な方法ではなく、無法状態を生み出すことこそ、組織だった行動のために徴募できる殺人者たちを見つけるのに適当な方法だと理解するに至った。数週間のうちに、ドイツ人は、ソヴィエト支配から解放された人間は、心理面、物質面、政治面での理由から暴力に引き込めることを把握していた。ドイツに逃れていたがドイツ軍と一緒に戻ってきた地元住民は、ユダヤ人からの解放以外には手を出せる解放はないし、それが政治的議論を深める前提条件だ、というドイツ側のメッセージをもたらし、敷衍していった。ソヴィエト支配を逃れてベルリンに向かった者でドイツ国内で新たに徴募された人間たちは、こうした形で翻訳者として使えた。彼らは、たぶん自分たち自身の目的のために、ユダヤ人を一人殺害することがソヴィエトへの協力の汚点を消し去ってくれるという提案を付け加えた。このようにして、一九四一年六月と七月に、ドイツの暴力の起業家たちは、「ソヴィエト後」の資源で利用できるものの使い方を見出した。

ユダヤ人は人間でさえなく、東ヨーロッパ人は人間以下だというナチスの確信からは、前者を破壊し、後者を従属させる技法などはとうてい供給できなかった。政治を通じてのみ、人々に、ドイツ人が自分ではできないことをやるようにさせられるのだ。つまり、ごく短い期間内に大量のユダヤ人を物理的に排除するという仕事を。リトアニアは政治的に可能だったものを示してくれた。ラトヴィアは技術的に可能なものを明らかにすることになる。リトアニアの場合と同様に、一九四〇年六月のソヴィエトによるラトヴィア国家の破壊は、その中から徴募すべき難民のストックを供給することで、ドイツに大変な政治的好機を与えた。ドイツはラトヴィア占領を、自ら選んだほぼ三〇〇人のラトヴィア人を使って始めた。そのなかには、ドイツがふたたびその地位に就けたラトヴィア政治警察のかつての長官もいた。リトアニアにおけると同じで、ドイツ軍の到達は、地元言語を用いたマルチメディアなプロパガンダを伴った。新聞は、NKVDによって殺害された囚人たちのぞっとするような写真を公開したが、犠牲者はラトヴィア人、加害者はユダヤ人と特定していた。ラトヴィア語でのラジオの発表や新聞記事では、ソヴィエト体制をユダヤ人と結びつけ、解放をラトヴィアからユダヤ人を一掃することと結びつけていた。[*42]

この時点までに、アインザッツグルッペAの指揮官フランツ・ヴァルター・シュターレッカーは、打開策を見出していた。例によって例の如く、その考えとは、彼の述べるところ、ユダヤ人攻撃に際して「その土地の住民が自然に反応したように」また「自発的にそれらの手段を実行したように見せかける」ことだった。シュターレッカーは、ソヴィエト支配の経験を親ドイツの行動に「誘導する」必要を説いた。リトアニアでと同じように、メディアや口コミでの地元言語でのプロパガンダの目的は、その誘導ルートの開発だった。シュターレッカーは、ドイツが教唆したポグロムを、ある種徴募の演習と見なしていた。その結果は、二重に占領されたラトヴィアでの新モデルだった。ドイツの命令に従って地元住民が率いる射殺コマンドが殺害のほとんどを行うというものだった。その指導者のヴィクトルス・ベルンハルト・アラーイスは、ヨーロッパの歴史でも最も熟達した大量殺戮者の一人になった。[*43]

アラーイスは、一九一〇年にロシア帝国で、ドイツ語を話す母親と、十月革命後はソヴィエト当局に抑圧されていた父親のもとで生まれた。シュターレッカーを始めとするドイツの大量殺戮者と同じように、アラーイスも法曹家としての教育を受けた。彼は一九三二年に独立国家ラトヴィアの法学校に入学したが、二年後には生活のために警察に入った。彼は学業を続けるための金欲しさに年配の女と結婚し、そのうちに若い愛人をつくった。戦争勃発直前に法学校に復学すると、イギリス憲法で高得点を獲得した。彼の学業は、ソヴィエトがラトヴィアを占領し併合してからも続いた。彼は自分の一代記をイデオロギー面での鋳型《テンプレート》に適応させ、学業を続けるために志願書には自分の卑しい生まれや、やってきた職人仕事を強調して記した。学位はソヴィエト・ラトヴィアで取得したが、コースワークとしてスターリン憲法を学んで、ソヴィエト法の学位となった。彼はソヴィエトの事業にいくぶんかは共鳴していて、しばらくの間自分を共産主義者だと思ってさえいたようだ。その後、アラーイスが好いている雇い主の一人がソヴィエトによって迫害された。また、一九四一年夏にソヴィエトがドイツ軍を前に撤退するとき、ソヴィエトはアラーイスの愛人とその家族を殺害したようである。その時点でそのことをアラーイスが知っていたのか、知っても気にかけたかどうかなどははっきりしない。

私的にも公的にも、アラーイスの生活信条の最たるものは、社会的上昇だった。彼は三種のまるで異なった体制に仕えた。ラトヴィア、ソヴィエト、そしてドイツの体制である。彼は、ソヴィエトがやって来るまで親共産主義のそぶりも見せなかったように、ドイツ軍がやって来るまで親ナチスのそぶりも見せなかった。実際に、独立ラトヴィアの警察官として、彼は非合法な右翼のメンバーを逮捕していた。偶々だったかもしれないし、予めアレンジされていたのかもしれないが、アラーイスはドイツ軍部隊が到達するとすぐに、シュターレッカーと連絡がついた。シュターレッカーの個人的な通訳者が、戦前ラトヴィア軍でアラーイスを知っていたラトヴィア出身の民族ドイツ人であった。アラーイスとシュターレッカーは、リガで反ユダヤの暴力行為が進行中であった一九四一年七月一日、二日と話し合いを持った。七月三日には、アラーイスと部下たちは、すでにユダヤ人の逮捕に着手していた。翌日には、彼らはリガのシナゴーグを焼いていた。

リガでは、アラーイスは、司令部としてユダヤ人の銀行家の家を使うのを許された。銀行家たちは資産を没収され、移送されてしまっていた——ドイツ人によってではなく、ソヴィエトによってであったが。ドイツ軍が到達した時には、裕福なユダヤ人たちはすでにグラーグに入れられていた。これはかなり特別な物質面での資源を生み出した。財産権そのものを好きにしただけでなく、ソヴィエトは財産の所有者もたくさん処理してしまっていた。仮に以前の所有者だったユダヤ人が、たまにあったことだがまだ物理的に生きていても、ドイツ人のもとでは彼らの財産を取り返すなどということは起きなかった。仮にユダヤ人がソヴィエトのものとされた財産を取り戻そうとするそぶりを見せたら、彼らはドイツ人によって略奪者扱いをされた。ラトヴィアの非ユダヤ系住民である、ラトヴィア人、ドイツ人等々は、そうした状況ではたくさんの人間がするだろうやり方で理屈をつけた。つまり、盗まれた財産を確実に手許に置く唯一の方法は、法的な所有権を持った人間が誰一人未来永劫現れなくすることだ、と。ユダヤ人財産の「ソヴィエト化」だったものは、今やドイツ人のもとで、ユダヤ人財産の「ラトヴィア化」となった。ドイツ人は、銀行家の家のような極上の財産は権利を主張したとしても、国中でその過程を監督するのは不可能だった。ソヴィエトの収用とナチスの反ユダヤ主義とが結びついて、非ユダヤ人にユダヤ人を殺害させるはっきりとした物質的な誘因となった。

一九四一年七月四日に、アラーイスは広告を出したが、言葉遣いはきわめて曖昧で、ラトヴィア人に、ドイツ人のために活動する新たな補助警察隊に登録するよう促すものだった。ユダヤ人のことには何も触れられていなかった。最初に徴募した中のかなりは、さらにその前はラトヴィア軍兵士だった前歴を持つ、元赤軍兵士たちだった。彼らは、ラトヴィアの独立を失ったという恥と、ソヴィエトの制服を着たという恥の二重の恥を雪《すす》ぎたいと願っていた可能性が高かった。ソヴィエトの民兵だった志願者もまた、おそらくはソヴィエトの過去を洗い流したいと願っていた。アラーイスは加えて、シュターレッカーの命を受けて、ソヴィエト支配に対して怒りを覚えているラトヴィア人の間からも徴募し、それなりの成果を収めた。たとえば、新たに徴募された一人は、両親がソヴィエトによって移送されるのを眺めていた。新たな補助警察の中でいちばん多い年齢層は一六歳から二一歳の間だった。そうした多くの若者たちにとって、ソヴィエト支配下にあった前年は、いずれにせよ、決定的な経験だったに違いなかった。新たな補助警察の大多数は労働者階級だった。最初に徴募された者たちは、主要任務がユダヤ人の射殺などとは、予め誰一人知る由もなかった。彼らの中のかなりの数の者はユダヤ人射殺を志願などまったくしなかったが、当初志願する者の数が不足していたので、一般の警察官だったはずがそうされてしまったのだった。確かなことだが、これらの者たち全員がラトヴィア・ナショナリストというわけではなかった。中にはロシア人さえいたのだ。

シュターレッカーの新構想だったアラーイスのコマンドは、シュターレッカーの部下のルドルフ・バッツとルドルフ・ランゲに監督された。彼らはメンバーに向かって、ユダヤ人の集め方や射殺の仕方を教え、それから殺害の権限をアラーイスに渡した。アラーイスと部下たちは、市の郊外のビチェルニエキの森でリガのユダヤ人を射殺した。その後彼らは悪名高い「青いバス」で、一九四一年七月から一二月までの六ヶ月間、町や村のユダヤ人を殺しながら田園部をくまなく回った。一九四一年夏にラトヴィアに住んでいた六万六〇〇〇人前後のユダヤ人のうち、アラーイスのコマンドは二万二〇〇〇人程度を殺害し、それからさらに二万八〇〇〇人ほどを殺害する手助けをした。ドイツの政策に従う他の殺人者たちと同じで、またドイツの殺人者自身とも同じで、彼らは殺害を割り当てられた相手を殺害したのだった。ユダヤ人の大量殺戮者全員に共通するが、彼らは非ユダヤ人も殺害した。彼らはラトヴィア中を動き回る間に、たとえば精神病院の患者たちを射殺した。ラトヴィアのユダヤ人がほとんど殺害された後では、アラーイスのコマンドはソヴィエト・パルチザンと戦うべく派遣されたが、これは実際にはベラルーシの民間人を射殺することだった。[*44]

こうしたことの間中、アラーイスは、ラトヴィアとソヴィエトの支配下で集めた法的資格がもはや有効ではないという個人的な悩みを抱いていた。大量殺戮の経歴の後、アラーイスはリガ大学に戻り、そこでドイツの法学の学位を得た。

アインザッツグルッペンは、人種的用語で定義されたドイツ国家に奉仕し、術策を用いる余地を残した曖昧な命令に従っている、雑種形成された組織だった。ドイツ本国では、アインザッツグルッペンは訓練学校の中にのみ存在した。ドイツ国外では、彼らは殺害し、新分野を切り拓いた。アラーイスのコマンドは、ドイツの侵攻から二週間以内で発展させられた、重要な新機軸を代表していた。つまり、ユダヤ人を探し、集め、殺害するのに、ドイツ軍指揮下のかなりの数の武装した地元住民を組織的に用いるという新機軸であった。侵攻前には、いかなる目的のためにせよ地元住民を武装させることは考えられていなかった。実際に、ヒトラーは明らかにこれを禁じていた。シュターレッカーを始めとする司令官たちは、ソヴィエトから受け継いだ心理面、物質面、政治面での資源にすぐに気付き利用したが、それによってヒトラーの基本計画へと向かっていたのだ。一九四一年八月六日までには、シュターレッカーは「東方《オストラウム》におけるユダヤ人問題の抜本的な取り扱いの唯一の可能性」をじっくりと考えることができた。[*45]

アインザッツグルッペンは別として、東方で機能しているもう一つ雑種形成された組織は「親衛隊及び警察高級指導者」（ＨＳＳＰＦ）だった。これらの司令官たちは、占領下ソ連の特定の地域でＳＳと警察力の両方を指揮したが、これは人種的機関と国家機関とを束ねるものだった。ドイツ本国では「親衛隊及び警察高級指導者」はほとんど意味を持たなかったが、占領下ソ連では彼らはヒムラーのきわめて重要な部下となった。アインザッツグルッペンの司令官たちが直接ハイドリヒに報告をあげていたように、彼らもヒムラーに直接報告をあげていた。彼らも、学び、実験し、革新することを期待されていた。たとえばヒムラーは、南ロシア（Rußland-Süd）と言っても実際はウクライナのことだったが、南ロシア親衛隊及び警察高級指導者のフリードリヒ・イェッケルンに、ユダヤ人婦女子も射殺されるべきだと命じることができた。一九四一年八月一二日にイェッケルンはそれをやってのけたようだが。これをどう達成するかのみ、現場の裁量に任されていた。[*46]

イェッケルンは「親衛隊及び警察高級指導者」の中でも並外れた暴力の起業家だった。一九四一年八月末までに彼は、基本的にすべてのドイツの部隊が、ということはＳＳ、警察、軍隊何であれ、協調してのユダヤ人の大量射殺に参加しうると決定していた。イェッケルンの作戦は、何の特別な準備もしてこなかったドイツ人でさえ、まさに規模の違う大量殺戮に加われるということを示すことになる。

イェッケルンの革新は、ドイツ占領下のソヴィエト・ウクライナのある地域に、チェコスロバキアからの国家を持たないユダヤ人難民がたまたま現れた所産であった。彼らの死の歴史は、産業化された殺戮の出現の歴史でもあるのだが、彼らの国家が崩壊するのとともに何年も前に始まっていたのだ。チェコスロバキアが一九三八年、一九三九年と解体されるにつれ、チェコスロバキアのユダヤ人は国家から

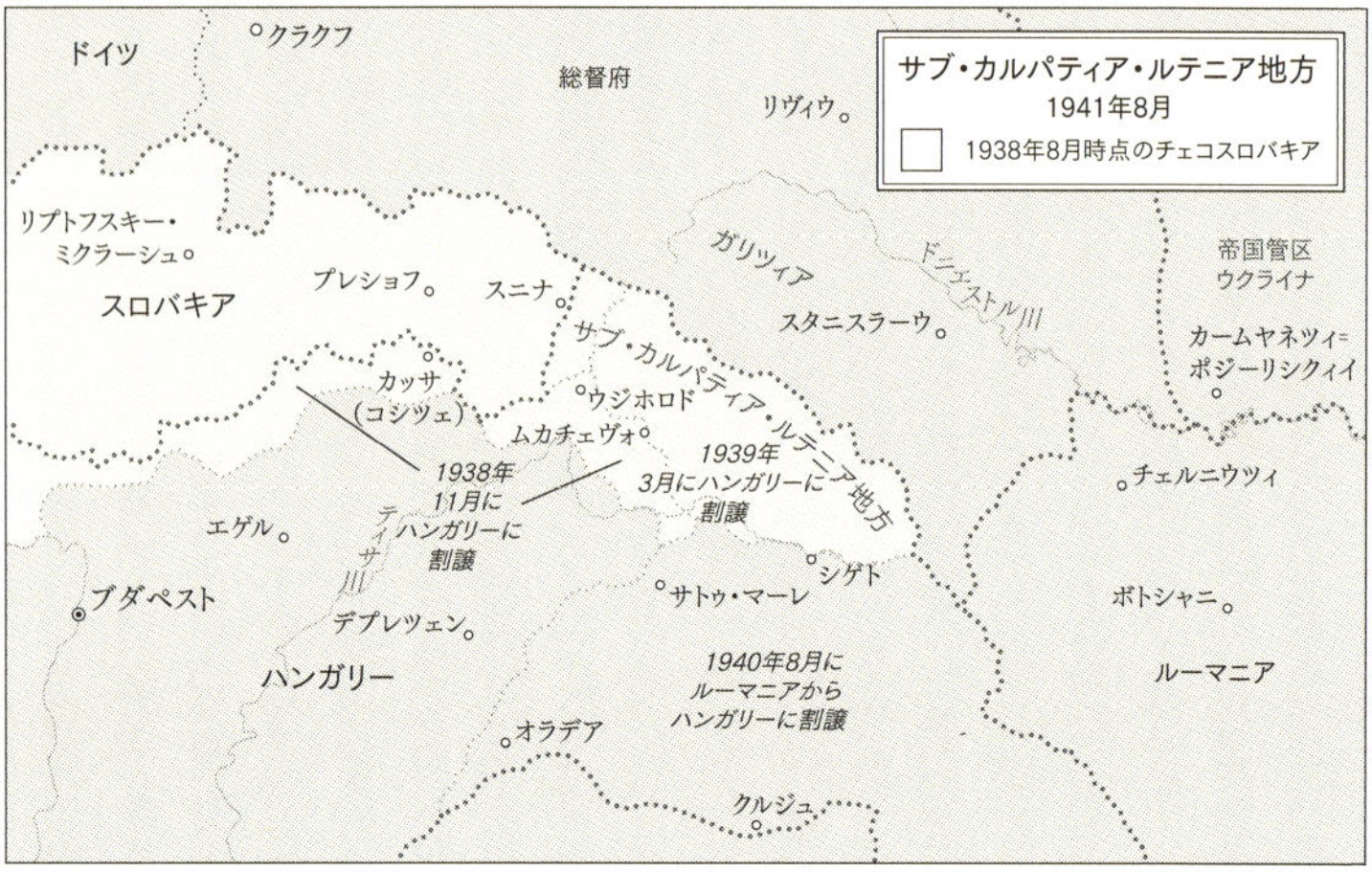

の保護を失った。ドイツが一九三八年一一月に「ズデーテンラント」を併合した際には、その地域のユダヤ人は、逃亡し財産を放棄するか、ドイツ帝国の二級市民に甘んじるかのどちらかだった。一九三八年一一月から一九三九年三月までの間は、ユダヤ人は新たな、一端を切られたようなチェコスロバキア国家で、まだ市民であった。一九三九年三月にヒトラーがチェコスロバキア国家の崩壊を完成させようと動いたときに、これらのユダヤ人は異なった運命共同体に分断された。ボヘミアとモラヴィアのユダヤ人たちは、ドイツ人だけが市民権を与えられる「ボヘミア・モラヴィア保護領」で、ドイツ第三帝国の人種法に規定されることになった。スロバキアのユダヤ人は、新生スロバキア国家の法制定者のなすがままであった。[*47]

チェコスロバキアの最東端のサブ・カルパティア・ルテニア地方は、異なった歴史を経験した。一九三八年一〇月と一一月とに、ドイツはチェコスロバキアに、スロバキア南部とサブ・カルパティア・ルテニア地方の一部とをハンガリーに割譲させた。一九三九年三月にチェコスロバキアが完全に解体されたとき、ハンガリーはサブ・カルパティア・ルテニア地方の残りも割譲された。サブ・カルパティア・ルテニア地方のユダヤ人たちはハンガリーの法の下に置かれた。ユダヤ人の専門職と小売商とは免許証を取得するよう求められたが、これによりしばしば生計の道を絶たれることとなった。ハンガリー市民となるために、ユダヤ人は一九一八年に自分ないし自分の家族がハンガリー王国の臣民であったことを示す必要があった。実際には、ハンガリーの官憲は、ユダヤ人がどのような書類を集めようと、ユダヤ人のことを「胡散臭い要素」として扱った。ユダヤ人は自分たちが以前のハンガリー国家と結びつきがあることを示そうと労力も費用も使ったが、いずれにせよ国家の保護からは締め出されてしまった。ハンガリーは、一九三九年三月に始めたことだが、ユダヤ人などを、新たに獲得した領土から、ポーランドやスロバキアにできるだけ国外追放した。一九四一年六月にドイツがソ連に侵攻して間もなく、ハンガリーは、ユダヤ人も含まれているがそれだけではない「望ましくない」と見なされる者たちを、ドイツ占領下のソヴィエト・ウクライナのいろいろの地域に移送し始めた。[*48]

ハンガリーがユダヤ人を国家なき民にし、ドイツが彼らを殺害した。ブダペストの観方からすると民族浄化の作戦だったものが、イェッケルンにとっては産業化された規模の殺戮政策への衝動となった。一九四一年八月二六日と二七日に、イェッケルンは、チェコスロバキアの保護下から追放されハンガリー国家からも排除された国家なきユダヤ人を、数千の地元ユダヤ人と一緒に消滅させるためのカームヤネツィ＝ポジーリシクィイでの大量射殺作戦を監督した。たとえば、ヴォロジーミル・Pの一家は地元のユダヤ人だった。一家は二〇年間にわたって共産主義体制の危険と機会とを経験してきたソヴィエト市民だった。彼の父親はNKVDによる逮捕の魔の手は逃れたが、ドイツ軍からは逃れられなかった。ウラジーミル自身は、ソヴィエト時代の知り合いである地元警察官のおかげで首の皮一枚でつながった。

地元の犠牲者だけでなく、地元の協力者たちも、ソヴィエト市民であったのだ。ウラジーミルの一家は、集められ射殺された二万三六〇〇人のユダヤ人の中に含まれてしまった。このエピソードは、伝統的にナチスが共産主義とユダヤ人とを結びつけることから始まった。イェッケルンはユダヤ人の男をランダムに選び出して「クン・ベーラ」と呼んだが、これはハンガリーにおける短命に終わった共産主義国家の創立者の名であった。[*49]

仮に「ユダヤ・ボルシェヴィキ」の象徴性はポグロムにとっても大量殺戮にとっても同じであったとしても、大量殺戮はポグロムと異なり、規模もやり方も斬新なものだった。きわめて重要なことは、イェッケルンが、ドイツ秩序警察官は何ら犯罪で告発されてもいない数千の無辜の民を大量射殺するのだと認識したことだった。ソ連で勤務していた秩序警察官のほぼ半分にとって、初めて出逢った国家のない地域は、一九三九年以降のポーランドであった。そうした連中はいろいろな種類の殺害の経験を持っていた。けれどほぼ半分は、ドイツから直接占領下のソ連にやって来ていた。その警察官たちもきわめて速やかにユダヤ人殺害を学んだ。数週間のうちに家族に送る手紙の中で、ユダヤ人全員の殺戮を当然のこととして述べるようになる。ドイツ人自身はおそらくは、そうした急速な「自発的先鋭化」を予期していなかった。秩序警察官は、すぐにアインザッツグルッペンの一〇倍に膨れあがった。一九四一年末までにはほぼ三万三〇〇〇人が現地にいたのである。警察官の方がアインザッツグルッペンの隊員よりも射殺の実行数は多かった。東方において、彼らがいなかったなら大量射殺は起こらなかっただろう。カームヤネツィ＝ポジーリシクィイで、イェッケルンは、国防軍も供給や協調の面で助力することを示した。ＳＳ、通常警察力、国防軍兵士を結集させて、イェッケルンは、大量殺戮において戦争中を通して持続する「三者体制」を発展させたのだった。[*50]

イェッケルンの二番目の大きな実演は、一九三四年以降ソヴィエト・ウクライナの首都であったキエフで行われた。ここでは、産業化された規模の殺戮の機会は、国家を持たないユダヤ人難民の予期せぬ出現ではなく、ソヴィエトのサボタージュという意外なものだった。ソヴィエトはキエフのダウンタウンのいくつかの主要なビルにタイマーをつけた爆薬をしかけていったが、これがドイツ軍の官吏や将校の死者を出した。このソヴィエトのレジスタンス行為は、ドイツ人が「ユダヤ・ボルシェヴィズム」を主張し、ついで華々しく上演する好機となった。仮にソヴィエトがドイツ人を攻撃するのなら、その責はユダヤ人が負わねばならなかったのだ。

一九四一年九月二八日にドイツ軍は、ユダヤ人に向けて、翌二九日にキエフ西部のある交差点に書類と貴重品とを持って出頭せよ、と命じる告知文を印刷し貼り出した。キエフに残っていたユダヤ人のほとんどはその命令に従った。人々は、明け方前の早い時間に集まったが、それは列車でいちばん良い席をとろうと考えてのことだった。年配の婦人たちはタマネギをつないだ紐を首の周りにかけていたが、これは道中の食糧にと思ってのことだった。贖罪の日、ヨーム・キップールが二日後に迫っていた。だから、ユダヤ人たちは、自分たちは安全なのだと自分に言い聞かせていた。その交差点の選別所で、家族や友人に付き添ってきた非ユダヤ人は家に戻るように命ぜられ、ほとんどはそうした。その地点から先は、ユダヤ人は、警察犬を伴ったドイツ警察によって張られた非常線の中を歩き、バビ・ヤールの谷に向かったが、そこでドイツ軍は大量射殺に備えての塹壕を用意していた。バビ・ヤールでドイツ人は、地元協力者の助けを借りて、穴の直ぐ上で三万三七六一人と算定されるユダヤ人を射殺した。彼らはまずユダヤ女性のいくらかを陵辱するために傍に連れ出した。イェッケルンは殺人の技法を洗練していた。彼は今では、自分で「イワシ缶方式」と呼ぶやり方を用いていた。このやり方では、人々を、射殺される前に穴の中に隙間なく列状に横たわらせる。次のグループは、それらの死体の上に今度は死人の足の側に頭を置くようにして直接横たわらせる、という風に続けてゆくのだ。ひとたび穴が一杯になったら、ドイツ人は穴一杯の死体を踏みつけるが、これは生きている者がいないか探るためであり、それから下に向けて銃弾を放つ。こうした産業化された殺戮方法は、一日に一万人以上の射殺を可能にしたが、イェッケルン個人の考案であった。バビ・ヤールで試して成功したので、彼は準備に手を貸してくれていた秩序警察官たちを酒宴に招待したが、そこでイェッケルンは殺戮の「政治的論理」を説明したものだった。[*51]

キエフのユダヤ人の中の年寄りや病人のかなりが、ドイツ軍が貼り出したポスターに指示されたようには集合できなかった。家族や友人の殺戮の後で、彼らは所有物を抱えてアパルトマンの中で、独りぼっちで、なすすべなく取り残された。彼らの中のいくらかは、所有物をわがものにしようとする隣人たちに殺されたが、その隣人たちはごく最近まで同胞のソヴィエト市民だったのだ。ソヴィエトの住環境では、一つのアパルトマンに数家族が詰め込まれていたが、これは空のアパルトマンへの需要がきわめて大きかったということだ。キエフのポグロムの実行者の中には、スターリニズムの下で苦しんできたが、それをユダヤ人の責任だとするソヴィエト市民がいくらかいた。また、自分たちの強奪を遡及して正当化するものとして「ユダヤ・ボルシェヴィズム」の観念を使った者たちもいた可能性はきわめて高かった。ヨーロッパ中で、ユダヤ人殺害は盗みの機会を与えたし、それは次には、道義的正当化の必要を感じさせたのだった。[*52]

一九四一年末に、二つの残忍な新機軸が持ち寄られた。一九四一年一一月にイェッケルンは、ヒムラーによってウクライナから異動させられ、帝国管区オストラント及び北ロシア （Reichskommissariat Ostland und Rußland-Nord）の「親衛隊及び警察高級指導者」となったが、管轄下にラトヴィアも含まれていた。リガの残ったユダヤ人を殺害せよというヒムラーの命令があって、イェッケルンは、自分の大量射殺の技法と、フランツ・ヴァルター・シュターレッカーの地元住民とを活用する方法とをひとまとめにした。ドイツ人を射殺者とし、アラーイスのコマンドを補助者として使うことで、イェッケルンは、一九四一年一一月三〇日に市の郊外のリトバルスキーの森に掘った穴のところで、おおよそ一万四〇〇〇人のリガのユダヤ人を殺害させた。この離れ業は一九四一年一二月八日にも繰り返された。公開された殺戮のテクノロジーは、ナチス侵攻後に、ナチスの暴力の起業家たちによって、相次ぐ占領を経験した地域で考案されたものだった。[*53]

ドイツ軍が赤軍と戦う傍らで、数十万のユダヤ人の老若男女が、戦線の後方、以前はソヴィエト領土であったところで射殺されたのだった。ドイツによってユダヤ国家と見なされるソヴィエトへの攻撃が足止めをくっている間に、一九四一年終わり頃にはこの殺戮方法は完成されたものとなった。対ソ連の戦いに敗れている一方で、ユダヤ人に対する戦いには勝利を収めていた。SSという国家破壊者は、他の何もかにもがうまくゆかぬところで自分たちは成功している、そう口にすることができたのだ。

第7章　ドイツ人、ポーランド人、ソヴィエト人、ユダヤ人

「東方はSSのものだ！」ハインリヒ・ヒムラーはそう絶叫するのを好んだし、ある意味で彼は正しかった。帝国管区オストラント（Reichskommissariat Ostland、バルト三国及びベラルーシを統治）、帝国管区ウクライナ（Reichskommissariat Ukraine）と呼ばれる地域に責任を持つドイツの国家弁務官《ライヒスコミッサール》たちにとって、地元住民の食糧を盗みながら搾取するのはたやすいことではなかった。ドイツ国防軍にとっても赤軍を打ち負かすのは簡単なことではないのもわかった。それまでの内政当局の崩壊は、ヒムラーのSS部隊に、軍事作戦においても占領においてもはっきりとした達成可能な任務を与えた。それまでの体制を一掃することは、速やかな勝利、速やかな植民地化を可能にはしなかったが、ユダヤ人絶滅の方は実際に可能にしたのだった。SSがソヴィエト国家の構造を破壊した地域では、ユダヤ人「問題」の最終的解決という紛らわしい概念が、その地域に住むユダヤ人を殺戮するという明確なプロジェクトになりえた。[*1]

　ヒムラーの部下たち、フランツ・ヴァルター・シュターレッカーやフリードリヒ・イェッケルンのような暴力の起業家は、ソヴィエト支配が残していった資源を用いることを学び、必要とするテクニックを開発した。ラインハルト・ハイドリヒが創設したアインザッツグルッペンは、冷酷にも何万もの人間

を殺害することができると知れ渡っていた。すでに一九三九年にポーランド市民に対して行っていたからである。一九四一年には、練度も低くイデオロギー面での気構えでも落ちる他のドイツ人も、万という単位で殺害できることがわかった。一九四一年六月以降には、ユダヤ人かどうかを問わず民間人を撃てという命令を受けたほぼすべてのドイツ人が――そうした義務から外されることを請うても朋輩からのプレッシャーを超える特段の結果を生じないとしても――その命令に従うことが露呈した。地元住民は地元のユダヤ人に対して群れをなして容赦のない暴動を起こしたりしなかったのでドイツ人を失望させたが、何万という地元住民を補助警察として、あるいは（任務の中でもとりわけ）大量にユダヤ人を射殺することになる特別コマンドとして徴募することはできた。こうした知識の蓄積とさまざまな適切な手段があって、ヒムラーは一九四一年八月に占領下ソ連を訪問して回り、殺戮の度合いが遅くなったドイツ軍部隊に、模範となる部隊に追いつくようにせっつくことができた。一九四一年九月までには、殺戮は徴兵年齢のユダヤ人男性の射殺から、ユダヤ人全体の虐殺に移った。

一九四一年夏の侵攻は、ナチスの期待とソヴィエト時代の経験とが珍しい出逢いをしたものであった。ドイツ占領より前の政治でソ連の暴行が過激であったほど、政治面での資源は増大し、ナチスによる新機軸開発の領域は広くなった。ただし、ドイツ人が自らと他者について学んだことは、「ホロコーストが始まった、ソ連から占領を引き継いだ特別な地域」を超えて応用されるに至った。その国家が二重に破壊されるということは、重要な新機軸のための条件を生み出した。ひとたび最終的解決という観念が大量殺戮という慣行になると、殺害の新たな技法は、その地域の東方、戦前のソ連領にまで応用しえたのだ。

地元の助力を得、かつ複数のドイツの機関を巻き込んでの組織化された虐殺は、ソヴィエトが戦間期にあった国家を破壊し、その後ドイツがソヴィエト勢力を駆逐した地域で始まった。ドイツは一九三九年より前にソ連の一部であった土地――ソヴィエト・ベラルーシ、ソヴィエト・ウクライナ、そしてソヴィエト・ロシア――でもその慣行を続け、匹敵する成功を収めた。ドイツに占領された戦前のソ連領でのユダヤ人の死亡率（九五パーセント）は、ドイツによる占領前はソ連に占領されていたが戦間期には主権国家であった二重に占領された地域での死亡率（九七パーセント）と比べてもさして見劣りがしなかった。ソヴィエト市民は、そのユダヤ人たちが一九三九年から一九四〇年にかけてソヴィエトのパスポートを受領したかどうか、ないしソ連支配下で生活していたかどうかに関わりなく、ユダヤ人の大量虐殺に協力した。党員証にスタンプが捺《お》されたのが一年前だろうが一〇年前だろうが、共産党員がドイツに協力したのだった。もちろんいくらかの違いはあった。ソヴィエトのＮＫＶＤの将校が戦線の後ろにいる敵を殺害するためにドイツ警察に進んで協力したのは、戦前からソ連領だった地域に限られていたように思える。当然のことだが、そうした将校たちは、そうせねば人目を惹くからというので、ユダヤ人の大量射殺に加わらざるをえなかったのだ。[*2]

　ドイツ軍は戦前のソ連領に数週間のうちに到達したが、その頃までには彼らは十分に経験から学んでいた。ＳＳの将校は戦前のソ連領に到達するまでには、ポグロムという戦略の失敗がほんとうの意味で大事ではないことを理解していた。バルト三国ではいちばん北であり、占領も最後になったエストニアでは、ポグロムが煽動されることはいっさいなかった――それでも、逃げ出していなかったユダヤ人のほとんどが、ドイツ当局の下でエストニアの公安警察によって見つけられ殺害された。ポグロムは実際に旧ソ連領でも起きたのだが、たいていは大量射殺に先立ってではなくその余波であった。ドイツは、地元のソヴィエト当局を利用できることを知っていたし、十分な数の若者を徴募できることもわかっていた。[*3]

戦前のソ連はバルト三国よりもずっと貧しかったし、東ポーランドと比べてさえ貧しかったので、財産はどんなものであってもいっそう価値を持った。一九三九年から一九四〇年にかけて、併合した領土でのソ連の政策は、財産については一貫性がなかった。何せ、戦前からのソ連領でのソヴィエトの政策はまさに広汎な悲劇を生みだしていたのだった。戦前のソ連領に住んでいたユダヤ人はずっと東に住んでいたので、ドイツの前進をかわして逃げる時間的ゆとりが比較的大きかった。このことで住戸やアパートが大量に残されたが、即座にソヴィエト人の隣人によって占有されてしまった。ドイツ軍がやって来たときにはユダヤ人の中には逃亡していた者もおり、その住まいはすでに第三者によって占有されていたという事実そのものが、残っているユダヤ人を排除すればさらに財産を自由にできるという考えを促した。強欲で無慈悲な連中が頭をもたげてきた。ソヴィエト市民は国内向けのパスポートですでに「ナショナリティ」によって分類されていたし、ソヴィエト文化はすでにして民族的な糾弾をする文化となっていた。一九三七年から一九三八年にかけての大テロルの全国規模の作戦では、ユダヤ人相手の作戦はなかった。けれど、弾劾の熱狂はいずれにせよユダヤ人に及んでいた。戦間期のソ連で、ソヴィエト・ユダヤ人は儀式として子どもたちや年若い娘を殺すとして告発されていた。とりわけ、モスクワ、ハリコフ（ハルキウ）、ミンスクで、ソヴィエト市民は「血の中傷」に加わった。ミンスクでは、ユダヤ人が過ぎ越しの祭りのための「マッツァーを焼くために」儀式としての殺人を犯していると告発したのは、一人の労働者であり共産党員であった。大テロルが始まったのとちょうど同じ、一九三七年にソヴィエトの一共和国の首都でのことであった。[*4]

不運な連鎖だが、ソヴィエトの大テロル（一九三七年から一九三八年）の後にはナチス・ドイツとの同盟（一九三九年から一九四一年）、その後には一九四一年のナチス・ドイツの侵攻と続いた。ドイツ軍が新たなソ連領を通り過ぎてはじめて入った土地の、ソヴィエト・ベラルーシの西部、ソヴィエト・ウクライナの西部においては、大テロルが数十万の人名を奪った後だった。まさにこの一帯から射殺と国外追放によってポーランド人のマイノリティが取り除かれていたので、地元のウクライナ人、ベラルーシ人、ロシア人はもう、国策によって彼らの社会の真ん中からマイノリティが取り除かれることを目《ま》の当たりにした経験があったことになる。「ロシア・ペール」と呼ばれるソ連西部のユダヤ人の大きな定住区域（隔離地《ペールオブセツルメント》）は、ほぼ例外なくポーランド人の定住区域であった。一九三九年から一九四〇年までのナチス・ドイツとの同盟は、ソヴィエト市民の間でのイデオロギー的混乱の要因となった。ソヴィエトの新聞はドイツの政策の批判をやめ、ナチスの演説を載せはじめた。住民集会でソヴィエト市民は、「同志スターリン」と呼ぶつもりで「同志ヒトラー」を称えたり、「インターナショナルなファシズム」を呼びかけたりして、ときに言い間違いをした。ハーケンクロイツがソヴィエトの町々に落書きされるようになりはじめた。一九四一年にドイツ軍がやって来ると、三年前にアパート欲しさにポーランド人の隣人を告発したソヴィエト市民は、おそらくユダヤ人の隣人を告発するのに痛痒を感じなかったことであろう。ソヴィエト市民——ロシア人、ウクライナ人、ベラルーシ人、他にもいたが——は実際にユダヤ人の隣人をドイツ軍に引き渡した。告発のために走った経験は、通底するものだったに違いない。キエフでは、ウクライナ人とロシア人が、バビ・ヤールでの大量射殺の前にドイツ秩序警察がユダヤ人を見つけ名簿をつくるのに手を貸した。後になるとドイツ秩序警察は、以前はＮＫＶＤの司令部であったところで告発を受け取った。*5

二重に支配された地域で政治的に機能していた「ユダヤ・ボルシェヴィキ」という神話は、ドイツ軍が戦前のソ連領に到達した際に同様な効果をもって適用された。ひとたび展開されると、このユダヤ人を他から切り離すというテクニックは、ソヴィエトの版図のどこにおいても適用できたのだ。過去のソヴィエトの支配という事実とドイツの反ユダヤ主義のステレオタイプとが相俟って、その体制の頂点から底辺に至るまで、殺戮の安易で無神経な口実となった。ガリツィア地方のヴィシニオヴィエツの街のウクライナ人警察官は街中《まちなか》でユダヤ人の足をとめさせ、「教えてくれ、友よ、ソヴィエト体制の下でお前は何をしていたんだ？」と尋ね、そしてユダヤ人の答えの如何にかかわらず殴りつけることができた。その打擲こそが正解というわけだった。二重に占領された地域においてと同じように、戦前のソ連領のユダヤ人は、他の民族が総じて無辜であるという神聖な嘘のために犠牲にされたのだった。結局、ユダヤ人の観点からは、ある地域がソヴィエトに占領されていたのが一〇年単位でも月単位であっても、ほとんど意味を持たなかった。どちらにせよ、ドイツ人が到達した際にこうした地域に存在していたユダヤ人は、苦しんで死ぬ運命にあったのだから。[*6]

二重に支配された西ウクライナでは、ドイツ軍は、ウクライナ人の抱く国民国家をつくりたいという野心を利用することができた。ドイツは、二〇年間のポーランド支配と二年間のソヴィエト支配からくる欲求不満を利用することができた。二〇年間ソヴィエトの支配下にあった中央ウクライナや東ウクライナでは、ナショナリズムへの共鳴はずっと弱かった。ドイツ軍は西ウクライナのナショナリストを同行したが、そうした協力者は中央ウクライナや東ウクライナでは話し相手も見つけられず、たいていはドイツの政策の助けとはならなかった。それにもかかわらず、ユダヤ人殺戮は同じように能率的に行われた。[*7]

ソヴィエト・ウクライナ北西部の主要都市ジトームィルでは、最近ソヴィエト占領を経験したわけでなく、二〇年のソヴィエト支配の歴史があった。一九三九年から一九四〇年にかけてソヴィエトが併合した地域でそうであったようには、ドイツ軍が到達した時には移送は行われていなかった。けれども、二重に支配された地域でと同じように、NKVDはソヴィエト市民を近隣の監獄に繋いでいた。たくさんの事例があったが、NKVDは監獄に繋いでいた者たちを射殺し、死体を残していった。ジトームィルの住民が疑惑を抱いていたように、まさにそうした監獄こそ、はるかに巨大なソヴィエトによる殺戮作戦の場であってからそう経っていなかったのだ。一九三八年九月には、ソヴィエトの指導者たちがポーランド侵攻によってチェコスロバキアを相互援助条約に基づき救済することを宣言したために、赤軍が、まさにジトームィル地域に集結していた。NKVDはその間にもたくさんの民間人、とりわけポーランド人男性を殺害した。NKVDは、戦争とポーランドへの干渉の機会を取り除いてしまったミュンヘン協約締結の日には、この地域だけで四〇〇人以上のソヴィエト市民を殺害した。一年後に戦争が勃発すると、ソ連はナチス・ドイツの敵国でなく同盟国になったので、ジトームィル地域の住民にも、すべてのソヴィエト市民へと同じく、ほぼ二年間ヒトラー体制賛美が供された。この後に、一九四一年六月からはナチス自身によるプロパガンダが続いたのだが、航空機から撒かれるビラは、ユダヤ人を共産主義と同一視するものだった。[*8]

ドイツ軍の侵攻という形で一九四一年七月九日に戦火がジトームィルにも及んだ際に、SSの隊員たちは、ソヴィエトが併合したばかりの土地をすでに通り抜けてきていた。彼らは政治上の手法を用意していたし、成功を確信することができた。ドイツはNKVDの残した死体を見つける度に、ユダヤ人のせいにし、いくらかのユダヤ人を射殺した。一九四一年八月七日、アインザッツグルッペCのゾンダーコマンド4aは、ジトームィルのシンプルな舞台芸術《シノグラフィー》を引き受けた。ゾンダーコマンド4aの隊員は、NKVDのために働いていたとして告発された二名のユダヤ人を射殺した。その後で彼らは、ほとんどがウクライナ人かポーランド人だったが、集められた観衆に尋ねた。「仕返ししたいのは誰にだ？」答えはすでに与えられていた。観衆は答えた。「ユダヤ人だ！」[*9]

ジトームィルのような町の者は実質的に誰もがソヴィエト体制とつながっていたので、こうした形で、ソヴィエトの民衆は過去から解き放たれていったのだ。射殺の場に立ち会い、ドイツの殺人者たちとの交流に加わることで、地元住民は、歴史を血塗られた形で修正することや、咎を広くユダヤ人に負わせることに荷担した。どことも変わらず、この地でも、虚偽と殺戮とが密に結びつけられた。「ユダヤ・ボルシェヴィキ」という神話はソ連本国の中でも機能を果たしたが、ジトームィルの住民の多くはユダヤ人が共産主義に責任があるわけではないと理解していた。けれど、ひとたびソヴィエトの市民がユダヤ人が共産主義への罰として殺されるべきだと大声でよばわり、実際にユダヤ人が殺害されるのを見ると、自分たちが嘘をついてきたと認めることはできなかった。かくして、殺害そのものが「ユダヤ・ボルシェヴィキ」という神話を推し進めた。嘘をつくことが殺戮を支え、殺戮が嘘を支えた。

ハリコフ（ハルキウ）はソヴィエト・ウクライナの東北部の主要都市で、ソヴィエト・ロシアとの国境線に近く、ロシア人マイノリティがかなりの数居住していた。ハリコフの住民は、一九三二年から一九三三年にかけての飢饉と、一九三七年から一九三八年にかけての大テロルとで、恐ろしい苦難を味わっていた。ユダヤ人家族の少年が当時を記憶しているように、「毎日子どもたちはやって来ては「ママが逮捕されちゃった」だの「パパが逮捕されちゃった」だのと言っていたものだ」。ハリコフでは、戦前からのソ連領のどことも一緒で、やってきたドイツ軍は伝統的な「パンと塩」で大歓迎を受けた。ドイツ軍は、ほぼ変わらずに地元行政を担当する地位にとどめられた地元の協力者たちを頼みとすることができた。ドイツ軍は少数の西ウクライナのナショナリストをハリコフに実際に連れて行ったが、結局協力者はほぼ全員が——ウクライナ人、ロシア人、他にもいたが——ソヴィエト市民であった。ドイツ軍はハリコフの行政に責任を持たせる市長と、市の一九ある地区にそれぞれ副市長を任命したが、地区の境はソヴィエト警察の管轄に倣ったものだった。副市長の部下としては建築物監督官がおり、ソヴィエト支配時代と同じ職務を同じ人間が務めていた。職務とは、アパートを監視し、そこの住人につき報告をあげることであった。[*10]

ソヴィエトのどの大都市においても、ドイツ軍はユダヤ人抜きで地元行政当局を設けることができたが、教育あるソヴィエト市民を抜きにしては運営をしてゆくことができなかった——そして、そうした市民はしばしば共産党員だったのであった。ソヴィエト市民のほとんどにとって、ユダヤ人と共産主義とを同一視するのはきわめて便利なことであった。というのも、そうすればソヴィエトの歴史を「民族化《エスニサイズ》」することができ、そのことで大多数のソヴィエト市民をソヴィエトの慣行に対するどんな罪からも免罪してくれるからだった。ハリコフ市当局がその役割を「ユダヤ・ボルシェヴィキのギャングどもの息の根を最終的に完全にとめること」だと定義づけたとき、その表現するところは、ユダヤ人を殺害することで共産主義を征服しようとしているのだとうそぶくドイツ側の利益と、共産主義とは関わりがなかったのだというふりをしたがるソヴィエト市民の利益とを共に体していた。「グレイター・イーブル」の政治とは、共産主義者にユダヤ人を殺すよう手配しながら、「ユダヤ・ボルシェヴィズム」を根絶すると宣言することであった。[*11]

ハリコフ市当局が、ドイツ軍の進軍を逃れたユダヤ人の財産を市当局が配分する権利を有するという布告を発した時には、ドイツの征服戦争を、地元ソヴィエト市民のための相対的な社会改良の可能性へと変容させていたのだ。当然のこと、再配分できるのは、ドイツ軍の進撃から逃げること以外の理由で消える可能性のあるいかなるユダヤ人の財産にも拡大された。ハリコフ市当局は、建築物監督官に、残ったユダヤ人は「イエローリスト」に載せる形で、建築物の人別帳を作成するよう命じた。一九四一年一二月初めに、建築物監督官は残っているユダヤ人がどこにいるかを確認するのに役立たせるために三人組《トロイカ》制度を導入した。一二月一四日にはハリコフ市の至る所に、違反したら死刑に処するとして、ユダヤ人は翌日トラクター工場に出頭するよう求める告知が出現した。翌日になると、地元警察官と少数のドイツ人に率いられて、モスクワ通り沿いに長く哀れなユダヤ人の行列が進んでいった。女の一人が道ばたで足をとめ、そのまま双子を出産した。彼女も赤子たちもその場で即座に射殺された。トラクター工場のバラックの中で、ユダヤ人には同じハリコフ住民が衛兵についた。彼らはユダヤ人を殺す資格を持っていたし、時には実際にやってのけた。建築物監督官は、彼らユダヤ人の家屋にユダヤ人はいなくなったし、アパートも動産も再配分されうると報告した。[*12]

一九四一年一二月二七日に始まったハリコフのユダヤ人の大量射殺はドイツ軍によってなされた。保安警察（SiPo）三一四大隊とともにアインザッツグルッペCのゾンダーコマンド4aが行ったのだ。一九四二年一月二日までに、こうした部隊の兵士たちはおよそ九〇〇〇人を殺戮した。ユダヤ人を死地まで連れてゆく仕事の大半を担ったのは、ソヴィエト支配の時代と似ている組織の中で働き、ソヴィエト支配の下でと同じように振る舞った、同胞のソヴィエト市民であった。地元当局のいくつかは反共産主義者としての政治的信条から行動した。ハリコフの住民の中には、一九三〇年代終わりの大テロルと一九三〇年代初めの大飢饉の結果として、ソヴィエト支配をひどく憎んでいる者たちがいた。けれども、こうした経験から得た主たる政治的教訓は服従であった。たいていは、ユダヤ人殺害を可能にした者たちはソヴィエト体制の産物に過ぎず、ただ、新たな路線、新たなご主人様に適応していたのだった。市長に命ぜられて、生き延びているユダヤ人を狩る際には、「ユダヤ人共産主義者と山賊ボルシェヴィキのくずども」を抹殺するためという旗印を掲げた。この言い回しは、ソヴィエトの紋切り型口調にナチスの言わんとすることを重ね合わせたものだった。[*13]

ドイツ軍がソ連のどこへ到達しようと、結果は基本的に同じであった。ドイツ軍の立てた計画ではあったが、ソヴィエトのあらゆる民族の人間たちの助けを大いに借りて実行された、残っていたユダヤ人の大量殺戮という結果であった。「ユダヤ・ボルシェヴィキ」という神話は、ユダヤ人を他のソヴィエト市民たちと切り離し、かつたくさんのソヴィエト市民を彼らの過去から切り離した。ユダヤ人の殺戮と財産の委譲とは、自分たちの過去への責任の観念を失わせ、ドイツ占領から得るもののあった階級を析出し、ドイツの将来の中に相対的な社会的上昇を約束しているように見えた。ソヴィエトにいたジプシーは同じ程にはイデオロギー的な敵として描かれはしなかったし、ドイツの世界観と地元の恐怖や必要とがユダヤ人の場合ほど一致もしなかった。それでも、彼らも占領下のソ連では殺戮の憂き目に遭い、その財産も対独強力の地元当局により再配分された。ハリコフでは、ジプシーは馬市場に狩り集められた。[*14]

ロシア語が話される都市であったが、ハリコフはウクライナ文化の揺籃の地の一つであった。けれど、ソ連の指導者にちなんで名づけられた都市については同じことはいえなかった。ウクライナ南東部の大きな産業都市で、現在はドネツィクと呼ばれているスターリノは、範となるようなソヴィエトの都市であった。ボルシェヴィキ革命の前からあったが、ドネツィクの炭鉱と産業は、一九二八年から一九三三年までのスターリンの第一次五カ年計画の間にたいへんな広がりを見せた。ドネツィクの後背地《ヒンターランド》は、一九三二年から一九三三年にかけての大飢饉の間は飢えに苦しんだが、ソ連中から人々がドネツィクに移り住んできていた。発展著しい都市そのものが、ソヴィエト・ロシアはじめ各地からの労働者を引きつけた。スターリノはソヴィエトのるつぼ《メルティングポット》であり、ウクライナの民族的アイデンティティがハリコフに比べてずっと薄い、おそらくはソヴィエト・ウクライナのどこと比べても薄い、ロシア語が話される都市だった。政治的アイデンティティはソヴィエトのアイデンティティであったように思える――仮にそうでも、とりたててドイツ軍への協力に対する障害にはならなかった。ユダヤ人殺戮は、スターリノでも他の場所と変わらずに進行していった。

ドイツ国防軍の南方軍集団のソヴィエト・ウクライナでの進軍はのろのろしたものだったので、スターリノと周辺のドネツ盆地のソヴィエト当局は、一挙にではなく段階的に崩壊していった。共産主義者はドイツ軍の到達を見越して党員証を破り裂いた。小農たちは、ドイツ軍が集団農場を廃棄してくれるのではと期待して喜んだ。地元住民の男たちは前線に送られたが、彼らの家族は戦火がスターリノに及ぶ前にソヴィエトの政策に抵抗する暇《いとま》があった。NKVDはドイツ軍がやって来たときに爆発させようと鉱山に爆薬をしかけようとしたが、スターリノの4／21鉱山では女子どもでこれを阻止しようとして射殺された。赤軍は撤退に際して田園部から家畜を持ち去ったし、スターリノの共産党員は一般人民向けの食糧を持って逃走した。鉱夫が中心だが地元の民兵は、ドイツ軍と戦うよりも散り散りになる方を選んだ。ドイツ軍がドンバス地方に到達すると、アインザッツグルッペCはユダヤ人を殺戮した。殺戮は鉱山で行われることもあったし、ジプシーも一緒に殺害されることもあった。[*15]

スターリノでも他でと変わらず、地元のユダヤ人に汚名を着せ殺戮することで、占領者と被占領者の間に橋が架けられた。ドイツ軍はすぐにスターリノ市の行政機構を整えたが、首長は長い間の共産主義者であったし、職員も概ね共産主義者であった。こうした新しい行政機構はおよそ二〇〇〇名の地元警察官を徴募したが、共産党員だった者が多数含まれていた。こうした地元警察官が、スターリノでドイツがおよそ一万五〇〇〇人のユダヤ人を射殺するのに手を貸した。かなりの程度、共産主義者であるとみなされて殺戮されたユダヤ人は、共産主義者によって殺戮されたのであった。ユダヤ人を殺戮することで、スターリノの地元住民は、他の地でと同じく、嘘を分かち合った。その嘘で、ドイツ支配から保護される手段を得ながら、過去に対する責任逃れができた。二重に占領された地域での住民が一年ないし二年の間続いたソヴィエト体制に参加したというトラウマを振り払いつつあるのに対して、ドンバス地方のような場所では、無にされた歴史はまるまる一世代分の歴史だったのだ。[*16]

後になって、ソヴィエト権力が戻って来ると、人々はまたも寝返った。その時点から先は、ドネツ盆地がそうであるように典型的なソヴィエトの地域での記憶は、反ファシズムというソヴィエトの神話に彩られるようになっているし、その神話においてはあらゆるソヴィエト市民はひとしくドイツ支配下で苦しみ、雄々しくもドイツ支配に抵抗したことになっている。これは、戦時下の反共産主義という神話と同じ程度に真実である。ということは、どちらも虚偽であるのだ。一九四一年の「ユダヤ・ボルシェヴィキ」の神話でソヴィエト市民がユダヤ人の隣人と無縁な存在となるのを許したように、ナチス・ドイツに対する「大祖国戦争」の神話は、彼らがユダヤ人の隣人を殺戮したという事実から無縁になるのを許したのだった。

ベラルーシは、ソヴィエト支配によって最も変えられてしまった、ソ連のヨーロッパにある共和国だった。ドイツの政策にとっても重要な試金石であった。というのは、リトアニア、ラトヴィア、地方によってはウクライナとも違って、民族的な政治面での資源というものが存在しなかったからである。これといったベラルーシの民族問題はなかったし、ごく少数のベラルーシ・ナショナリストが、侵攻するドイツ軍によって、亡命先から、あるいはベラルーシのあちらこちらから連れてこられたくらいだった。

当初のユダヤ人へのドイツ側の政策は、ベラルーシでも他と変わらなかった。実際に、ドイツのユダヤ人婦女子大量殺戮が一九四一年七月一九日にベラルーシで起きている。その日ヒムラーは、中央軍集団の背後にいた武装親衛隊（Waffen-SS）にポリーシャ湿地からユダヤ人を一掃せよとの命令を下したのだ。七月三一日に、ヒムラーはその命令には女も含まれると指示した。武装親衛隊は一万三七八八人のユダヤ人の老若男女を殺害した。八月半ば時点で、ベラルーシを管掌していたアインザッツグルッペBは、他のどのアインザッツグルッペよりも多数のユダヤ人を殺害していた。けれどその司令官のアルトゥール・ネーベは、リトアニアやラトヴィアでのアインザッツグルッペAの司令官フランツ・ヴァルターレ・シュターレッカーほどには徴募の機会に恵まれていなかった。何せベラルーシでは政治面での資源がなかったからである。地元の協力者はおおむねベラルーシ人かポーランド人であり、たいがいは政治的な動機を欠く者たちであった。ネーベはまた、南で活動していたフリードリヒ・イェッケルンほどには他のドイツ警察部隊の援護も得られなかった。一九四一年九月には、ベラルーシにおけるユダヤ人殺戮は、バルト三国やウクライナの後塵を拝していた。[*17]

近い将来に地元の協力を得る可能性がここでは少なかったので、ベラルーシのSSは、事実上ドイツ軍から徴募した。ソヴィエト市民はボルシェヴィキとユダヤ人を同一視することで徴募できたのだが、ドイツ軍将校は、ユダヤ人、ボルシェヴィキ、そしてパルチザンという修正された同一化に反応した。仮にユダヤ人がボルシェヴィキだったら、それなら政治的志向を持った地元住民は、自分がボルシェヴィキでないことを証明するために（かつまたユダヤ人の財産から利益を得るために）殺戮に参加する可能性がある。仮にユダヤ人がパルチザンだったら、それならドイツ軍将校は公明正大な勝ち戦《いくさ》を繰り広げられるよう、パルチザンの彼らが死ぬことを望むだろう。動産をそれほど盗むわけにはゆかなかった軍も、ユダヤ人を殺戮し、地元住民に彼らの家屋を好きにさせることは一種の社会福祉政策だと認識していた。一九四一年九月一八日にミンスクの北東にあたるクルプキの町で、三五四歩兵師団の第三大隊のドイツ兵がユダヤ人殺戮の場所を選び、彼らユダヤ人を村から待ち構えているＳＳのところまで護送していった。おそらく自分も父親だったのだろう、ある兵士はユダヤ人の母親に束の間列から離れて幼い男の子のおむつを替えさせてやった。[*18]

それから間もなくして、ベラルーシでは、ＳＳからの援助なしでドイツ兵がユダヤ人を殺戮するようになる。国防軍の中央軍集団が司令部を置いていたマヒリョウでの会議で、ネーベとその地区の「親衛隊及び警察高級指導者」であるエーリヒ・フォン・デム・バッハ＝ツェレウスキーは、陸軍将校たちにパルチザン闘争について手短に必要な情報を与えた。彼らはデモンストレーションさえ組織した。実際にはパルチザンなど発見されなかった村で、ほとんどが女の三二人のユダヤ人を殺害した。それに込められたメッセージは見逃しようがなかった。陸軍将校たちは九月二三日から二四日にかけて行われた会議の教訓にさまざまな形で反応した。もっとも、彼らの十分な数が喜んで、ないしはまさに熱意を込めてユダヤ人をパルチザンと見なそうとしたので、陸軍の怠慢な態度も変わってゆくように見えた。[*19]

一九四一年一〇月までに、東部戦線での二度目の重要な作戦であるタイフーン作戦が発動していた。

六月に発動していたバルバロッサ作戦は九月までにソ連を破壊するものとされていたので、二度目のドイツの攻撃があるとはまるで想定されていなかった。当初のドイツ軍の進撃が恐るべきものであったにもかかわらず、バルバロッサ作戦はドイツ軍が予想していたよりもずっと進捗が遅かった。遅滞の心配はまず、レニングラードを陥落させられなかった北方軍集団が経験した。南方軍集団は、予期していたよりもゆっくりとウクライナを進軍していた。ヒトラーは九月に中央軍集団の一部を南方軍集団に援軍として送ることを決定していた。ひとたびウクライナでの突破《ブレイクスルー》が達成されれば、タイフーン作戦が続くことになっていた。ベラルーシにほぼ二〇〇万の兵力を集結させるタイフーン作戦は、再編成され強化された中央軍集団によるモスクワへの最終攻勢だった。[*20]

二重に占領されていた地域及び到達した戦前のソ連領で開始されたバルバロッサ作戦と異なり、タイフーン作戦は初めから終わりまで戦前のソ連領で実行されることになっていた。それにもかかわらず、ユダヤ人にとっては基本的に同じような結果をもたらした。一九四一年九月三〇日にドイツ軍部隊が前進をはじめた後、ソヴィエト・ベラルーシはバルト三国やウクライナにおけるとまさに同じように殺戮地帯《キリングゾーン》になった。一〇月二日と三日に、マヒリョウが、ユダヤ人全員が殺戮されたベラルーシで最初の大きな都市になった。ドイツ軍が大挙して東方に進撃していたというのに、ドイツの殺人者たちは自らの行為を防御のためと言った。マヒリョウで赤子たちを射殺するのは、あるドイツ人（オーストリア人）が妻にした説明では、さらに悪いことが起きるのを防ぐためだった。「最初にやろうとしたときには、僕の手は撃つときにちょっと震えたけど、慣れるものなんだね。一〇回目にもなると僕も静かに狙いを定めてたくさんの女、子ども、それに幼児まで射殺したよ。一〇倍ひどくではないとしても、この連中に同じことをされるかもしれない幼児《おさなご》が二人僕には家にいるのを、僕は忘れなかったよ。僕らが連中に

ドイツの進撃
1941年10月1日 - 12月5日
軍集団
ドイツ装甲軍
ドイツ歩兵軍
フィンランド
スウェーデン
ヘルシンキ
フィンランド軍
ラドガ湖
レニングラード
タリン
チフヴィン
第18軍
第18軍
バルト海
ノヴゴロド
北方
レーブ元帥
プスコフ
1941年12月5日
時点の前線
ヴォルガ川
第16軍
リガ
カリーニン
帝国管区
オストラント
ネヴェリ
ドヴィナ川
第9軍
第3装甲軍
クリン
モスクワ
オカ川
ダンツィヒ
カウナス
ヴィリニュス
第4軍
ヴャジマ
スモレンスク
第4装甲軍
カルーガ
リャザン
ドイツ
ミンスク
トゥーラ
ヴェニョフ
中央
ボック元帥
第2軍
ブリャンスク
第2装甲軍
ワルシャワ
1941年10月1日
時点の前線
オリョール
ソ連
ウッチ
ブレスト
ピンスク
プリピャチ川
ホメリ
総督府
ポリーシャ湿地
チェルニーヒウ
クルスク
ヴォロネジ
ルーツィク
リウネ
クラクフ
ロムニ
ベルゴロド
リヴィウ
ジトームィル
キエフ
ドニエストル川
帝国管区ウクライナ
第6軍
ハルキウ
ドニエプロ川
ドン川
第17軍
ポルタワ
ヴィーンヌィツァ
ロゾバヤ
南方
ルントシュテット元帥
ハンガリー
ドニプロペトロウシク
第1装甲軍
スターリノ
ドン川
キシナウ
ムィコラーイウ
ロストフ
メリトポリ
マリウポリ
オデッサ
第11軍
アゾフ海
ルーマニア
ケルチ
ブカレスト
クリミア
セヴァストポリ
ドナウ川
ソフィア
ブルガリア
黒海
ギリシャ
イスタンブール
トルコ

与える死は、GPUの監獄で加えられるかぎりない苦痛に比べたら、美しく速やかな死だよ。幼児が空中を大きな弧を描いて飛ぶと、僕らは、そいつらの身体が穴や水の中に落ちる前に飛んでいる間《ま》に粉々にしてやったのさ[*21]」。

ひとたびタイフーン作戦が発動すると、ユダヤ人を殺害するようドイツ兵を誘導するのに何の苦もなかった。三三九歩兵師団の六九一連隊の第三中隊はフランス占領にかかわっていて、ロワール渓谷に駐屯していた。一九四一年一〇月一〇日、つまりベラルーシに移動させられて三、四日で、兵士たちはクルハの村を封鎖し、そこのユダヤ人を穴の所まで行進させて全員を射殺した。彼らはその任務を楽しんだわけではなかったし、指揮官たちも新たに割り当てられた役目で兵士たちの前で弱気なところを見せたくないと願っているように思えた。射殺する役を免除してくれと頼んでも罰せられなかったのに、理由の如何は問わず、兵士たちはそれをやってのけたのだ。フランスのワインの産地から移動してきたばかりのこの中隊は、SSの援助を受けず自分たちだけでクルハのユダヤ人の大量殺戮を実行したのだった[*22]。

戦前のソヴィエト・ベラルーシの首都ミンスクでは、ドイツ軍は「ユダヤ・ボルシェヴィキ」という神話の華麗な舞台芸術《シノグラフィー》を見せた。ボルシェヴィキ革命の記念日にあたる一九四一年一一月七日に、ドイツ軍と地元のベラルーシ人やロシア人は、ミンスクのユダヤ人に市外へと行進させながらソヴィエトの旗を掲げながらソヴィエトの歌を歌わせたのだ。その後でユダヤ人は射殺された。誰の目にも象徴するところは明らかだった。つまりユダヤ人が共産主義とソ連とに責任を有する。よって彼らを排除することが意味するのは、共産主義とソ連との敗北であり、同時に他の誰もがむろん責任を持たないということである。ドイツ軍は、赤軍記念日や国際婦人デーなどソヴィエトの他の祝日にも、ミンスクでそのパフォーマンスを繰り返した。ドイツ軍は占領したソヴィエト・ベラルーシで、ソヴィエト・ウクライナやソヴィエト・ロシアでと同じように、民政当局を設けるのにソヴィエト市民をあてにできた。ベラルーシでは、共産主義者と、共産党の青年組織のコムソモールのメンバーは、地元警察に加わってユダヤ人大量射殺などのドイツの政策に貢献したのだった。[*23]

タイフーン作戦の進軍に伴って、ベラルーシは中央軍集団の後背地になった。沼沢地と森林の地ベラルーシはパルチザン戦に向いていた。ソヴィエト人自身がドイツ軍前線の背後でのパルチザン戦の有効性について理解するより前に、ドイツ軍は来るべき反パルチザン作戦にイデオロギー上の隠れ蓑を用意していた。曰く、「パルチザンはユダヤ人であり、ユダヤ人はパルチザンである」。ユダヤ人はまずソヴィエト体制の産物とされ、ついでその予測された崩壊に結びつけられ、それから予期される反撃にも結びつけられたのだ。ドイツ軍はソ連においては戦時法規を遵守しないと告知していたし、ドイツの大量殺戮の作戦は明らかに戦時法規の侵害であったが、ドイツ軍は自軍に向けられたパルチザン戦には至って神経質であった。規則に則ったいかなる戦争にもドイツ軍は勝利する、よって仮にドイツ軍が勝利できないとしたら、誰か他の者が規則を守っていないのだ。ドイツ軍に「自然」が当然もたらすべき勝利のために彼らは公明正大に戦っている、そのドイツ軍を妨害しようとする邪悪な力として、ユダヤ人がこの論理には登場してくる。[*24]

ユダヤ人婦女子の大量殺戮政策はベラルーシにもわずかな遅れで入ってきたが、ドイツ軍は厄介なものと知った。他と同様にベラルーシでも、婦女子を殺害せよという命令は地元住民――あるいはリトアニアやラトヴィアではすでに徴募されていた補助警察官――を巻き込んでの議論となった。そのことも、新しい殺害技術が応用された理由の一つであったろう。「生存に値しない」とみなされた人間たちに対してドイツや占領下ポーランドですでに用いられていた、一酸化炭素を使う大量殺戮の技法である。有蓋トラックが、排気ガスが車内に送り込まれるように改造された。ユダヤ人、とりわけユダヤの子どもたちをそうした有蓋トラックに詰め込むのは、顔をじかに見ないで済む殺害方法であった。子どもたちはこの有蓋トラックを「黒いカラス」と呼んだ。この言葉は、三年前には、スターリンの大テロルの間に人々を連れ去ったＮＫＶＤの車を指して、子どもたちの両親が使っていたのだったが。[*25]

一九四一年末までには、ソヴィエト市民の助けを得たドイツ軍は、占領下のソ連ですでにほぼ一〇〇万のユダヤ人を殺戮していた。アインザッツグルッペンは殺害技術を臨機応変に磨いていたし、地元住民への政治的なアプローチも完成させていた。秩序警察や国防軍とともに、アインザッツグルッペンは、それと気づかれぬまま「ユダヤ・ボルシェヴィキ」という論理の完全な実現へと移っていった――この論理は、それと気づかれぬまま、勝利をもたらすというより敗北を糊塗する手段となっていたが。ドイツはソヴィエト国家を打ち倒せないにせよ、ソヴィエト体制を破壊した地でユダヤ人の殺戮はできたのだ。アインザッツグルッペＣの指揮官だったオットー・ラッシュは、一九四一年九月にこう記している。「ユダヤ人の排除は」戦争のそもそもの目的であった植民地的搾取という一般的な作戦よりも「実際上たやすい」。[*26]

戦争は戦線ごとに戦況もさまざまだったが、失望はまず北方軍集団、ついで南方軍集団、最後に中央軍集団の順に襲ってきた。それでもどこにおいても、アインザッツグルッペンや国防軍、警察の司令官たちは、しかるべく東方へと進軍していないことを理解していた。一九四一年末までに征服するとされていたずっと広大な領土を管理するという元々の任務は果たすことができないというまさにそんな理由から、警察官をユダヤ人殺戮に大量に動員できた。国防軍の司令官たちは憂慮していた。ソヴィエトの抵抗はほんものであった。アインザッツグルッペンとそれを率いるSSの司令官たちだけが答えを知っているようだった。名目上も実践上も、ユダヤ人に対する戦争というのがその答えだった。

ドイツの人種主義者の精神世界において重要であり、後々の論争でも目立つことになるソ連の諸民族の民族的アイデンティティは、ソ連諸民族の行動にほとんど影響を及ぼさなかった。ソヴィエト国家はドイツ勢力への障壁であったが、ソヴィエトの民族で障壁となったのは一つもなかった。ユダヤ人は一九三九年から一九四〇年にかけてソ連に併合されていた地域でとほぼ同じように、そしてほぼ同じ比率で、戦前からのソ連領でも死んでいった。ドイツ軍は殺戮作戦で、遭遇したすべての民族のソヴィエト人たちの助けを得られた。ドイツ軍は、ソヴィエトの共和国の国境を次々とまたいでいく際にも、何ら顧慮するところはなかった。顧慮する必要もなかったのである。

戦争中ほとんどの間、ドイツはソヴィエト・ベラルーシとソヴィエト・ウクライナをそっくりそのまま占領していたが、ソヴィエト・ロシアの領土のほぼ九五パーセントはドイツによる占領を免れた。けれど、ドイツ軍が到達したソヴィエト・ロシアの地域では、ソヴィエト市民は他のどこのソヴィエト市民ともほぼ同じ反応を示した。共産党組織で有力だったロシア人は他のロシア人から、ユダヤ人を一人殺せば過去は消せると教えられた。建築物管理官は、他のどの地域の建築物管理官とも同じで、ドイツ人に彼らの管掌する建物に住むユダヤ人のリストを渡した。初めからロシア人は（他の民族もだが）ソヴィエト・ロシアで警察官として働いた。ドイツ軍はソヴィエト・ロシアの領土に到達してすぐに反ユダヤ人作戦にロシア人警察官を用いることができた。補助警察にいるロシア人は、プスコフ、ブリヤンスク、クルスクでユダヤ人を追い詰めた。ロストフ、ミネラーリヌィエ・ヴォードィのような、占領されたソヴィエト・ロシアでのユダヤ人大量射殺において、ロシア人警察官はつねにその場にいた。どこの地域の警察官とも同じで、ロシア人警察官は、その財産欲しさに、ユダヤ人を匿っている人たちを通報した。ロシア人はどこでも互いに密告し合った。包囲されたレニングラードの近郊でさえそうだったのである。ロシア人はまた、たとえばヴィリニュス、リガ、ミンスク、ハリコフのようなロシア以外の場所でも、ユダヤ人を殺害する地元警察に入っていた。[*27]

　ドイツ占領下に入ったソヴィエト・ロシアの諸都市では、地元での政策とユダヤ人の運命とは、ソヴィエト・ウクライナやソヴィエト・ベラルーシにおけるのと同じであった。中央軍集団は西部ロシアのスモレンスクで二ヶ月間足止めを食ったが、結局一九四一年九月一〇日に包囲戦に勝利した。この時点までに、地元ユダヤ人のほとんどにあたるおよそ一万人が逃げおおせていた。ロシア人の隣人たちは、なかにはその市をめぐる激戦で自分の家をなくした者もいたが、ドイツ軍が来る前にユダヤ人の財産を略奪しアパートを我が物にしていた。動産・不動産の割り当ては管理下に置かれ、ドイツ軍の据えた地元当局による規制を受けた。当初の略奪は、さらに欲望をかき立てた。ソ連への献身のすばらしい記録を誇るロシア人共産主義者が長であったが、対独協力的なスモレンスクの地元当局は、残ったユダヤ人がどこに住んでいるかを記録するために市勢調査《センサス》を命じた。それから彼らはドイツ軍に、そうしたユダヤ人をゲットーに押し込めるのに必要な人員をも差し出した。これにより、スモレンスクに残っていたユダヤ人の資産を速やかに没収することが叶った。いったんそれがなされると、ゲットーそのものの住まいが次の欲望の対象になった。一九四二年五月に、ボリス・メンシャギンという著名なソ連の法曹家であるロシア人市長が、ドイツ軍に対し、ゲットーを空にすればロシア人の住宅事情を改善することになろうと進言した。その数週間後に、地元ロシア人警察官がドイツ軍に手を貸して、スモレンスクのユダヤ人で残っていた者を殺害した。[*28]

もしも戦況がヒトラーの期待どおりになっていたら、一九四一年の冬はソ連西部の至るところで大規模な飢饉がもたらされていただろう。そうなる代わりに、戦争の続く傍らユダヤ人の子どもたちは有蓋トラックの中でガス殺されていった。スラブ民族に対する植民地化の戦争は、依然継続中ではあったが、ユダヤ人排除の戦争へと道を譲りつつあった。

ヒトラーは、自然界では闘争は食糧をめぐってのものであり、弱かったらその人種は飢える宿命にあると考えていた。「飢餓計画」の目的はまさに、劣等人種と見なされるスラブ人の餓死であった。赤軍の敗北とソヴィエト国家の崩壊の後、ソ連西部の肥沃な土地、とりわけソヴィエト・ウクライナからの食糧がドイツの民間人に供給されるはずとなった。こうしたヨーロッパの政治経済の再編成は、ドイツを自給自足の状態にさせ、ドイツ人に安定した快適な生活を送らせるはずとなった。およそ三〇〇〇万のソヴィエト市民が一九四一年の冬には飢餓に苦しむものと想定され、そのなかには六〇〇万のソヴィエト・ベラルーシ市民も含まれていた。ところがそうはいかなかった。ソヴィエト市民は実際に飢餓に苦しめられたし、それも大量にであった。つまり、戦時捕虜収容所に入れられている三〇〇万人、レニングラードの一〇〇万人、ハリコフやキエフのようなソヴィエト・ウクライナの諸都市でのそれぞれ何万もの住民、といった具合であった。けれども、結果は、東部戦線で戦っているドイツ兵すらに満足に食糧供給もできなかったし、故国ドイツの家庭に豊穣ももたらさなかったのである。[*29]

ドイツのソ連侵攻は、実際に飢餓を振りまく可能性を生じさせた。ドイツ兵が「植民地戦争におけるように」この土地から自分たちと動物（ドイツ軍はおよそ七五万頭の馬を連れて侵攻した）の食糧を得るよう命令されていたので、残された食糧の配分は政治問題となった。その結果は一九四一年から一九四二年にかけての新政策の開発であった。すなわち、西ヨーロッパと中央ヨーロッパでの食糧の再配分でなく、東ヨーロッパでの飢餓の再配分というものだった。ドイツの民間人に豊富な食糧という褒美を与えられなかったので、ドイツの政策は食糧不足を、支配下諸民族への動機づけや、ドイツ自身の人種ヒエラルヒーを強化するのに用いた。早くも一九四一年九月には、ドイツ軍はもはや窮乏を手段に地域一帯を変容させようというのではなく、いっそ彼らがユダヤ人に対する戦争に勝つのに役立つよう飢餓を振り分けてしまおうとしていた。人々はユダヤ人の資産を欲しがったし、配給食糧もユダヤ人より良いものであることを望んだのだ。[*30]

「ユダヤ・ボルシェヴィズム」を使った政策と同じく、相対的に剥奪するという政策はレジスタンスを抑え込み、対独協力を生み出した。きわめて過激な事例としては、人々はゆっくりと死んでゆくのを避けるために、速やかに殺害する側に回った。ひとたび飢餓収容所から解放されたソヴィエトの戦時捕虜は、収容所に戻らないためなら喜んで何でもしてのけたが、そのなかにはユダヤ人大量殺戮の政策でドイツ軍に手を貸すことも含まれていた。誰かが穴を掘らねばならなかったのだから。一二月七日、ソヴィエトの戦時捕虜は、ドイツ軍がリガのユダヤ人を射殺することができるようにリトバルスキーの森で穴を掘っていた。その場にいたドイツ軍は、たぶんこの行為を、「ユダヤ・ボルシェヴィキ」の脅威を押さえ込んでいるものと見なした。それでも、ドイツがいくつもの戦闘で勝利を収めたように見えても、どれだけ多くの捕虜をとって、飢えさせ、搾取しても、赤軍は闘い続けた。[*31]

一九四一年の秋は、一〇歳のユーリ・イスラエロヴィッチ・ゲルマンにとっては波乱の日々だった。

モスクワから南西およそ一九〇キロの所にあるソヴィエト・ロシアの都市カルーガで育っていたユーリだが、二年前に父親が、サボタージュの罪状でＮＫＶＤによって逮捕され、真夜中に姿を消した。ドイツ軍がソ連に侵攻して数週間後、父親は北の方での重労働から、やつれはてて疲労困憊して戻ってきた。一九四一年九月に、父親は、そんな健康状態であったにもかかわらず、赤軍に徴兵された。父親が今度はドイツ軍と戦うために行ってしまうと、ユーリは初めてユダヤ人という烙印を押されていることに勘づき始めた。ロシア人の隣人が、ドイツ軍がやってきたらユーリのような者たちは「処分」されてしまうと言ったからだった。一九四一年一〇月にドイツ軍が実際にカルーガにやってくると、住民はドイツ軍を「パンと塩」とで大歓迎した。地元行政当局は、ドイツ軍の指示に従い、迅速にソヴィエト支配下では閉鎖されていた修道院の中にゲットーをつくった。ユーリをはじめ子どもたちは畑で働かされ、また殺害されたユダヤ人のための穴を掘らされた。ゲットーに住むユダヤ人のいくらかが射殺されたが、そのなかにはユダヤ人でなくとも身障者と見なされた者や子どもたちを助けようとした親切な教師も含まれていた。それから、皆が驚いたことに、カルーガ中で砲弾が炸裂し始めたし、銃声が聞こえた。一九四一年一二月のことであり、赤軍が戻ってきたのだ。急遽ドイツ軍は、建物を焼き払い、逃げようとするユダヤ人は機関銃で掃射して、ゲットーを一掃しようとした。生き延びたわずかなユダヤ人の中にユーリと母親とがいた。二人は、正教の僧侶が自分たちの不在の間住んでいた自分の家に戻った。[*32]

カルーガをめぐる戦闘は、赤軍の驚くべき反撃の一環であった。一九四一年一二月初め、ソヴィエト軍はモスクワで形勢を一変させた。タイフーン作戦は失敗した。一二月七日にドイツ軍の将軍ヘルムート・シュティーフは妻にあててこう記した。自分と部下は「あらゆる点ではるかに勝っている敵と、毎日毎日時々刻々、攻撃に晒された自分たちの生命を守ろうと当地で闘っている[*33]」。

まさにその一二月七日に、日本軍は真珠湾を爆撃し、アメリカ合衆国を戦争に引きずりこんだ。地球規模での戦略的破局によって、ヒトラーは次々と自分の戦争の観念を変えられるようになった。彼の誤りそのものによって修辞の先鋭化が可能になった。ポーランドについての誤解はイギリス与《くみ》しやすしと思わせた。ソ連を見くびっていたことは、ドイツが、イギリス、ソ連、そしてアメリカとまで戦う羽目にさせた――しかも突然そうなったのだ。けれど、ヒトラーの世界観の論理に則れば、ドイツに敵対する資本主義と共産主義の「共同戦線」はユダヤ人の仕業であった。ソ連で勝利を収めればユダヤ人の移送《デポーテーション》で済まされたかもしれない。東方戦線での膠着状態と、長期戦と化した世界中での戦いは、何か他のものを求めていた。一九四一年一二月一二日に、ヒトラーは一九三九年一月の自分の「予言」を思い出しながら「世界戦争がやってきた」と演説した。「ユダヤ人絶滅こそ必然的ななりゆきでなければならない」[*34]。

それまでの六ヶ月間ソ連での占領地域で、ドイツ軍はどうやってそれをしてのけられるかを学んでいた。大量射殺である。ヒトラーが一九四一年一二月にユダヤ人を絶滅させることを約するまでに、占領下ソ連で一〇〇万のユダヤ人がすでに殺害されていた。それでも、ポーランド総督ハンス・フランクは、総督府のゲットーに詰め込まれたポーラン

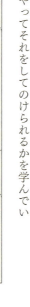

ド・ユダヤ人をどのように消滅させるかがわからなかった。一九四一年一二月ベルリンでヒトラーの語ることに耳を傾けてから、ハンス・フランクはクラクフに戻り部下に話した。「諸君。私は諸君にいかなる憐れみの念も振り切るよう要請せねばならない。我々は第三帝国の体制を維持するために、可能なかぎりの場所でユダヤ人を絶滅させねばならない」。ハンス・フランクはヒトラーが言えなかったことを理解していた。すなわち戦争はもはや防御戦になっているのだ。ユダヤ人殺戮は、敗北を正面から認める代わりとなるはずだった。[*35]

　ソ連での教訓は、ポーランド

では活かされなかった。少なくとも、ドイツが一九三九年以降権力を行使してきた総督府及び第三帝国に併合された土地では活かされなかった。ドイツがポーランドに侵攻してから二年以上経っていたが、侵攻時には最終的解決に着手していなかった。アインザッツグルッペンは一九三九年にポーランドの西部と中央部を荒らしたが、主に高い教育を受けたポーランド人を追いかけたのだった。政治的解放の約束はその時点で何も無く、永遠にポーランド人国家を破壊するという計画のみがあった。ポーランド人が政治的に対独協力者として使われることはなかった。申し出た者がいなかったのではなく（少数だがいたのだ）、ベルリンが必要としなかったのだ。ポーランド警察は維持されていたが、ポーランド・ユダヤ人を射殺することで最終的解決を実行するのに十分な武装をポーランド人にさせることは、考慮の外であった。ポーランド・ユダヤ人は一九四〇年から一九四一年にかけてゲットーに押し込まれたが、殺害するためでなくいつの日かの移送《デポーテーション》に備えさせるためであった。確かに、何万ものユダヤ人がゲットーで病気や栄養失調で死んでいった。それでも、一九三九年にドイツに占領されたポーランドの西部と中央部には二〇〇万人のユダヤ人が依然生存していた。これらのユダヤ人の殺害方法はどうしたら良いのだろうか[*36]？

一九四二年一月三〇日にヒトラーはベルリン・スポーツ宮殿《スポルトパラスト》でドイツ大衆を前に演説した。ヒトラーはまたも、一九三九年一月三〇日の彼の「予言」を、今回は公然と口にしていた。その予言は、外相リッベントロップが、ポーランドはソ連との戦争でドイツ側に加わらないだろうという知らせを持って戻ってきた直後に発表されたものであった。ヒトラーは今では「予言」の日付を間違えて、ドイツ軍のポーランド侵攻の日である一九三九年九月一日に発表したとした。ヒトラーは、どうやら、遡ってその頃に自分の行動の論理を見つけ出したと考えていた。その論理とは、仮にヒトラーが戦争に勝てば、彼はユダヤ人を打ち負かせる。仮に負ければ、彼は戦争を地球という惑星の闘争として性格づけ、ユダヤ人を打ち負かせもするのだ。一九四二年一月、ヒトラーはドイツ人に向かって、ユダヤ人は世界戦争に責任を持つことになるのだと述べた。彼の「予言」どおりになるのだと。[*37]

同じ月にヒトラーは、どうして自分はユダヤ人をソ連の戦時捕虜を眺めるのとはいくらか違って眺めているのか、というレトリックを持ち出した。その比較はなかなか説得力があった。その時点で、ドイツ軍は、射殺したユダヤ人よりさらに多くの非ユダヤ人のソヴィエト市民を餓死させていた。秋から冬にかけてかれこれ二〇〇万人のソヴィエト市民が飢餓収容所で死亡し、さらに五〇万人が包囲されたレニングラードで餓死していた。今や、ユダヤ人より非ユダヤ人のソヴィエト市民の方をより多く死亡させるというこの傾向は逆転するだろうし、現に飢餓収容所で生き残ったソヴィエト市民の中にはユダヤ人殺戮に用いることのできる者もいることだろう。飢餓による死の脅威は戦時捕虜収容所を対独協力者を続々と生み出す場に変えた。ソヴィエト軍のほぼ一〇〇万の若い兵士――ロシア人、ウクライナ人、ベラルーシ人などを始め、共産主義と反人種主義のなかで育てられ、ほとんどが小農か労働者階級の二〇代の若者だった――が、彼らの故国に、ないしユダヤ人に敵対する新たな任務のために選抜された。それまでの一般的な考えだった、スラブ人を殺してユダヤ人を移送するよりも、ドイツは、ユダヤ人に対するにスラブ人をもってするというこれまでにない新しいやり方を見出しつつあった。彼らは、軽蔑して扱われる民族をそれよりずっと軽蔑して扱われる民族に対して用いるという形で、伝統的なアフリカでの植民地主義のやり方を改造したのだった。こうした新しい協力者たちをアスカーレン（Askaren）と呼びさえしていた。アスカーレンはドイツ領東アフリカの地元兵で、最初は一八八八年から一八八九年にかけてのアブシリの反乱で配備され、第一次世界大戦中もドイツ支配下アフリカで忠誠心をもって戦った。ドイツ領東アフリカは第一次世界大戦の終焉まで持ちこたえた唯一の植民地であり、よってアスカーレンの伝説は、運の尽きた、けれど正当な闘いにおいての忠誠の伝説となっていた。[*38]

　もともと考えられていた形での戦争に敗れたとは、誰も口に出す必要がなかった。ナチスの観るところ、人間以下の存在が住む特定の地域の植民地化が、人間とはいえぬユダヤ人の支配からこの惑星を解放することへと最優先順位を譲ることは、誰にも説明の要がなかったのだ。一九四一年一〇月にヒムラーが意欲的な補佐役の一人、ポーランド総督府のルブリン県の「親衛隊及び警察指導者」のオディロ・グロボクニクと話していた際には、そんな明白なことを話題にのぼらす必要さえなかったことだろう。ルブリン地域は、一九四一年六月まではソヴィエト・ウクライナとの国境に面していて、総督府の東端に位置していたし、侵攻後の六ヶ月間というもの東方の帝国をつくるお膳立てをするのがグロボクニクの任務であった。牢獄や収容所があちこちにあるルブリン県は、たぶん総督府で最もぞっとさせられる地域であったが、元々東方へ生存圏《レーベンスラウム》を広げるうえでのある種の試験場として意図されていた。ソヴィエトが前進を阻んだのでヒトラーの優先順位が変化したため、ヒムラーとグロボクニクは、ポーランドのユダヤ人を殺戮することに指導者《フューラー》の欲求を実現する方途を見出した。[*39]

　一九四一年の後半に占領下のソ連で、フランツ・ヴァルター・シュターレッカーやフリードリヒ・イェッケルンのようなグロボクニクのＳＳの同僚たちは、ユダヤ的と定義される国家の破壊を意図する戦争の初めの数週間に生み出された無秩序状態から、大量殺戮の即席の技法を編み出していた。一九四一年末から一九四二年初めにかけて、総督府のルブリン県では、グロボクニクはまるで違った「初期条件」から出発していた。グロボクニクの新機軸は、それまでの数年間にわたってドイツの国家破壊の政策で取り残された政治的な断片をかき集めることだった。東からは、彼は、飢えて意気阻喪したソヴィエトの戦時捕虜を連れてきた。飢餓収容所を出る機会があると提示されて拒否した者がいたという残された記録はないし、これからも出てこない可能性が高い。飢餓収容所から解放されたソヴィエト市民（ベラルーシ人、チュヴァシ人、エストニア人、コミ人、ラトヴィア人、リトアニア人、ルーマニア人、ロシア人、タタール人、ウクライナ人、そのうえ少なくとも一人はユダヤ人のハーフがいた）は、ルブリン市郊外のトラブニキ訓練所で訓練を受け、ベウジェツ、ソビボル、トレブリンカで死の収容所を建設し、監視の役目を務めた。後に彼らは、ワルシャワでのような大規模なゲットーからユダヤ人を一掃するのにも用いられた。占領下ポーランドの現実に鑑みて、グロボクニクはゲットー、ゲットー内のユダヤ人評議会、ユダヤ人ゲットー警察、そしてユダヤ人とポーランド人のたれ込み屋を利用することになる。[*40]

西からは、ドイツ本国から、グロボクニクは一酸化炭素を使っての大量殺戮の技術を借りることになる。ドイツ本国と、ポーランドでの併合地域とで、ドイツ人医師たちは一酸化炭素を詰めた円筒弾で殺害してきたのだし、占領したソヴィエト・ベラルーシとソヴィエト・ウクライナとでは、有蓋トラックの車内にトラックから出る排気ガスを流し込んだ。ヒトラーの総統官邸のクリスティアン・ヴィルトは、ドイツで「安楽死」計画を切り回してきた人間だが、こうした新しい施設で応用できそうな技術面での解決策を見出した。ヴィルトは「安楽死」計画から、ほとんどが死体焼却の専門家だが、五名の若者をベウジェツ強制収容所に連れてきた。そこで彼らは閉所で一酸化炭素を発生させる方法を実験し、最終的に東のやり方の変型に落ち着いた。すなわち密閉した部屋に内燃機関の排気を流し込むというのだ。ドイツにおけるガス殺計画に加わっていた者がさらに数百名、一九四一年終わりにグロボクニクのルブリン県に到着した。[*41]

ヒムラー、グロボクニク、ヴィルトによって発展させられた大量殺戮の計画は、こうした断片的なものを集めて全体像を結ばせ、それを殺害という行動に移すことを意味した。総督府のルブリン県で一九四二年の初めに活動を開始したグロボクニクのSSの部下たちは、ゲットーを次々と回っては、ドイツのその地に駐在している警察に使命を説明して回った。ゲットーから連れ出して列車に乗せる人間たちを選別するのは、ドイツ人の監督下、ユダヤ人評議会が命令し、ユダヤ人ゲットー警察が組織することになろう。列車が新しい施設に到着したら、ユダヤ人は、ソヴィエト市民によって建設され、彼らが働かされているガス室で殺害されることになるのだ。[*42]

絶滅の実践は、いくつかの点で「欠乏の経済学」に左右されていた。いちばん高い次元では、ドイツの植民地化の作戦が破綻したことで、ドイツの指導層は犠牲者の中から選択することを強いられた。スラブ人の飢餓からは豊穣と呼べるものはまるで生み出されなかったが、ユダヤ人にその失敗の咎を押しつけることはできた。「相対的剥奪」の政治学では、ユダヤ人の資産を引き継いだポーランド人は、なおいっそう自分たちの手に入れたものに固執したし、ソヴィエト市民は必死になって飢餓収容所から出たがった。ポーランド・ユダヤ人の運命についてのナチスの決断において、適切な計算式の一つは「ユダヤ人の生産性」対「ユダヤ人のカロリー消費量」だった。食糧が切迫したものとなるとユダヤ人は殺害されたし、労働の方が喫緊の問題になるとユダヤ人は殺害を免れた。ユダヤ人が経済単位に過ぎないそうした暗黒の市場で、一般的傾向は絶滅に向かっていた。総督府が掛け値のない食糧輸出元になるだろうとわかった一九四二年七月に、ヒムラーはその地のユダヤ人は年内に殺害されるべきだと決断を下したのだ。[*43]

たくさんのユダヤ人が、ドイツ人が故意に栄養と移送《デポーテーション》とを結びつけた際に食糧への夢に屈した。総督ハンス・フランクがヴァヴェル城に居を定めていたクラクフでは、一九四二年において展開された主張は、ユダヤ人はウクライナで収穫を取り入れるために東方に移送されるということだった。ワルシャワでは、フランクの総督府の中で最大のゲットーで、ユダヤ人は移送されるためにゲットーに隣接したウムシュラークプラッツ（Umschlagplatz、「集荷場」）に出頭すれば、パンとジャムが貰えると約束された。時が経つにつれて、ユダヤ人が移送が何を意味するかを知るようになると、「相対的剥奪」の政治学が「死の遅延」の政治学となった。ドイツ人自身が、食糧と労働力とどちらをより必死に求めているのかについてつねにあやふやだったが、まさにそのために、ユダヤ人はいつでも自分たちの中の幾人かは死を免れると自己暗示をかけることができた。ワルシャワのユダヤ人が出頭したように、選別という事実そのものが、「ゲットーの人間の士気を挫く」ことになる「生産性のある人間とない人間との分断」を意味した。生き延びようという個人の願いは、ゲットーという共同体の団結には不利に働いた。ユダヤ人ゲットー警察官は列車に乗せるのにユダヤ人の割り当てを課されていたが、それを満たすことが彼ら自身や家族の希望の源となり、同時に他のユダヤ人から疎外されることにもなった。ワルシャワのユダヤ人警察官の一人が同胞のユダヤ人の懇願に答えて言ったように。「それはあんたの問題だ。俺の問題は一〇人連れてゆくことなんだよ[*44]」。

死の施設で、ポーランドのすべてのユダヤ人を殺害するという最終決定が存在しなかった可能性はきわめて高い。けれども、ひとたび一九四二年三月に進行しだすと、他の代替え案は実行不可能になり、そのために口の端《は》にのぼらなくなった。二月になってもまだ、ヒムラーとハイドリヒはユダヤ人をグラーグに送ることを議論していた。けれど、一九四二年にはソ連に対する勝利が得られなかったし、近々得られるというわけでもなかったので、この案は不可能になった。かくして、ルブリン県で始まった移送が、総督府全体に広がったのだ。初めはユダヤ人はゲットーからベウジェッツに送られ、それからベウジェッツとソビボル、しまいにはベウジェッツとソビボルとトレブリンカへと送られた。一九四二年のうちに、これら三ヶ所の死の施設で、およそ一三〇万人のポーランド・ユダヤ人が殺害された。ワルシャワだけでも、いわゆるゲットー一掃（Grosse Aktion）のなかで、二六万五〇四〇人のユダヤ人がトレブリンカに送られて殺害され、加えて一九四二年七月二三日から九月二一日の間に一万三八〇人のユダヤ人がゲットーで射殺された。ゲットーが労働収容所になるにつれ、ほとんど若者である数万名がゲットーに残った。[*45]

一九四二年一二月末にワルシャワでは、ユダヤ人戦闘組織（Żydowska Organizacja Bojowa）として知られる緩やかな同盟で共闘していたそうした生存者の一部が、ゲットー内のユダヤ人当局者の暗殺を始めた。翌一九四三年一月に、ヒムラーはゲットーの完全な解体を命じた。ユダヤ人の抵抗運動はこの移送が実行されるのを阻止した。二月には、ヒムラーは命令を改めた。四月にドイツ軍が大挙してふたたびゲットーにやってきた時には、かなりの数のユダヤ人が抵抗した。ブントであるとか左翼シオニスト、共産主義者といった主要なユダヤ人政党を含んだユダヤ人戦闘組織の者もいたし、ベタルの修正主義シオニストによって主導されているユダヤ人軍事同盟（Żydowski Związek Wojskowy）の中で闘った者もいた。旧習に倣って、ポーランド国旗とシオニストの旗の両方を掲げたのは修正主義者たちだった。ワルシャワ・ゲットー蜂起は、ヨーロッパにおけるドイツ支配への、初めての都市部での大きな抵抗であった。ユダヤ人たちはそれほどのリスクを冒しているわけではないと理解していた。何せ、ほとんどの場合は家族はすでに亡くなっているし、自分たちにも同じ運命が待ち構えているといみじくも信じていたからであった。ドイツ軍がユダヤ人を掩蔽壕らしきものから引っ張り出すのに火炎放射器を用い、その後でゲットーを全焼させたので、叛乱はゲットーの物理的破壊へとつながった。生存者は、当初の計画どおり他の労働収容所に送られ、ほとんど全員がそれらの収容所で一九四四年に射殺された。こうして世界で最も重要なユダヤ人コミュニティは消滅した。[*46]

ワルシャワ・ゲットー蜂起を鎮圧したユルゲン・シュトロープは、自分はウクライナをドイツにとっての「乳と蜜の流れる地」にする戦争に勝利するために、己に課せられた役割を果たしているのだと信じていた。実際、彼の上官たちは一九四二年七月には、差し迫った食糧不足のためにワルシャワのユダヤ人たちを絶滅するのが必要とみなしていた。この論理は、ウッチ・ゲットーのようなヴァルテラント帝国大管区の各地のゲットーでも同じであった。ドイツのユダヤ人が各地のぎゅうぎゅう詰めのゲットーに迅速に送られたが、引き受け側の地元ドイツ当局は自分たちなりのやり方で人口超過の問題を解決する責任を負わされた。[*47]

一九四一年七月には、SDの地元指導者はウッチのユダヤ人を緩慢に飢えさせるよりも直接殺害することを進言していた。「今年の冬には、もはやユダヤ人全員に食糧が行き渡らない恐れがある。最も人道的な解決策が、労働に適さないユダヤ人に何らかの効き目の早い調合物で止めを刺すことではないのか、真剣に考慮されるべきである。このやり方は、いずれにせよ、連中を餓死するにまかせるよりも好ましかろう」。餓死が当たり前と受け取られているような精神世界では、餓死以外の形での殺害方法は思いやりとして提示されたのだった。

その年の冬、ユダヤ人は実際にそうした「調合物」で殺害された。その内実はベラルーシや東方ですでに試されていた車の排気ガスだったが。一九四一年一二月に始まったのだが、ウッチをはじめヴァルテラント帝国大管区の至る所のユダヤ人が連れてこられたヘウムノ強制収容所での殺害装置は、ドイツ秩序警察によって監視されている駐めてあるガストラックであった。これは以前に「生きるに値しない」と定義づけられた者たちを殺害するのに用いられた技法の修正版であった。ドイツのポーランド侵攻直後に、ドイツ軍はポーランドの精神病院をガス殺することで空にしたものだった。そうした殺害の責を担った、ヘルベルト・ランゲ率いるＳＳのゾンダーコマンド・クルムホーフが、ヘウムノでの殺害を任された。東方からの影響もある程度はあった。オットー・ブラートフィッシュは、ベラルーシでアインザッツコマンド８の指揮官だったが、絶滅の任務を示すために自分たちの車にダヴィデの星をペイントしていた。一九四二年四月に、ブラートフィッシュはウッチに配属され、そこでユダヤ人がヘウムノに引き続き移送されるのを監督した。[*48]

けれども、一九四二年末の時点で、主にウッチ・ゲットーだが、大量のユダヤ人がドイツに併合された旧ポーランド領に生存していた。最初の選別の後、ウッチ・ゲットーは労働収容所に変えられ、武器を製造していた。数万のユダヤ人が終戦間際までウッチで生き延びたが、ついにその時点でアウシュヴィッツに移送された。

総督府では、一九四二年の秋までに主要なユダヤ人コミュニティのすべてが破壊されていた。生存していたユダヤ人たちは、兵器工場の労働者などごくごくわずかな者を除いては、見つかり次第ドイツ警察に殺された。ユダヤ人を助けたとして捕まった総督府のポーランド人も極刑の対象になったし、ユダヤ人が見つかった村々も集団的報復の対象になった。一九四二年最後の数週間、総督府のドイツ警察の主な任務は、彼らのいうところの「ユダヤ人狩り」であった。田園部でも射殺が相次いだので、ポーランド人農家の犬は銃の発射音に反応しなくなった。[*49]

一九四三年から一九四四年にかけて、総督府では、ドイツ警察はユダヤ人狩りでポーランド人の協力を得ようとした。ヒムラーが命令系統の頂点に立つ。ヒムラーの命令は「ワルシャワ親衛隊及び警察指導者」を通してドイツ秩序警察へと下知される。その次は、ドイツ秩序警察が「この作戦にポーランド社会のできるかぎり広汎な大衆を引き入れようと」する。かくしてドイツ秩序警察は、独立ポーランドに存在していたが崩壊後変容させられていた二つの組織を頼みとする。まずポーランド秩序警察で、一九三九年以降粛清にあい、人種カテゴリーを厳密にされ、ドイツの目的に従うようにされていた。次はポーランド地元当局で、国家と法との以前のつながりを断ち切られていたが、二年間にわたりドイツ人種政策についての責務は経験していた。ポーランド秩序警察官もポーランド地元当局者も、彼らの地域ではユダヤ人はけっして生き残らせぬ点で、ドイツ人上司に個人的な責任を負わされた。[*50]

こうしたことすべてに政治が絡んだが、それは民族絡みの政治ではなかった。いずれにせよ、一九三九年にポーランド語を話す小農のうちどれだけがポーランド民族や国家との一体感を持っていたかははっきりしない。(同じ場所に住んでいた)小農とユダヤ人との間の社会的距離と、(同じ言葉を話していた)小農とポーランドの役人との間の社会的距離は、たぶんノスタルジックな感情とか希望的なナショナリズムが何となく連想させるのより大きなものだった。ある程度の確度をもって言えることは、三年間のドイツ支配の後では、ポーランド語を話す小農は、ポーランドの体制は破壊されたと見ており、ドイツの体制のなかで暮らしていたということだ。小農たちが言われ続け、読み書きができるものは目にしていたのは、地元当局は村でも郡でもユダヤ人を一掃する責任を負っているということだった。村長は、ユダヤ人を助けたポーランド人には死を、そしてユダヤ人を引き渡したポーランド人には報酬を約する通知を掲示せねばならなかった。ユダヤ人生存者は、ポーランドのすべての村でそうした掲示物を見たことを記憶している。ユダヤ人が一人でも村に隠れていたら、その村の村長は、ライバルか嫉みを持っている者か、とにかく村人によってドイツ軍に告発されたことだろう。ポーランドの田園部では、人々はあらゆる理屈をつけて絶えずお互いを告発し合った。ユダヤ人の存在は、しばしば意趣返しのもっともらしい口実に過ぎなかった。右翼とローマカトリック教会の両者によって広められた戦前の反ユダヤ主義の遺産として、ユダヤ人を助けたいと願うポーランド人は、他のポーランド人のことを恐れた。村長は、村人の全員一致を確実視できぬかぎり、ユダヤ人救助を組織することも許可することもできなかった。このために、村長が村人たちに自分をドイツ軍に告発せぬよう袖の下をつかませる、そんな馬鹿げた状況が現れた。[*51]

ポーランド人はユダヤ人を匿ったからといってつねに処刑されたわけではないが、ほんものの恐れを抱くほどには処刑される頻度は高かった。総督府のなかでは、何千というケースで、ドイツ警察は何だかだと違反を見つけてはポーランド人の大量殺戮を実行した。クロスノの監獄で、匿っていたユダヤ人の男が射殺されたすぐ後にそのポーランド人女性が処刑され、死体はユダヤ人の男の死体の上に乗せられた。初めから終わりまで他のポーランド人囚人全員の前で行われたので、誰もが自分なりの結論を導き出せた。告発があると、ドイツ人警察官がやって来てユダヤ人を見つけ出して殺し、誰一人ユダヤ人を差し出せぬ際には村全部が罰せられた。あやふやな場合には、村人たちは、密告されたユダヤ人を狩り出すのにドイツ軍に手を貸すように命ぜられた。「ユダヤ人狩り」の間、村の指導者たちは人質にされ、原則として、ユダヤ人が見つからぬ場合には己が命で贖った。平和な時代には火廻りや取り込みを用心する役目の村の夜番《やばん》は、ユダヤ人を狩るのにも加わったし、人質にもされた。仮に夜番がユダヤ人を捕まえたら報酬が出たろうが、見つけられなかったら命をとられた。[*52]
時には、田園部のポーランド人は、直接ドイツ軍に対してではなくポーランド警察にユダヤ人を告発したものだった。外国人の殺人者にじかに話すよりも恐ろしくないように思えたのだろう。だが、ひとたびポーランド人警察官がそうした知らせを受けると、くだんのユダヤ人を見つけ、引き渡す（ないし殺す）のはその警察官の個人的な責任とされた。一九四三年二月の時点で、ポーランド警察は「遭遇したあらゆるユダヤ人を警告なしで」殺せという命令を受けていた。時としてポーランド警察は自分たちで射殺したが、その理由は荷馬車に乗せていちばん近くのドイツ警察詰め所まで連れてゆくのが不便だというような陳腐なものだった。また時にはユダヤ人をドイツ警察のところまで運んでゆく。そうすると場合によっては、ドイツ人の上司によってユダヤ人を射殺するように命じられた。ポーランド人警察官にとってそうした命令に従わないことへの罰は死であった（ドイツ人警察官にはそうした罰は与えられなかった）。そんな状況下でも、ポーランド人警察官がユダヤ人を解放してやったり、それだけでなくユダヤ人が生き延びるのを助けてやりさえしたことも、ままあったのだ。[*53]
暴力を個人の責任に帰したり、小農を動員したりというそうした状況下では、ポーランドの田園部では、生き延びたユダヤ人は例外であった。逃走し隠れていた数千ものユダヤ人が捕まり殺害されたが、そのほとんどは告発を受けてのものだった。[*54]
国家が破壊されたのがドイツによってであれ、ソ連によってであれ、あるいは両者によってであれ、ほぼすべてのユダヤ人が殺害された。ホロコーストは、国家がさして間をおかずに二度にわたって破壊された土地での大量射殺作戦から始まった。初めはソヴィエトによって戦前の国民国家が破壊され、ついでドイツによってソヴィエトの機構が破壊された。二重の国家喪失を味わった地域で発展した技法——地元住民の徴募、複合的なドイツ機関の使用、野天での射殺——は、さらに東方、ドイツ軍が展開したソ連のどの地域でも応用された。一九三九年九月からドイツのものとなってはいたがユダヤ人の大量殺戮はそれから二年以上経って始まった地域である、西部ポーランドと中央部ポーランドでは、他の技法が応用された。すなわち、そうとは見えぬガス殺の設備、ゲットーからの移送、ユダヤ人狩り、である。バルト三国、東ポーランド、ソ連のユダヤ人にとっては、弾丸と穴であった。西部ポーランドと中央部ポーランドのユダヤ人にとっては排気ガスと焼却炉だった。[*55]

ヨーロッパで生き残っていたユダヤ人のほとんどには、アウシュヴィッツと呼ばれる場所に向かう運命が待ち構えていた。

［著者］
ティモシー・スナイダー　Timothy Snyder
イェール大学教授（中東欧史、ホロコースト史）。1969年生まれ。1997年、オクスフォード大学 Ph.D.
ハンナ・アーレント賞（2013年）をはじめ豊富な受賞歴を誇っている。東欧をめぐる時事的問題について有力紙誌への寄稿も多い。21世紀に入ってからの主な著作として、*The Red Prince: The Secret Lives of A Habsburg Archduke*, 2008（『赤い大公——ハプスブルク家と東欧の20世紀』、慶應義塾大学出版会、2014年）; *Bloodlands: Europe Between Hitler and Stalin, a History of Nazi and Soviet Mass Killing on the Lands between Berlin and Moscow*, 2010（『ブラッドランド——ヒトラーとスターリン 大虐殺の真実』、筑摩書房、2015年）; *Sketches from a Secret War: A Polish Artist's Mission to Liberate Soviet Ukraine*, 2005.; *The Reconstruction of Nations: Poland, Ukraine, Lithuania, Belarus, 1569-1999*, 2003などが挙げられる。邦訳されたものとしては他に、Tony Judt with Timothy Snyder, *Thinking the Twentieth Century*, 2012（トニー・ジャット『20世紀を考える』聞き手ティモシー・スナイダー、みすず書房、2015年）がある。

［訳者］
池田年穂（いけだ　としほ）
慶應義塾大学名誉教授。歴史家、翻訳家。1950年生まれ。ティモシー・スナイダー『赤い大公——ハプスブルク家と東欧の20世紀』、マーク・マゾワー『国連と帝国——世界秩序をめぐる攻防の20世紀』、ジョーン・ディディオン『悲しみにある者』（いずれも慶應義塾大学出版会、2014年、2015年、2011年）、エミー・E・ワーナー『ユダヤ人を救え！——デンマークからスウェーデンへ』（水声社、2010年）など多数の訳書がある。

ブラックアース（上）
——ホロコーストの歴史と警告

2016年7月30日　初版第1刷発行

著　者————ティモシー・スナイダー
訳　者————池田年穂
発行者————古屋正博
発行所————慶應義塾大学出版会株式会社
〒108-8346　東京都港区三田2-19-30
TEL〔編集部〕03-3451-0931
〔営業部〕03-3451-3584〈ご注文〉
〔　〃　〕03-3451-6926
FAX〔営業部〕03-3451-3122
振替　00190-8-155497
http://www.keio-up.co.jp/
装　丁————耳塚有里
組　版————株式会社キャップス
印刷・製本——中央精版印刷株式会社
カバー印刷——株式会社太平印刷社

Printed in Japan ISBN 978-4-7664-2350-1